WATCHING
THE WORLD
CUP

我看世界杯

一部世界足球的当代史

阿艾——著

A Modern
History of the World
Football

中国社会出版社
国家一级出版社 · 全国百佳图书出版单位

2022

AHMA
BRA

序言

受朋友嘱托，为这本《我看世界杯——一部世界足球的当代史》作序。

刚拿到书稿，听说作者是一位官员，曾在地方体育局当过局长，是一位超级球迷，2022 年底宅家观看了卡塔尔世界杯之后，有感而发，给每一场比赛都写了一篇球评，这本书就是 64 场比赛球评的合集。我的第一感受就是：一定是那种政府部门官样文章，为此我放置了几天才想起来阅读。没想到一旦拿起来就再也放不下，居然一口气读完了。

你不得不惊叹，这本书内容丰富、视野广阔、逻辑严谨，语言诙谐幽默，阅读起来一点也没有疲劳和难懂。这一篇篇有关足球比赛的评论，短则千字，长则万字，却包罗万象、信息量巨大，涵盖了足球的历史、人物、球星、球迷、技战术、编排对阵，无所不包、尽其所有。书中历数当今世界知名球星，苏牙、魔笛、小白、大圣、舍瓦、巴神其技术特点、所获战绩、参加重要比赛的表现等，竟然如同邻居家的哥们儿一样熟悉；历数历史上的足球明星，如米拉、克鲁伊夫、贝肯鲍尔，乃至加林查、肯佩斯也是如数家珍、信手拈来，像我一样的资深足球人，很多足球人物早已湮埋在记忆深处，看到书中精确的点评，就好像看到了久别重逢的老朋友一样亲切感动。书中还提到章鱼保罗、世界杯魔咒、埃斯科巴的悲剧、乌龙球的来历，令人感慨之余情不自禁又会露出会心的微笑。阅读之间，仿佛再次回到了比赛时刻，我居然在字里行间中看到了山呼海啸和人潮涌动，看到了跌宕起伏与扣人心弦，伴随着足球人物次第登场，历史的画面重新浮现。书中不断涌现熟悉的老朋友、上演那些经典大战，史料丰富，人物众多，历历在目，纵横捭阖，气象万千，“一篇读罢头飞雪，但记得斑斑点点”。

他点评梅罗之争，既有技术特点解析，也有性格对比，以及所获荣誉、所受争议等，还历数各个时代的巨星对于足球运动的贡献，绝不是人云亦云，老调重弹，而是提出自己的观点，十分令人信服。他评价传控打法，从兴起和发展，其创始人、代表球星、代表战例、取得的辉煌战绩以及传控打法的劣势和德国队水土不服等，一番梳理，分析得鞭辟入里，其脉络顿然清爽明朗，连我这样从业几十年的专业教练也深受启发。他评价美国足球的崛起，起步不久就达到了很高的水平，这要归因于美国“以运动项目为中心的体育发展模式”，就是把发展体育等同于发展运动项目，把项目放到学校去，每个运动项目都有众多学校开展，无数孩子参与其中，从而产生层出不穷的优秀人才，这就是美国足球的成功之道，一语点破中国足球长期走偏的问题。点评亚洲球队的精彩表现，他说：邻居翠花已经成为珍妮小姐，球迷心中痛惜的感觉表达得淋漓尽致。他评价德国队提到了严肃、秩序、理性、顽强和铁血的性格特点，对比巴西人的民族性格，用酒神和日神来作比喻，我在德国踢球期间深有感触，作者似乎没有留洋经历，又是怎样从足球中理解日耳曼民族性格的呢？

作者在书中绝不仅仅是在写卡塔尔世界杯，而是通过这届比赛，延伸到过去 40 年间的世界杯上演的众多著名的战役。提到了英阿大战、德阿决战、丹麦童话、凯泽斯劳滕神话、安菲尔德惨案……，史料之丰富、人物之众多、事件之经典、细节描述之准确，画面感之生动而清晰，令人叹为观止！作者还在 2002 年到韩国观看了中巴之战和中国对哥斯达黎加的比赛，其中还专门提到我本人在世界杯的表现，又提及因为我在德国踢球而迷恋上了德甲联赛，也让我心存感动。

我不禁对作者产生了浓厚的兴趣。赵晓春，山西省广电局局长，曾任山西省体育局局长。在学校期间就是一个狂热的足球迷，为看球买了良友牌香烟贿赂工头，还搞出很多笑话。大学毕业后就职于山西省体育局，从一名普通的干事做起，历任办公室主任、竞体处处长、项目中心主任、体育职业学院书记，直到走上局领导岗位，成为一省体育事业的掌舵人。岗位在变换，地位在升迁，唯一不变的就是对足球的狂热。长期从事体育行政管理，赵晓春并没有随波逐流，而是在工作的磨砺中不断深入思考，形成了对体育工作总体的、系统的、深刻的思想观点。对于足球的狂热，更催动赵晓春笔耕不辍，把自己对足球的热爱编织成一行行滚烫的文字，嬉笑怒骂皆成文章。这本书还收录了作者以往20多年看球的球评，绝不是“三号传球给五号”，更不是就足球论足球，而是以足球为白纸，挥动如椽巨笔，多角度、多学科、跨领域阐述对人生、对社会、对民族的思考。这才得知，赵晓春是一个手不释卷、学养深厚的官员。他热爱足球是深沉的，是真诚的，是丰富的，他能从历史、哲学、政治、民族、心理、宗教、法律等全方位、多视角解读足球运动。他早已不是一般意义的球迷，而是一位足球运动的思想家，绿茵场上的哲学家。

我突然理解了这部书的副书名：“一部世界足球的当代史”。如果你是一名历史爱好者，请阅读这本书吧，他带给你历史穿越的感受和洞悉时代的规律，一点也不亚于其他历史读物。如果你是一名足球运动的从业者，请阅读这本书吧，你能从中获得多视角、多维度看待足球的感悟，从而提升你的认知，看到技战术以外足球的全貌，避免一叶障目、盲人摸象的窘境。如果你是一名体育记者，那你更应该买一本，捧回家认真阅读，所有的体育记者都应该写出这样引发思索、文字优美的球评。如果你自称是一名资深球迷，请认真阅读这本书吧，你一定会像我一样被书中的内容深深吸引，你不是在看书，你是在享受一顿饕餮大餐。如果你如同作者赵晓春一样，是一名政府官员，请认真阅读这本书吧，你对自己所管理所从事的行业，是否如作者一样深入思考，领会其中的规律，提出自己的思想观点呢？

卡塔尔世界杯已经过去大半年了，64场比赛，我们还能想起哪些精彩的瞬间呢？

就如同以往更多的世界杯比赛一样会逐渐淡忘和远去。风流总被雨打风吹去，历史总是要随着时光远去，幸好有赵晓春这样真心的球迷，我们感谢他，为我们写下这样一本包罗万象的球评合集，记载了我们这个时代的足球历史，延续了我们心中对足球的热爱。

杨 晨

2023 年 9 月 6 日

目录

卡塔尔世界杯侧记

目录

CONTENTS

附录

FOOT
BALL
2022

FIFA
Qat

RLD CUP
r2022™

卡塔尔世界杯侧记

FIFA World Cup Qatar 2022™

1

2022 年 11 月 21 日　00：00

卡塔尔VS厄瓜多尔

海湾球场

揭幕战，总能万众瞩目。

毫无疑问，具有超凡魅力的世界杯，总是很早就吊着人们的胃口。媒体会传来各种各样半真半假的消息，分析球队的实力，揭秘球员入选的内幕，以及球员和教练、球员和球员之间的纠葛，进而对球队的前景作出预测。

我以前从来不敢过多地预测，担心判测错了会很丢人，但突然有一天明白，预测是个可以带来好处而不会带来坏处的事情。如果你预测对了，你就会受到膜拜；如果你预测错了，人们就会忘记你曾经预测过这回事。一般而言，预测者是立于不败之地的。当然，像贝利这样的大人物作出的预测，无论对错人们都不会轻易忘掉，而不巧的是，贝利总是预测错误。我猜想他当年踢球的时候，在预测巴西队的比赛结果时，一定是预测对手赢的，否则他们怎么会赢那么多场？而且，即使贝利总是预测错误，被称为“乌鸦嘴”，但其实，正是因为“乌鸦嘴”，他的知名度反而因此提升了。

揭幕战是更难预测的。当然，所有球队的第一场比赛都一样。我发现，近年来有个特点，揭幕战的双方球队，知名度有下降的趋势。我们来看看从 1966 年开始，历届世界杯揭幕战的对阵双方及比赛结果。

1966 年英格兰世界杯：英格兰 0 ∶ 0 乌拉圭
1970 年墨西哥世界杯：墨西哥 0 ∶ 0 苏联
1974 年西德世界杯：巴西 0 ∶ 0 南斯拉夫
1978 年阿根廷世界杯：西德 0 ∶ 0 波兰
1982 年西班牙世界杯：阿根廷 0 ∶ 1 比利时
1986 年墨西哥世界杯：意大利 1 ∶ 1 保加利亚
1990 年意大利世界杯：阿根廷 0 ∶ 1 喀麦隆
1994 年美国世界杯：德国 1 ∶ 0 玻利维亚
1998 年法国世界杯：巴西 2 ∶ 1 苏格兰
2002 年韩日世界杯：法国 0 ∶ 1 塞内加尔
2006 年德国世界杯：德国 4 ∶ 2 哥斯达黎加
2010 年南非世界杯：南非 1 ∶ 1 墨西哥
2014 年巴西世界杯：巴西 3 ∶ 1 克罗地亚
2018 年俄罗斯世界杯：俄罗斯 5 ∶ 0 沙特
2022 年卡塔尔世界杯：卡塔尔 0 ∶ 2 厄瓜多尔

2006 年开始，世界杯揭幕战的对阵双方发生了改变，这是源于国际足联当年实施的一项改革，即揭幕战必有一方是东道主。这当然是为了增加揭幕战的现场气氛，但客观上，由于近年来逐步开始由一些足球水平不那么高的国家来承办世界杯，承办国按照惯例又要列为种子队，这样首场比赛就很难强强对话。最近 5 届世界杯中，南非、俄罗斯乃至卡塔尔，都不能算是强队。

2022 年卡塔尔世界杯揭幕战上，关于厄瓜多尔打入的第一球是否越位，网上出现了很多说法。多数人认为本不越位，之所以吹，是裁判照顾东道主。甚至还有说卡塔尔如何重金买通裁判云云。从场面上看，虽然门将出击，但多数状态下卡塔尔几名后卫拖得很靠后，所以似乎看不出厄瓜多尔队哪里会越位。我简单作了个逻辑推理，因为裁判看了回放，而且有专门的视频裁判，所以裁判判错的可能性很小，认为他们会照顾东道主，我个人认为可能性不大。一是这是揭幕战，全世界都盯着，裁判想乱来也要掂量掂量；二是这届世界杯每场比赛涉及的各类裁判多到 10 人，不大可能协调这么多人都胡来；三是厄瓜多尔球员的反应，没有激烈地争辩，说明他们认可裁判的判罚。所以我觉得裁判应该是有充足理由的，只是现场太乱，观众一时看不明白。隔天又想起此事，觉得越位唯一的可能就是卡塔尔门将出击的时候，他可能没碰到皮球，而是身旁的进攻队员顶了一下，这一瞬间，厄瓜多尔也许有队员越位。一般而言，门将总是在最后的，所以越位的定义“进攻传球一瞬间，最前面进攻队员到门线间的防守球员少于两人”，其中一个多数是门将。但历史上也有多次，门将出击，一时回不来，有意或者无意制造了越位。我印象中，1990 年意大利和某队（记不清了）比赛，还因此错判了斯基拉奇一个越位球有效。午睡前，找来昨晚的比赛录像看，实在捕捉不到这一瞬间，因为从厄瓜多尔主罚任意球到门将出击，只有 2 秒，到进球，也就 5 秒多一点，手机上没有多帧慢放功能，抓不住那一瞬间。晚上看新闻，有一张图片，一下子就看清楚了。厄瓜多尔队最前一名进攻队员，在队友头球的一刹那，确实向前多迈了一步。如果此球门将没有碰到，那这就是越位。看来，裁判是正确的，我们有些人草率了。

这件事虽小，但颇有启发。它提醒我们，不了解真实情况，没进行认真思考，最好免开尊口。否则，害人不说，自己名声也不好。生活中总有人轻易武断，判断快过吐口水。这不叫水平低，叫愚蠢。

2

2022 年 11 月 21 日 21：00

英格兰VS伊朗

哈里法国际体育场

英格兰和伊朗打出了令人吃惊的比分：6 ∶ 2——事实上，这场比赛成了本届世界杯单场进球最多的比赛。如果看双方的实力，这个比分倒算不上离谱。我一直以为，参加本届世界杯的 32 强，如果按照技战术水平的综合能力排位，排在第一位的既不是阿根廷，也不是巴西和法国，而是英格兰队。当然，分析过程很复杂，也很难完全排除其他意见。读者诸君就姑妄听之吧。

伊朗是亚洲的一流强队，也是世界杯的常客，至少最近三届都参加了。如果说东亚足球要以日本和韩国为代表，西亚，靠谱的还是伊朗和沙特。当然，东亚的越南、泰国，西亚的伊拉克、卡塔尔们也都虎视眈眈。但从一个长时段看，亚洲四强就是上面这四支球队。近些年大洋洲参加亚洲名额的竞争，澳大利亚自然也是强队。综观亚洲，就这五支队伍称得上稳而强。

但令人沮丧的是，在亚洲比赛中威风八面的伊朗，碰上欧洲强队时竟显得手足无措。他们开始是试图稳固防守的，前 30 分钟防得也不错。英格兰虽然努力扯开防线，但总是功亏一篑，到不了临门一脚。但英格兰还是靠自己的看家本领——边路传中，中路头球抢点打破了僵局，这就把伊朗打入了尴尬的境地。再防守吧，输一个也是输；攻出去呢，又怕英格兰犀利的反击。显然，在这样一个战术思路上，伊朗陷入了矛盾。这就导致了进一步的丢球，甚至一口气丢了四个！后来的三个，除了一个是角球战术外，全是防反得分。伊朗吃尽了苦头，才在一次精妙的前场配合中，扯出空当打入挽回颜面的一球。

等英格兰再一次防反得手后，伊朗才在创纪录的 103 分钟时（不是加时赛）获得一个点球。其实，这个球，可以最典型地说明本届世界杯裁判工作改革后出现的成果。比赛净时间大大增加，否则早就结束了；却 VAR 介入点球审查，否则也没这个点球。伊朗人攻入了对比赛结果无济于事，但却足以载入史册的一粒点球。很少有评论者注意这一点，其实这才是本场比赛值得历史记忆的瞬间——足球运动的茨威格时刻（人类群星闪耀的时代）。

对伊朗而言，能够打入英格兰 2 个进球，即使以丢 6 个球为代价，也还是值得的。中国球迷可以设想，如果 20 年前我们的国家队面对巴西，不是 0 ∶ 4，而是 2 ∶ 6 输掉比赛，你会不会开心一点?

3

2022 年 11 月 22 日　00：00

塞内加尔VS荷兰

阿图玛玛球场

如果不是马内在赛前无可挽回地受伤，面对荷兰对塞内加尔这样的比赛，我是宁可猜测塞内加尔获胜的。乐观地分析，两支球队（塞队要算上马内）的纸面实力其实是差不多的。当然，不同也是显而易见的。除了马内，荷兰的老帅范加尔也是一个可以改变天平升降的关键砝码。

荷兰曾经两次获得世界杯亚军。过去 20 年，我们曾经评价多个球队是“无冕之王”。比如法国，比如西班牙，当然，最“无冕之王”的还是荷兰。你只要稍微回过头想想，这个尼德兰低地的弹丸国家曾经涌现过多少璀璨夺目的足球明星！从克鲁伊夫，到三剑客古力特、范巴斯滕、里杰卡尔德，乃至科曼、博格坎普、奥维马斯、西多夫、戴维斯、克鲁伊维特、范尼斯特鲁伊，直到前不久还在闪耀的罗本、范佩西，一直到本届赛场上的范戴克、德佩、德容。哪一支球队不是群星璀璨？哪一届杯赛不是夺冠热门？

遗憾的是，无冕之王西班牙加冕了，无冕之王法国已经两次加冕，本届，正在虎视眈眈地准备冲击第三个王冠。只有荷兰，仍然在眼巴巴地盯着第一个世界杯冠军。综观世界，真正能称得上无冕之王的，也就剩下他们了。难道，他们是为了保持这个难得的荣誉，才一次次地放弃了争冠?

中国球迷也可以借此自我安慰：毕竟，我们和荷兰一样，都没有拿过世界杯冠军。

回顾荷兰征战世界杯的历史，他们没有赢得桂冠的原因，似乎就是不团结。换言之，在群星璀璨的球队中，以什么样的方式把全队凝聚到一起，形成强大合力，是荷兰队一直没能解决好的问题。

他们每个人都有扛鼎之力，但每每把战车拉向自己习惯的方向，最后，所有的力都被抵消了。

我突然明白了荷兰为什么要派出年逾七旬的老帅范加尔担任主帅。本来，赛会制长达一个月的赛期，经验、智慧、素养都重要，但如果体能不足，一切都是空谈。一位七旬老人能否有承受如此之长赛期的体能？看来，荷兰人看重的，是老帅丰富的阅历和优异的战绩带来的凝聚力。

他们有备而来。也在比赛中，强烈地表现出了团结和进取心。尽管第一个进球在下半场行将结束的时候才到来，但毕竟还是来了——也让我们记住了那个只有 23 岁，身高 1.93 米的埃因霍温前锋加克波。德容妙传禁区，无人盯防的加克波在禁区内高高跃起，抢在出击的门将之前，将球顶进了塞内加尔的球门。据说，他在荷甲的比赛中大杀四方，但可惜的是，荷甲并非欧洲足球五大联赛，国内很少转播，我们几乎没有看过。接着，在补时即将结束的时候，克拉森补射得手，他们兵不血刃，以 2 ∶ 0 的比分战胜了残阵出战的塞内加尔。这是一个合情合理的结果。看来，他们能走得更远。

他们还不是冠军，但有点冠军相。

4

2022 年 11 月 22 日　03：00

美国VS威尔士

艾哈迈德·本·阿里球场

我对美国足球和威尔士足球都没有太多的印象。对前者的了解，女足可能还多一些。毕竟，我正在最喜欢看足球且爱国主义爆棚的年龄，中国能拿得出手的足球队是女队，而中国女足当时最大的对手，正是美国女足。而对美国男足，唯一的记忆就是他们是世界杯上击败了当时十分强大的哥伦比亚队——当然，决定胜负的那个进球是哥伦比亚一个倒霉的后卫踢进自己门里的乌龙球。更为不幸的是，这个后卫回国以后，就因此而被黑社会枪杀在一个酒吧停车场。那应该是在 1994 年的美国世界杯上，美国队因此而小组出线进了淘汰赛，不过他们似乎遇上了后来的冠军巴西队，被淘汰，也输了一个球。这些零散的印象归拢起来，就是美国不是世界足球强队，甚至都不是二流强队。但比起中国足球来，那还是要好不少。

其实美国发展足球的历史，似乎还没有中国长；整个国家也不像中国这样“重视”足球，但他们起步不久就达到了很高的水平，这要归功于美国甚为发达的体育基础，更准确地说，是一种“以运动项目为中心的体育发展模式”。而我们呢，是一种“以身体活动为中心的体育发展模式”。由于前者的存在，美国人只要想搞什么项目，都可以迅速地达到在普及基础上的高水平。说白了，他们是把发展体育等同于发展运动项目，发展的方式是把项目放到学校去。不同的项目放在不同的学校，这样，每个运动项目都在无数所学校开展，无数个孩子在参与，从这里边产生的优秀人才，就是美国国家队。有这样的体制机制，国家队差不到哪里。

比较起来，我对威尔士足球所知就更少。威尔士作为英国的组成部分似乎是靠了英国现代足球创始国的地位，才能以非主权国家的身份参加世界杯，获得同样权利的还有苏格兰和北爱尔兰。我对英国的历史还算熟悉，对其内部的纠葛也不陌生，但现在是说足球。

我对威尔士足球的了解最初来自 20 世纪 80 年代英超利物浦队著名前锋拉什，他就是威尔士人。这位优秀前锋在俱乐部可以大杀四方，回到威尔士队却无可奈何——因为威尔士太弱，几乎不可能打入世界杯决赛圈。这是很多球星的宿命。本届世界杯此类球星的代表人物是挪威的哈兰德，他在曼城每场比赛只进一个都算失败，但根本无缘参加世界杯。我有时会幻想，假如哈兰德就是英格兰队的前锋，等世界杯上英法大战的时候，姆巴佩和哈兰德短兵相接，那该是多么过瘾。

威尔士尽管不能算强队，但他们有超级球星贝尔。贝尔的横空出世是在 2010 年英超的热刺，当年的欧冠小组赛上，当球队以 0 ：4 落后于当时如日中天的国际米兰时，贝尔在下半场发威，以个人英雄主义的方式上演帽子戏法，轰动了整个欧洲甚至世界。不过，球迷们最津津乐道的还是他在加盟皇马后对巴萨的那场球中，以不可思议的速度弯道超车，打入巴萨一球的壮举。那个球从此成了一种足球语言的模块，类似的进球都以它来说明。但是，近几年贝尔状态严重下滑，在皇马已经成了鸡肋，既上不了场，又卖不出价钱，只好枯坐冷板凳，仿佛深宫中“闲坐说玄宗”的宫娥。

不过，贝尔在威尔士队仍然具有无可替代的地位。世预赛生死战，他独中两元战胜奥地利，为球队赢得了附加赛的机会。接着，又在附加赛中打入一球，战胜了博得全世界同情、实力也稍稍占优的乌克兰队，这才取得了进军卡塔尔的资格。要知道，在漫长的世界杯历史上，威尔士只在 60 多年前打入过世界杯，进了八强。说句玩笑话，在本届世界杯前，威尔士的战绩，也就比中国好一点点而已。

尽管贝尔压阵，这场球依然乏善可陈。双方都没有太多突破对方防守的办法，整个过程激烈而不精彩，犯规频频。从场面上看，美国队的实力，强于威尔士。控球时间、攻过半场、射门数都好于对手，而且率先取得了进球。但幸运的是，威尔士下半场获得了一个点球，由贝尔打进——我是看的回放。说实话，我只看了上半场就睡觉了。可无论如何，因为这个进球，我还是很高兴。想想威尔士后面的两个对手，他们恐怕很难再有这场比赛的幸运了。也就是说，这恐怕是贝尔的第一个，也是最后一个世界杯进球了。他的状态已大不如前，再过 4 年，他恐怕连今天的状态也没有了。问题还在于，威尔士下届还能进世界杯吗？

5

2022 年 11 月 22 日　18：00

阿根廷VS沙特阿拉伯

卢塞尔球场

几乎所有人都认为，这是一场没有悬念的比赛。双方实力悬殊。等待沙特阿拉伯的，似乎只是要努力地避免一场屠杀。

即使屠杀也并非偶然，毕竟，就在 4 年前的上一届世界杯，沙特人在首场比赛中就以 0 ∶ 5 的比分被俄罗斯屠杀。那时，甚至没有人觉得，这个比分有那么一点点不正常。

而阿根廷，是排名世界第二的强队，比俄罗斯的实力又强了许多。按照这个逻辑，难道不可以想象一个 7 ∶ 0 或者 8 ∶ 0 的比分？

甚至有人都开始想象了。这是梅西的最后一届世界杯。毕竟，所有队伍都渴望夺冠，而有实力夺冠的球队，至少也包括巴西、法国、英格兰、荷兰、德国、西班牙、葡萄牙、比利时等强队，阿根廷要想登顶，当然不那么容易。如果届时不能夺冠，对梅西而言，就是一个终身的遗憾。而弥补这个遗憾的最好途径，就是梅西夺得最佳射手也就是金靴奖，这是一个非常重要的荣誉。何况，梅西虽然踢了 4 届世界杯，进过 8 个球，甚至获得过 1 次世界杯金球奖，但还从来没有拿过金靴奖呢。

进一步的设想是，如果梅西要获得金靴奖，那就必须在与弱队的比赛中多取得进球，而本组最弱的队，非沙特莫属。所以，哼哼，沙特，要对不住了。剧本已经写好了，剩下的，就是等待演员的演出。

比赛的进程，特别是整个上半场，基本是按照剧本推进的。一开始，就是阿根廷主攻、沙特主守的典型一边倒。阿迷和梅粉们坐在电视机前，悠闲自在地看着比赛，等待阿根廷第一个进球的到来。而剧本的力量也就此显现——上半场第25分钟，阿根廷获得点球。梅西主罚，他轻松地骗过门将射门得分。你看，阿根廷的胜利来了，梅西的进球也来了。

几乎没有人怀疑过那个点球是否合理。现在看来，那是个可判可不判的点球。如果这是阿根廷的队员在禁区内对沙特犯规，也许这个点球就没有了。我倒不是说阿根廷买通了裁判，而是说，谁不喜欢梅西呢？也许裁判员来卡塔尔执法，带着的任务之一，就是为儿子或者同事的儿子带回梅西的签名照。

聚在电视机前一起看球的球迷中，也许有人会弱弱地问一句：这个点球有吗？旁边一定会有梅粉干脆地回答：那还不是迟早的事！

接下来的进程也还是按剧本走的，阿根廷继续游刃有余地进攻。由于落后，沙特队放弃了门前摆大巴，改打阵地进攻。这给了阿根廷更多防守反击的机会。就在上半场最后的时间里，他们有3次通过精妙的最后一传撕破了沙特的防线，获得了3个单刀的机会，打入了3个进球，可惜都越位了。从后面的反复看录像得知，这3个越位，有一个只是“体毛越位”，而另一个其实是不越位的。但笼罩在VAR强大技术光环里的裁判员十分傲慢地拒绝了阿根廷的3个进球，当然，他们也基于同样的技术，给了阿根廷一个点球。

很快就是下半场。有些人甚至都选择了不看，因为，为一场几乎没有悬念的比赛熬夜还是需要一些热情的。何况，阿根廷比分领先，场面占优，又有梅西压阵，难道还有别的可能吗？睡吧。明天早上醒来再看阿根廷赢几个吧。

但是，下半场风云突变。沙特队拒绝了事先写好的剧本，他们在下半场组织了更多的进攻。而且，在第71分钟的时候，全场第一脚射门就攻破了阿根廷的球门。那是一个精彩绝伦的进球，许多媒体都把这个球列入了本届世界杯的十佳进球。甚至和阿根廷此后比赛中所进的若干个进球相比，也毫不逊色。

这时，我们或许才会想到，沙特其实是一个善于以精彩表现攻破对方球门的球队。如果我们问一个问题，说世界杯历史上哪一个进球最精彩，我估计大家都同意是 1986 年墨西哥世界杯四分之一决赛中，马拉多纳连过 5 人攻入英格兰球门的那个球。但如果问大家，哪个球可以排第二，可能会有不同的说法。但如果我们提出应该是 1994 年世界杯沙特队奥维兰连过 5 人打入比利时队的那一个进球，并不算无知。从纯技术的角度，那也是一个伟大的进球。

这种联想只是电光火石的一瞬间，因为，有句中国古话叫作“说时迟，那时快”。被追平的阿根廷甚至还没有反应过来，第二个进球就又来了。他们 1 ∶ 2 落后了。

回顾阿根廷的世界杯旅程，类似这样的情形发生过 4 次。他们在 2 ∶ 0 领先的情况下被澳大利亚扳回一球，之后甚至被压着打；他们在最后一分钟被荷兰扳平，靠点球才淘汰了对手；他们在决赛中 2 ∶ 0 领先被法国队扳平，接着在加时赛一球领先时又被扳平。在此之前，所有的足球教科书和那些失败了的先辈们的经验教训无一不在告诉我们，一个抓不好防守的球队是拿不了冠军的。但阿根廷打破了这个魔咒——此前，没有一个夺冠的球队像他们这样一波三折，但也没有一支有夺冠实力的球队有他们这么好的运气。1990 年世界杯的巴西队，1994 年世界杯的德国队，乃至此前两次获得亚军的荷兰队，如果有他们一半的运气，早就拿冠军了。

对阿根廷来说，说他们这一场运气好，或许会被听成讽刺。如果机缘巧合，或许还能吃梅西的“两个窝窝”。但如果我们把阿根廷的世界杯之旅看作一个整体，我们就会说，阿根廷在本届世界杯上夺冠的最大秘密，或者说，他们遇到的最好的运气就是第一场比赛败给了实力最弱的对手。

其实，阿根廷不可避免地是带着夺冠的心理来比赛的。尽管有无数次他们也会提醒自己，要放松，要立足于拼，要放下包袱，但谈何容易？因为，他们是新晋的美洲杯冠军，这是全队每一个人（包括梅西）生涯中的第一个国家队冠军。接着，他们——几乎就是一模一样的这些人，又击败欧洲冠军意大利获得了第二个冠军（欧美超级杯），难道他们不应该想自己下一个目标是什么吗？夺冠的渴望自然是无法遏止的。何况，这是他们尊敬的老大哥梅西的最后一届世界杯，难道他们不应该帮助梅西实现一生的夙愿，去成为新的球王吗？

对胜利的狂热追求是一个人通向胜利的最佳加油站，但是，这种狂热同时也是他实现胜利的最大绊脚石。如果阿根廷真的如赛前所设想的那样以大比分胜利，他们在给自己的积分榜上填了 3 分的同时，也给自己的世界杯之旅挖了一个大大的坑。没有人是被语言教育的，所有人都会被事实教育。

阿根廷也被输给弱队的事实所教育。他们突然明白，我们不是争冠热门，我们当然更不是冠军。我们只是所有 32 支球队中极其普通的一支。我们当下的任务是先出线，但这并不容易。下一个对手是虎视眈眈的墨西哥队，这是一支草根强队，世界杯的常客，甚至是世界杯第二阶段的常客，被他们斩于马下的并不都是牛腩，还包括像巴西这样的世界强队。而摆在阿根廷面前的局势是，对墨西哥这场球，他们必须赢。如果平了，那就有极大的概率被淘汰，遑论输球。

这时，我突然想起了梅西在赛前接受记者采访时曾经说过的：先打好第一场，第一场并不好打。如果把梅西比作苏东坡，那么，输给沙特，就是阿根廷的“乌台诗案”，而对阵墨西哥，就是阿根廷的黄州之旅，是一蹶不振，还是洗心革面迎来梅西的“吟啸且徐行”？

他和他的阿根廷能够突破自我吗？我们下次再说。

6

2022 年 11 月 22 日 21：00

丹麦VS突尼斯

教育城球场

从历史看，丹麦队也算得上是欧洲劲旅，但似乎从来都不是一流强队。当然，他们有一个令人难以忘怀的足坛神话，1992 年，第九届欧洲足球锦标赛在瑞典举行。因南斯拉夫队退出而获得比赛资格的丹麦队出人意料地杀入决赛，并在决赛中２：０击败德国队，不可思议地夺得冠军，上演“丹麦童话”。这恐怕是绝大多数球迷对丹麦队最深刻的记忆。不信，你去网上搜“希腊神话”，出来的一定是希腊那些让人耳熟能详的神话故事，搜“德国神话”“中国神话”也类似，但你要搜“丹麦神话”，出来的一定是这次比赛。

那确实是一次非同寻常的欧洲杯之旅。如果他们有实力，为什么居然连决赛阶段都不能打入？如果他们没有实力，为什么可以取得冠军？

这正是体育的魅力。体育不仅包括严酷的竞争法则，强者胜利，弱者屈服，也包括偶然、意外、不确定、戏剧性，以及浪漫的开始和结局。人们热爱体育不是爱它残酷的规定性，而是爱它总有另外的可能，这像极了我们的人生。

所以，几乎所有的球迷都能怀着热情想起这个经典的“丹麦神话”，以及和这

个神话相当类似的德甲“凯泽斯劳滕神话”。如同我们记忆中国历史上那些以弱胜强的大小战争，比如城濮之战，比如官渡之战，比如淝水之战。

丹麦的历史上也曾涌现过一些著名的球星，我的记忆中有两位，一位是曼联传奇门将舒梅切尔，一位是曾代表多家顶级俱乐部参赛的大劳德鲁普。可惜，到本届世界杯，他们已经退役了。

现在的丹麦队中，无论名气还是实力，一号球星当数中场核心埃里克森。放眼全球，比埃里克森实力强的球星为数不少，但比他名气更大的则没几个。原因不在于他球场上的表现，而是他一次不亚于“丹麦神话”的特殊经历。

2021 年 6 月 13 日，欧洲杯 B 组小组赛丹麦对芬兰的比赛进行到第 42 分钟，丹麦中场核心埃里克森在无对抗情况下突然倒地。刚开始，场上的球员们没有意识到这个倒地的严重性，但看到埃里克森趴在地上没有反应，才明白事情不妙。双方球员赶紧招呼医护人员进场治疗，裁判也及时吹停了比赛。显然，埃里克森遇上了大麻烦，应该是心脑血管出问题了。场上队医立即入场检查，丹麦球员自发围成一圈，集体守护埃里克森。随着救援持续，全场 4 万多名球迷也陷入焦虑，两队球迷在看台上一起大声呼喊“埃里克森”为他祈祷。经过 13 分钟的救治，埃里克森有了自主呼吸，被担架抬出场外就医。这一突发情况让所有人揪心，也感动了无数人。

由于突发事件的影响，丹麦队最终以 0 ： 1 的比分输给了鱼腩部队芬兰队。但这个失利和另一个喜讯相比就微不足道了，经过医生精心救治，埃里克森完全恢复了健康。而且，经过科学而慎重的医学评估，只要埃里克森佩戴特制的心脏除颤器，就可以重新登上足球赛场——这岂不是又一个“丹麦神话”？其实，我们在卡塔尔世界杯的赛前报道中，已经见到了这令人感动的一幕：11 月 22 日下午，卡塔尔多哈教育城球场，离丹麦队与突尼斯队的比赛开场还有半小时，观众席忽然掌声雷动。顺着球员通道望去，原来是丹麦队埃里克森进入球场，他准备热身。这个曾在比赛中心脏骤停 5 分钟的战士，佩戴着心脏除颤器，居然踏上了世界杯赛场！

接下来的比赛是一边倒的。丹麦队的实力远强于突尼斯，基本上是“半场攻防演练”。但遗憾的是，尽管埃里克森和他的队友们使尽了浑身解数，仍然不能攻破突尼斯的大门，最终交了白卷。但埃里克森能在大难后重登赛场，又何尝不是一场真正意义上的胜利。这个胜利，包含了科学力量、人文精神和人类对足球运动的深沉之爱，呈现出了比胜负本身更为磅礴的力量，令人动容。

其实，在世界杯乃至足球的历史上，这场比赛本身可能是微不足道的。但从埃里克森重新踏上赛场的那一刻，一切都完全不同了。

这是载入史册的一刻。

7

2022 年 11 月 23 日　00：00

墨西哥VS波兰

974 球场

为了举办这次世界杯，卡塔尔重新修建了 8 座现代化球场。除了在上面提到的主体育场卢塞尔球场外，有一座“特殊”的球场，也是这 8 座球场中最特别的一座，它既不是耗费资金最多的，也不是可容纳球迷最多的，更不是外观最吸引人的，而是一个叫 974 的球场。

为什么叫它 974 球场呢？原因很简单，它是由 974 个集装箱作为主体架构拼装而成的。

974 球场坐落于卡塔尔多哈的拉斯阿布阿巴迪区，球场背靠大海，又名拉斯阿布阿巴迪球场。因为这里原本是个工业区，所以 974 球场在设计建造时便秉承了低碳可回收利用的理念，由西班牙设计师设计，整个球场由模块化钢结构与各种颜色的集装箱组成，这种设计的最大亮点便是可自由拆装，场地和建材可回收利用。

模块化钢结构与集装箱之间的配合非常巧妙，一个个集装箱由钢结构串联组合，一座雄伟的球场就此拔地而起。这座球场有两种意义，首先，球场是由一个个集装箱拼接而成，搭建球场共使用集装箱 974 个；其次，974 也是卡塔尔国际长途通信的区号，设计师用这个数字来呼应可谓相当巧妙。五彩斑斓的集装箱被改造成观众席、卫生间、商店等，再像搭积木般插入球场主体钢结构。球场可容纳观众 4 万人，虽然容量不大，但其角度稍高的座位排布可以给现场观众极佳的观赛体验。球场内的顶部设计则来源于中东文化中的针织艺术，设计感与传统文化并存。

本届世界杯，974 球场将承担 6 场小组赛以及 1 场八分之一决赛的对决。如无意外，G 组头名非巴西队莫属，因此巴西、波兰以及瑞士队将两次出现在这里。

墨西哥与波兰的比赛打成了 0 ∶ 0，这是开赛以来的第二场 0 ∶ 0。正巧和丹麦与突尼斯的比赛（也是 0 ∶ 0）处于同一个比赛日，只相距 3 个小时。如果说英伊大战的比赛日 21 号是“进球之夜”，那么 22 号这一天就可以称为“零封之夜”。

顺便说一句，零封这个词相当美妙。本来，不进球的足球比赛是失败的，甚至是耻辱的，但零封却从另一个角度美化了不进球的尴尬，仿佛我们是付出了相当的努力才达到了不进球的目的。但站在观赏者的角度，不进球的比赛如同没有爱情的婚姻或者没有主菜的宴席，无论如何是不美妙的。

从场面上看，波兰的进攻略好于墨西哥，但碰巧，墨西哥的门将表现神勇，把波兰队略略领先的进攻优势一一化解。他甚至扑出了莱万的一个点球，那本是波兰取得领先的最佳时机。

莱万的表现并不令人满意。本来，在本届世界杯的舞台上，夺过世界足球先生的现役球员只有 5 个（梅西、C 罗、莫德里奇、本泽马和莱万），而本泽马已经“因伤”退出（这里边其实有很多文章，等聊到法国队再说）。所以莱万可以说是“四强”之一。如果按照这个标准要求，莱万的表现就是灾难级的：整场没有几脚射门，唯一的点球还让对方守门员猜对了方向，扑出去了。

其实，责备莱万是没多少道理的。毕竟，足球是一个集体项目，即使出色的球员，甚至如梅西那样的顶流，也只能“站在巨人的肩膀上”，山高人为峰。梅西在巴萨取得了巨大成就，有些人就批评梅西是“体系球员”，也就是依赖集体力量蹭流量的队员。后来梅西离开巴萨到了巴黎圣日耳曼，一开始没有适应新的体系，“蹭流量”之说就甚嚣尘上，甚至拥有梅西的阿根廷国家队没有取得大赛冠军也成了“体系球员”的证据。当然，随着梅西在巴黎圣日耳曼的崛起和阿根廷获得美洲杯，这样的说法已经苍白无力了。但其实，不带贬义地看“体系球员”这个说法，恰恰说明了现代足球的特征——甚至是现代社会的特征。一切人都处于体系之中，不论多么优秀的个体，在现代以高度专业化分工为特征的生产生活体系中，都必然地依靠体系，甚至依赖体系。总统有权威，靠的是现代社会管理的政治制度体系；经理有权威，靠的是现代企业制度所赋予他的职责和权力；即使一个传统意义上为社会大众提供智力资源的思想者或者哲学家，他也必然地要从整个社会汲取思想营养，真正的独创性思想只是凤毛麟角。体系化是现代社会的基本特征，也是人类能够创造如此丰富的物质和精神财富的最大原因。梅西并非佐罗一样的侠客，当然，没有一个现代球员是，他们只是被足球的竞赛体系所优选出来的佼佼者而已。在这一点上，梅西、C 罗乃至姆巴佩、内马尔概莫能外。

莱万也是如此。他的低迷，其实是因为波兰足球队整个体系不足以支撑他的创造力。我们前面提到的拉什、贝尔所在的威尔士队也是如此。而莱万之所以闻名遐迩，威风八面，并非得益于国家队，而是拜仁慕尼黑给了他一个相当顶级的体系，莱万才能如鱼得水，大杀四方。2018 年，我曾带山西一个足球代表团访问拜仁俱乐部，拜仁成熟的现代足球运营理念和做法令人惊讶。这才是支撑莱万们成为巨星的底座。

墨西哥队尽管也创造了一些机会，对波兰队的大门形成了威胁，但真正算得上得分良机的几乎没有。他们能取得一分的奥秘是门将奥乔亚。这位身高 185 厘米的门将每次代表墨西哥出场都有神级发挥，为实力一般的墨西哥增色不少。但奇怪的是，他自己的俱乐部生涯却状况平平。从墨西哥美洲俱乐部到西甲俱乐部马拉加，再到法甲俱乐部阿雅克肖，乃至意甲俱乐部萨勒尼塔纳，多不是大牌球队，略有名气的他也不是主力门将。显然，相对于需要长时段稳定输出的联赛，奥乔亚更适应短时期内高水平输出的大赛。这就好比生活中有些人适合可以自由发挥的创造性工作，有些人却适合那些需要兢兢业业四平八稳的工作。那些天赋异禀的人，总是像烟花一样，一下子就提高了行业的水准，但往往很快就陨落。当然，这样评论奥乔亚可能是不太公平的，但不至于离题太远。

其实，马拉多纳也是一个大号的奥乔亚。

8

2022 年 11 月 23 日 03：00

法国VS澳大利亚

贾努布球场

法国队今天出场了。他们奉献了一场近乎惊艳的表演，澳大利亚虽然利用卢卡斯膝盖受伤倒地形成的空当先进一球，还有一次射门击中立柱，但整体上看，他们完全成了法兰西雄鸡的背景板。

在世界杯前，法国队出现了诸多困难，陆续有一些绝对主力因伤退出。到世界杯开赛前，法国队先后有 6 名球员因伤退出，其中最大牌的自然是金球奖得主、知名球星本泽马。在此之前，已经有坎特（中场）、博格巴（中场）、迈尼昂（门将）、金彭贝（后卫）和恩昆库（前锋）等球员因伤退赛。尽管其他一些球队也有主力队员因伤退赛的例子，但像法国队这样，26 名球员中就有 6 人因伤退赛，甚至连金球先生本泽马也包括在内，还是不多见的。事实上，就是这场比赛中，主力后卫卢卡斯也因膝盖受伤被换下。随即，法国队在赛后的新闻发布中宣布卢卡斯成为第 7 名退赛者。雪上加霜的是，由于本泽马和卢卡斯受伤发生在赛前几天甚至赛中，法国队甚至来不及换人，只能以比大多数球队少两人的阵容征战随后的比赛。

这种退赛成堆的残酷性，让很多人开始唱衰法国队。前三届世界杯都出现了卫冕冠军不能小组出线的结果，有些人已经开始猜测，看来法国队也可能坠入卫冕冠军不能小组出线的魔咒。

这个魔咒指的是，从 2006 年之后，卫冕冠军在新一届世界杯上的成绩竟然出现了惊人的相同，那就是在小组赛结束之后就匆匆打道回府。无论是 2010 年世界杯上的意大利，还是 2014 年世界杯上的西班牙，以及 2018 年的德国，都无一例外未能逃出这一怪圈。

但即使如此，法国队剩下的队员，也足以组成一个令人恐怖的阵容。仅看中前场，法国队左边锋姆巴佩，右边锋登贝莱，以及中锋吉鲁，再加上中场格里茨曼，有哪个球队能抵挡住他们的进攻？

本场比赛，大吉鲁独中两元，姆巴佩一传一射，登贝莱奉献助攻，格里茨曼穿针引线，调度有方，法国队显示出了强大的攻击力。目前，卡塔尔世界杯已经有 16 支球队亮相，从场上展现出的技战术水平看，英法两队首屈一指。

看来，卫冕冠军不是小组能不能出线的问题，而是能不能卫冕的问题。

9

2022 年 11 月 23 日　18：00

摩洛哥VS克罗地亚

海湾球场

又是一场 0 ∶ 0。这一场，比分是无，内容却相当丰富。

《道德经》说“无”，有一段很有哲理的话：

“三十辐共一毂，当其无，有车之用。埏埴以为器，当其无，有器之用。凿户牖以为室，当其无，有室之用。故有之以为利，无之以为用。”

这似乎提示我们，也可以欣赏或者推崇一种不以进球为唯一目标的足球。

没有进球，不等于没有精彩。

摩洛哥和克罗地亚联手奉献了一场精彩的比赛。除了进球，这场比赛具备了精彩赛事的一切特点。

这是两支技术流的球队，两队队员整体的技术能力即使放在 32 强的大群体中比较，也是出色的。看球队的技术，有一个办法是看远射的准确性。两队在本场都有多次远射，尽管没有得分，但都能命中球门框内或者只是稍稍偏离目标。在进攻中，远射既要求脚法出众，又要求腿部力量，还要有突然性的意识，是一个优秀球员最为重要的品质。如果你不理解，看看梅西的远射就知道了。

这场比赛的攻防转换速度很快，进攻和防守都令人眼花缭乱。双方都打出了精彩的配合，而且是那种在高速中保持连续性的精彩攻防。这是尚无法精确命名，但已经被我们感觉到正在超越传控足球的新足球风格。

克罗地亚的主力阵容可能是所有队伍中平均年龄最大的主力阵容之一。但他们体能之充沛超乎想象。按照运动训练的一般规律，他们能做到这一点，一般有三个原因：一是强烈的求胜欲望。这可以称之为体能—意志替代。就人体的生物学特征而言，意志确实可以在一定程度上强烈增强肉体的力量。我见过一个临终前十分衰弱的老太太，为了等她国外的外孙女回来见最后一面，在昏迷状态下水米不进，整整等了 9 天！直到外孙女回来呼唤她，她居然奇迹般睁开了眼睛，但几分钟后就去世了。所以，意志在一定程度上强化体能，这是我们在激烈的比赛中经常可以看到的。本届世界杯上，意志力最强大的球队，恰恰就是克罗地亚和摩洛哥。这一点，我们在随后的比赛中可以感受到。二是他们的体能训练非常科学。这实际上是当今足坛甚至职业体育中的一个普遍现象，与马拉多纳那个时代相比，当代职业选手的体能训练科学化程度大大提高了。在马拉多纳时代，一个运动员踢到 30 岁仍然保持良好体能和状态，是一件十分不容易的事情，但今天，只要有高水平科研团队的保障，球员到了 35 岁照样可以保持充沛体能和出色状态。梅西今年就是 35 岁，而莫德里奇已经 37 岁了。现在，球员这样的体能和康复训练并非是由国家队或者俱乐部来直接保障的，而是由俱乐部聘请专业公司来完成，当然，这样的公司，收费自然也不菲，但是，延长梅西或者莫德里奇的运动寿命是一件值多少钱的生意，任何人都可以算明白这笔账。三是球队会设计一整套战术来合理地使用他们有限的体能，包括他们自身。他们会根据场上的情况合理分配体能，以备关键之需。有人责备梅西经常在场上散步，但这正是梅西能够在关键时刻保持充沛体能的原因之一，莫德里奇也一样。

当然，就这两位明星而言，还有一个很重要的因素，就是他们都是私生活相对简单，生活中对自己要求十分严格的职业球员。系统的训练和规律的生活，也保障了他们体能的充沛。相比之下，私生活更为丰富的大罗和小罗，就没有这么长的运动寿命了。

摩洛哥的队员更为年轻，但他们在技术上完全不输克罗地亚。我们都知道，摩洛哥、突尼斯、阿尔及利亚都是北非国家，与地中海对岸的南欧国家一衣带水，不仅距离很近（直布罗陀海峡最窄处只有 14 千米，游泳健将都可以由非洲游到欧洲——当然，得保证没鲨鱼），而且，他们也是同一个种族，有相似的文化背景。北非这几个国家的远祖，其实和欧洲的日耳曼人是同根同源的，叫作汪达尔人，尽管他们后来皈依了伊斯兰文化，但欧洲情结依然很深。这些汪达尔人的后裔们，特别是那些喜欢踢球的“村里的年轻人”，从小的计划便是到对岸的欧洲去踢职业足球，成就梦想，光宗耀祖。不仅马格里布地区如此，西非的科特迪瓦、塞内加尔乃至尼日利亚也如此。因而，非洲的足球强国都集中在这一地区，也就毫不奇怪了。2002 年世界杯揭幕战，法国队输给塞内加尔，其实就可以视为法国一队输给了法国二队，因为和今天的摩洛哥球员一样，他们都在法国、西班牙的职业球队踢球，基本技术一点都不亚于欧洲强队。摩洛哥的后卫队员敢于在自家的禁区里反复倒脚，少有开大脚的情况，正是源于这份自信。

10

2022 年 11 月 23 日　21：00

德国VS日本

哈里法国际体育场

23 日晚上，日本人复制了沙特阿拉伯战胜阿根廷的神迹，不可思议地战胜了 4 届世界杯冠军得主德国队。

比赛的进程，和沙特战胜阿根廷如出一辙，都是传统意义上实力更强的一方先进球，而且，都是点球。然后，领先者再打进第二个球，但都被裁判判为越位。尽管这个进球没有算，但从心理上进一步强化了比赛将是一边倒的印象。人们都坚信，第二个进球将很快到来，也许还有第三个、第四个。

然而，到了下半场的后半部分，场上风云突变。日本队加强了进攻，在中前场两个边路有着十分丰富的进攻套路，在对方禁区肋部反复穿插，数次撕开德国队的防线，如果不是诺伊尔几次不可思议的神扑，德国队的球门早就被日本队敲开了。但是，百密必有一疏。就在诺伊尔又一次贡献神扑之后，中路跟进的堂安律在点球位置无人盯防的情形下一蹴而就，打入了扳平的一球。6 分钟后，日本队卷土重来，依靠一脚十分精准的后场长传发动进攻，由浅野拓磨打入了反超的一球。

浅野拓磨进的第二球是世界级的，是一个典型的个人能力型的进球。这个进球的取得，说明日本球员的技战术水平已经达到了世界级。可以比较的是，这个进球和梅西2014年世界杯打进尼日利亚那个备受赞誉的进球异曲同工。都是后场长传发动，两个长传都具有相当的精准性；都是高难度的背身接球，球员自己只能在快速奔跑中回头看一眼球在空中的方位，迅速预判接球的位置和方式，非常平稳地将球卸下，置于自己的控球范围内；都是在与对方后卫的激烈拼抢中高速带球中完成动作，带球向前并寻找到理想的射门角度。所不同的是，梅西射了远角，而浅野拓磨是选择了近角。两个进球还有一个共同点，就是都改变了比赛结果，使本队由平局变成了胜利。

落后以后，德国队如梦初醒发动了疯狂的反扑，但都是只开花不结果。连主持人都感慨：留给德国队的时间不多了。日本队的胜利说明，不是德国队变弱了，而是日本队变强了。

至此，亚洲球队在本届世界杯五队出场，对阵四个前世界杯冠军，取得了两胜三负的成绩，基本特征是“东风压倒西风，北洋胜于南洋”。

连续两届世界杯小组赛输给传统弱队，这是德国足球历史上从未有过的。2014年的巅峰之后，没想到如此极速坠入深渊。所有这一切，归根结底，还是日耳曼战车的迷失自我。严谨、硬朗和斗志，从来都是属于德国足球的标签，大家更喜欢称之为“铁血”。这是贝肯鲍尔的肩膀脱臼继续战斗，是克林斯曼的血染赛场，是马特乌斯的坚毅眼神，是卡恩的震天怒吼，是萨默尔的无情铲断。正因为这种精神，让他们被视作世界杯上最稳定的球队，让他们曾经12次进入四强、8次进入决赛、4次夺冠。

传控技术的引入让克林斯曼和勒夫沿用拜仁班底取得了国家队层面的成功，以往的压迫式推进、两翼齐飞和中锋冲击打法几乎被舍弃。不要说是德国缺少了克洛泽式的中锋，是因为整个主流打法造就的选材思路，让克洛泽式的球员已经无法在球队中有立足之地。

2018年世界杯小组赛0 ： 2不敌韩国，小组垫底出局，这本已经敲响德国亟须变革的警钟。

随着传控足球遭遇瓶颈，逐渐占据国际足坛主流的冲击型打法，其实正是德国

足球历史上最擅长的，然而从勒夫再到弗里克，已经沉浸在传控体系里太久了，故步自封的他们无法进行自我革命。从球员层面来看，按照旧有传控体系打造的阵容，再难有曾经的铁血战士，以萨内、京多安和哈弗茨为首的技术打法占据队内主流。丢掉了战斗属性的加持，德国足球连偷师自己的日本都踢不过了，即使有超八成的控球又能如何！

11

2022 年 11 月 24 日　00：00

西班牙VS哥斯达黎加

阿图玛玛球场

西班牙在今晚展开了一场真正意义上的屠杀。当终场哨声响起的时候，比分定格为 7 ：0。这当然不是世界杯历史上的最大分差。我查了查，从有记录的时代开始（大约就是第二次世界大战之后的 1950 年巴西世界杯），世界杯最大分差是 9 个进球，分别是一次 10 ：1 和两次 9 ：0。10 ：1 的世界杯分差至今没有打破，那是在 1982 年西班牙世界杯赛场上发生的，当时匈牙利以 10 ：1 狂胜萨尔瓦多，创造了世界杯历史上近 40 年来的第一大“惨案”。而 9 个净胜球的比赛在世界杯历史上还有 2 次，其中一次的主角之一还是匈牙利队，他们曾经在遥远的 1954 年瑞士世界杯上以 9 ：0 狂胜韩国队，这也是世界杯历史上当时的最大分差。到了 1974 年德国世界杯，当时的南斯拉夫队以 9 ：0 狂胜刚果（金），再一次追平了这一纪录。显然，这三次 9 个净胜球的比赛，共同之处就是两支对阵的球队实力悬殊。在 20 世纪 80—90 年代之前，世界足球较之今日，发展更不平衡，一些第三世界国家尽管在本洲内杀出重围，但水平仍然很低。遇到欧美强队，难免输得一泻千里。进入 21 世纪以来，世界足坛的足球水平突飞猛进，各大洲之间的差距显著缩小，如此高的分差就不大容易出现了。

因为哥斯达黎加，我想起了 20 年前的一段往事。2002 年，中国队唯一一次闯入了世界杯。与中国队同组的，除了巴西和土耳其，就是哥斯达黎加。我很荣幸，就因为当时在山西省足协担任秘书长的职务，所以有机会奔赴韩国现场观摩了中哥和中巴两场比赛。当时，许多天真的球迷还替中国队设计了出线之路，那就是胜哥平土负巴，然后与土耳其比净胜球，也许就能出线。由于存了这样的“妄念”，我其实是带着不恰当的期望来看中哥之战的。从现场看，刚开场双方互有攻守，中国队不落下风。但开赛没多长时间，孙继海受伤下场，局面就开始转向哥斯达黎加一边。下半场，中国队连丢两球，输掉了比赛。我们从比赛场所在的光州乘坐了 5 个小时汽车才返回汉城（现在叫首尔）。刚刚进城，就遇上韩国球迷的全城大游行，原来，就在几个小时前，韩国队以 2 ∶ 0 的比分战胜波兰，取得了该国历史上的世界杯首胜。人家首胜，我们首败；人家 2 ∶ 0 胜，我们 0 ∶ 2 败；人家大游行，我们只能下了车，穿行在人海中，一直到后半夜才疲惫不堪地回到酒店。那是一个刻骨铭心的夜晚。我们边迈着沉重的步伐前进，边在心里恶狠狠地骂，也不知道在骂什么。

所以，哥斯达黎加的水平应该是有限的，因为连中国队都敢于计划战胜它。但毕竟，随着 20 年来世界足球水平的均质化，西班牙一举打入哥斯达黎加 7 个球，还是显得有些突兀。我们都知道，中北美洲的足球水平与欧洲和南美有不小的差距，与今日的亚洲和欧洲相比，那就差不太多。尽管哥斯达黎加不如西班牙，但双方打出 7 个球的差距，还是令人诧异。

有人认为，西班牙之所以能够取得胜利，是因为它奉行多年的传控足球仍然有强大的生命力。

西班牙打传控足球多年，而且靠着这一战术，获得了不少荣誉。2010 年夺得了他们国家历史上的首个世界杯（至今也仍然只有这一个），靠的确实是传控足球。那时，瓜帅麾下的巴萨如日中天，小白（伊涅斯塔）、哈维、布斯克茨组成的中场铁三角配以梅西这样的超级锋霸，确实具备了打遍天下无敌手的实力。他们习惯的方式便是传控，也就是在保持极高控球率（60% 是起码的）的前提下，依靠细腻、复杂和多变的短传渗透，一次次地将球传入对方小禁区形成射门，球迷称为“传着传着就传到了门里”。在技术实力有保证的情况下，巴萨的这一套打法是令对手绝望的。你想想，和人家踢了 90 分钟，从头至尾没碰几脚球，自己还没整明白，人家就进球了，然后，人家又进球了。巴萨这样的比赛进程，经常会令对手心理崩溃，对方的后卫常常会莫名其妙地犯规，吃到黄牌甚至红牌。结果，一场输两三个球是好的，经常会出现输四五个球的状况。就是这支队伍，一口气拿了三次联赛冠军和两个欧冠，令人咋舌。

因为巴萨的特点，拥有小白、哈维、布斯克茨的西班牙国家队自然也有样学样地打起了传控。这样，心理崩溃的就是欧洲乃至世界上各支与西班牙对阵的国家队了。2010 年世界杯欧洲区预选赛，他们十战十胜取得了进军南非的资格。决赛阶段，他们首战意外地 0 ： 1 败给了瑞士，次战 2 ： 0 胜洪都拉斯，三战 2 ： 1 击败智利，以 2 胜 1 负积分 6 分在 H 组排名第一晋级。之后的淘汰赛，西班牙先后以 1 ： 0 压制葡萄牙，1 ： 0 战胜巴拉圭，1 ： 0 击败德国挺进了世界杯决赛，在决赛中西班牙对阵荷兰加时赛打进 1 球，最后斩获世界杯冠军。尽管首战出了点意外，但在这一届世界杯中，他们还是将传控足球的威力发挥到了极致，这种高层次的攻守平衡打法一时间风靡世界。而且，他们还以同样的阵容、同样的打法，赢得了 2012 年的欧洲杯。不仅实现了欧洲杯卫冕（2008 年西班牙也取得了欧洲杯冠军）——这是一个困难程度不亚于世界杯卫冕的事，也实现了世界大赛三连冠——这在欧洲还没有哪个国家能做到。

但是，从 2012 年之后，西班牙没再取得什么像样的荣誉。2014 年世界杯，随着哈维等一代球星的老去，西班牙首战 1 ： 5 惨败荷兰，次战 0 ： 2 输给了智利，虽然第三场 3 ： 0 胜澳大利亚，但仍然被小组淘汰，受困于东道主过不了小组赛的魔咒。紧接着，在 2016 年的欧洲杯上，他们尽管进了 16 强，却在八分之一的比赛中输给了意大利，无缘八强。作为卫冕冠军，这差不多就是失败。

此时，就有人开始质疑传控足球的效力。但和所有的领域一样，人们思考问题，不是用理性来判断，而是用结果来判断。因为世界上还有两支球队——阿根廷和德国，也在打传控足球，而在西班牙开始下滑的时候，这两支球队仍然保持着高水准，双双打入了巴西世界杯的决赛。日耳曼战车更是靠着强大的控球能力，以

7 ∶ 1 的比分，不可思议地战胜了强大的东道主巴西。这使得人们对传控的质疑消解了不少。

但是，接下来出现的却是从实践层面对传控的否定。2014 年世界杯决赛失利后，阿根廷重组了队伍，从比赛的表现看，逐步放弃传控，更多地采用防反与阵地交替变换节奏的务实打法，宁可丢失球权，也绝不丢失硬朗的对抗，在许多强强对话中极低的控球率，已经让他们不好意思再提传控了。而德国呢，2018 年世界杯的小组赛中，居然不可思议地输给了韩国，未能小组出线。至此，从国家队层面，传控足球成了传说中的“葵花宝典”，没人会再玩了。而在传控足球的反对者看来，这一貌似强大的“葵花宝典”，习练者每每是“必先自宫”——放弃了冲击力，放弃了灵光一闪的身后球，放弃了反越位，只知道把球倒来倒去，让人昏昏欲睡——这不是自宫，又是什么？

在我看来，传控虽好，也要受人喜欢——也就是说，绝不能自宫。从源头上看，巴萨鼎盛时期传控为什么行云流水，令人眼花缭乱，赏心悦目？根本在于，他们在控的时候，有传出致命一击的能力。而之所以可以致命一击，是因为他们的传控，是在极高的串接频率下完成的。天下武功，唯快不破。说一千道一万，传也罢，控也好，真正打对手措手不及的，是慢控之间的快传。我们看巴萨，往往是连续一脚出球，连续二过一或二过二，对方来不及反应，球已经进了禁区。说白了，这种高水平传控，是为传而控。之所以能达到这个目的，是因为哈维—伊涅斯塔—布斯克茨这个铁三角，具备这样的能力和意识，又有俱乐部长期配合的默契。他们这种强大的控球，加上前场梅西同样甚至更强的传切和射门得分能力，才成就了真正出色的传控艺术。等这几位或退役或能力下滑之后，其他的球员虽得传控之名，却没有支撑快速出球能力的技术和意识，他们打起传控，就变成了为控而控。我们看到的，就是一过中线，就陷入僵局。球传到左路，再传回右路，虽然不丢球，但基本突破不了对方的中场球员和后卫球员构架的两道防线。偶尔直塞，就意味着丢球。后来，德国队越来越接近这种打法，球迷很客气地把德国队的所谓传控称为伪传控。因为他们据说是在传控，但多数的射门都是远射。这是令所有德国球迷（也包括女球迷）深感痛恨的。

所以，没有金刚钻，别揽传控活。要说 2018 年的德国和 2022 年的西班牙是传控，你就别逗了。

12

2022 年 11 月 24 日　03：00

比利时VS加拿大

艾哈迈德·本·阿里球场

欧洲红魔比利时一直是世界杯赛场上一个相当独特的存在。一方面，他们具有相当强的竞争实力，世界排名经常处于前三位，超过声名赫赫的荷兰、西班牙乃至葡萄牙等欧洲强队。本届世界杯前，国际足联对 32 强的实力给出了排名，第一是巴西，第二就是比利时，然后才是阿根廷、法国、英格兰、西班牙、荷兰、葡萄牙、丹麦和德国。但是，世界排名前十名的球队中，巴阿法英西荷葡德 8 个队，都有人预测为冠军得主，只有比利时和丹麦，没有人预测他们会夺冠。丹麦在这份榜单上排名第九，似乎不预测他们夺冠也情有可原——虽然排在丹麦后面的德国也有人预测。但何以排名第二的比利时却没有人看好呢？

比利时在世界杯历史上的战绩不佳可能是一个原因。他们虽然曾经十几次参加世界杯决赛阶段的比赛，但最好成绩也不过是第四名。在冠亚军熠熠生辉的舞台上，第三名和第四名基本上就是背景板。而比利时做背景板的那一次，衬托的恰恰是 1986 年登基的球王马拉多纳。在阿根廷问鼎世界杯的 1986 年，马拉多纳率领阿根廷队，就是踩着比利时人的战车闯入决赛的。在此之前的上一场比赛，是名垂史册，至今仍被人津津乐道的英阿大战,马拉多纳独中两元,第一球,是著名的“上帝之手”;第二球，则是连过 5 人、独闯龙潭的那个世界杯历史上的最佳进球。这个球的进球线路，已经被勒石铭记，永远地留在了墨西哥阿兹台克大球场。而阿比之战后的下一场比赛，是阿德决战，阿根廷先进两球，西德人顽强地扳平，马拉多纳又妙传布鲁查加，打入决定胜负的一球。其跌宕起伏，其变数重重，其令人揪心，恐怕只有本届世界杯的阿法大战可以比肩。相比之下，阿根廷和比利时的半决赛就显得波澜不惊,马拉多纳同样独中两元,两个球也各有特点,但这场球的记忆价值大打折扣了。不信，你问问许多资深球迷，看看有多少人还记得这场球。

这成了比利时的悲哀。好不容易杀入四强，走到了聚光灯下，却遗憾地成了最不显眼的背景板。

比利时有很多优秀球员，单是曼城中场德布劳内就足以证明。除了德布劳内，他们还坐拥皇马大将阿扎尔、国米强力中锋卢卡库、多特神锋巴楚亚伊、边卫默尼耶、皇马铁门库尔图瓦等。如果这些球星能够正常发挥水平，那将是世界上任何一支国家（地区）队都会惧怕的强大对手。

可惜的是，这也是一支老迈的比利时队。阿扎尔久疏战阵，卢卡库伤愈未久，德布劳内独木难支，球队在赛场上表现出来的水平，比他们的纸面实力可以说是判若两队。

加拿大是世界杯的“边缘人”。我用“边缘人”这个词，就是指那些时而参加世界杯、时而淘汰不能参加的半吊子球队。说他们行，他们经常一败涂地，令人有“朽木不可雕也”之感，而另一些时候，他们又突然醒来，大杀四方，一不小心就进了决赛圈。在亚洲，这样的球队就是伊拉克、阿联酋、卡塔尔；在非洲，就是南非、埃及、喀麦隆；在南美，就是哥伦比亚、智利、厄瓜多尔、巴拉圭；而北美，似乎就是加拿大。

当然，说加拿大是“边缘人”，多少还是高估了他们。看历史，他们仅仅是在 1986 年那一届打进过世界杯决赛圈，但也仅仅是在小组赛跑了一圈就打道回府了。这种实在没有“阔过”的历史，也只比中国队略强而已。

但竞技体育是一种具有强烈“现场感”的文化样式，一旦双方踏上赛场，在决

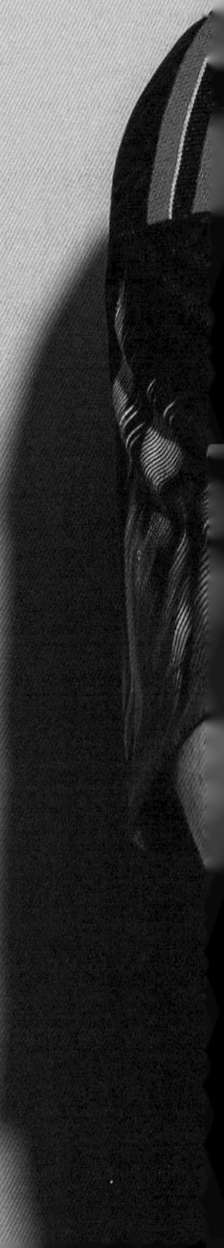

ROYAL
BELGIAN
FA 1895

定胜负的诸因素中，历史、功绩、资历、荣誉、名声等因素一律会被清零，只留下实力、状态和运气。单看加比之战这一场，所有历史因素都远逊的加拿大竟丝毫不落下风，甚至在气势上还略胜一筹。上半场，他们甚至在略占优势的情况下获得了一个点球，如果罚进，局面可能完全不同。但年轻的前锋 19 号戴维斯主罚点球没有骗过皇马铁门库尔图瓦，补射又打高，错过了击败强大对手的最佳机会。结果，在上半场临近结束的时候，如梦初醒的比利时加强了进攻，由多特前锋、23 号巴楚亚伊打入一球。最后，他们就靠这个球小胜加拿大。

卢卡库因伤没有参加这场比赛。老迈的比利时能走多远，令人担心。

13

2022 年 11 月 24 日　18：00

瑞士VS喀麦隆

贾努布球场

大多数球迷对这两支球队都比较陌生。咱们先说喀麦隆，喀麦隆是一支名气不大的非洲球队，虽说他们也算是世界杯的常客。而瑞士呢，如果看世界排名，比喀麦隆靠前不少，但在我了解的球迷中，喜欢瑞士队的很少。大多数人恐怕都不能说出这两个球队各有什么球星，甚至连一个都说不出来。我到网上查了一下，瑞士历史上最著名的十大球星，我听说过的只有两个，印象都不深。还有一个网页里说瑞士最好的球星是伊布，我同意伊布是最好的，但不好意思，他是瑞典的。当然，关于瑞典我能说出的球星就多了，可惜瑞典没有进入本届世界杯。

尽管喀麦隆世界排名落后于瑞士很多，但他们的历史上还真的有一个非常著名的球星，叫作米拉。你没听说过？祝贺你，说明你还年轻。

米拉是与马拉多纳同时代的足球运动员，恐怕也是迄今为止喀麦隆历史上最为著名的球星。早在 20 世纪 70 年代末 80 年代初，米拉在喀麦隆就家喻户晓。但可惜的是，那时喀麦隆足球水平很低，到欧洲踢球也有很多门槛，所以除了喀麦隆球迷，其他国家的球迷并不太知道他。

但是，喀麦隆打入了 1990 年的意大利世界杯，这是该国第一次进入世界杯，举国欢庆。但遗憾的是，尽管米拉曾经为球队闯入世界杯决赛作出了贡献，但考虑到 1990 年他已经 38 岁，教练员并没有计划带他去意大利。当时米拉的球迷不答应，他们甚至给总统写信，要求总统干预此事，给米拉一个位置。在总统过问此事之后，教练员把米拉纳入帐中。他完全料想不到，这成了他做得最正确的事。

后来我们就知道了，在意大利，米拉成了一战成名的现象级球星。在喀麦隆爆冷战胜球王马拉多纳率领的卫冕冠军阿根廷队之后，喀麦隆迎来了他们的第二个对手罗马尼亚队，米拉下半场替补登场，连中两元，率领喀麦隆战胜了对手，闯入了第二阶段。

米拉出生于 1952 年，比马拉多纳大 8 岁。打入两粒进球时，他已经 38 岁了。所以，球迷们都亲切地叫他“米拉大叔”。米拉大叔不仅是喀麦隆的民族英雄，还成了世界杯历史上决赛阶段年龄最大的进球队员。

在 1990 年的世界杯上，米拉大叔一共打入 4 粒进球，位列进球榜前列。他不仅在小组赛上连中两元，还在八分之一决赛中，让哥伦比亚著名门将伊基塔做了他的背景板。加时赛，替补登场，很快便取得进球，接着又从伊基塔脚下断球，打入了制胜一球，成功地率领喀麦隆打入了世界杯八强。这是喀麦隆的高光时刻，以后再也未出现。当然，这也是非洲球队首次闯入世界杯八强。

米拉大叔的光辉形象，不仅仅因为他进球多，还在于他每次进球之后，都要跑到角旗边上，一手扶着杆头，一手上下挥舞，扭着屁股跳着类似桑巴舞的非洲劲舞。那几乎成了世界杯的经典时刻，和马拉多纳的“上帝之手”同样著名。

更令人不可思议的是，4 年后举行的美国世界杯上，米拉大叔又一次入选。他不仅登场亮相，还在对阵俄罗斯队的比赛中攻入一球，刷新了自己创造的世界杯历史上最大年龄进球者的纪录。这一纪录，直到今天也没人打破。

今天的喀麦隆队，尽管队中没有了米拉大叔，但米拉在队时就展现出来的技术风格和比赛特征却“涛声依旧”：一样的出色技术，一样的快速奔跑，但也是一样的战术纪律散乱，一样的把握机会能力差。上半场，他们打得更加积极，20 号姆贝乌莫和 13 号舒波莫廷各有一次得分机会，如果他们的配合意识强一些，领先者就是他们，而且，如果他们能够先进球把瑞士人逼入阵地进攻，以他们的反击速度，很可能再进球，那样，最后的胜利者可能就是他们。

到了下半场，我们就能明白没有多少球星的瑞士为什么能够长期名列世界前二十。不是别的，正是他们出色的战术纪律和整体意识。这个中欧小国拿出了他们独特的足球特点，这似乎是和德国、丹麦、瑞典、挪威等国家所共有的一种足球风格。他们没有令人眼花缭乱的技术，他们相对简单、实用，但效果往往是不错的。

下半场，如奔腾的猎豹遇上了凶悍的群狼，喀麦隆人渐渐被拖得精疲力竭。最终，后卫出现漏人，瑞士人用他们习惯的边路传中，中路包抄打入制胜的一球。喀麦隆人尽管战到了最后一刻，但还是无奈地接受了失败。

你以为欧洲足球比非洲足球好多少？其实，奥秘就是这种战术意识。

当然，如果一个队除了战术意识再无有趣之处，上帝就要放弃他们了。因为，不好看的球也不配胜利。

14

2022 年 11 月 24 日　21：00

乌拉圭VS韩国

教育城球场

这是我特别愿意看的一场球。当然，首先是因为乌拉圭；其次，也因为韩国。

我 2019 年曾经去过乌拉圭，那是一次南美足球之旅，目的地是巴西、阿根廷和乌拉圭。虽然在乌拉圭只待了两天，参观了两个职业俱乐部，但还是留下了深刻印象。当然，最深刻的印象是我们被安排在一个郊区农场的午餐。餐前，我们碰巧观看了在广袤的牧场田野上举办的两场业余比赛，一场是橄榄球，一场是足球。橄榄球比赛双方应该是附近的居民，各自开车来参赛，似乎是以社区为单元组队，显然有一定的配合训练时间作保障，尽管不少球员年龄很大，啤酒肚惊人，但除了速度慢一些，战术打得还是有模有样，这场比赛除了双方的替补队员，一个观众也没有。

而那场足球比赛参加者都是些十二三岁的孩子，由家长开车带他们来参赛，整个球赛的观众也就四五十人，都是孩子的家长。看上去，比赛相当正规，裁判员穿了黑色的衣服，手势很专业，孩子们也都有统一的队服，球踢得有模有样，配合流畅，甚至还有一脚倒钩射门，守门员腾身扑救更是随时可见。这种场面让我直观地感受到乌拉圭足球为什么发达。

尽管从 1950 年第二次获得世界杯冠军以后，乌拉圭再没有进过世界杯决赛。但之后，他们还是涌现出索萨、弗兰、雷科巴、卡瓦尼、弗朗西斯科利和苏亚雷斯这样的巨星。这是你无法忽略的足球存在。而奥秘似乎正在于这块不大的国土上，随时可见的业余足球。

午饭时，附近的许多足球业内人士都来了。很轻松的户外野餐，大家品尝烤肉、黑面包、各色的小点心，还有自己腌制的酸菜，喝葡萄酒，以及喝马黛茶。尽管语言不通，仍然能明白一个身材矮粗的老教练比画着说的内容，他说他是苏亚雷斯的启蒙教练，担心我不信，还拿出手机里他和苏亚雷斯的照片为证。照片中还有前不久乌拉圭国家队参加“中国杯”的比赛场景。就是那一年的 3 月，“中国杯”上乌拉圭拿了冠军，中国队垫底。那一刻，我似乎确实地感受到了他们有一种高傲：中国人，你们很有钱，但足球不行。

乌拉圭一直被列为南美三强，我私下里觉得，其实该是两雄加三强，两雄自然是巴西和阿根廷，三强则是智利、乌拉圭和哥伦比亚。但本届世界杯，智利和哥伦比亚都没有打入，占据这个位置的是厄瓜多尔。

我喜欢乌拉圭足球，历史上主要是弗朗西斯科利，他那种飘逸的球风令人陶醉。现在则是苏亚雷斯，世界顶级前锋，梅西的好朋友，一个率真可爱的老男孩——“苏牙”。

苏亚雷斯被称为“苏牙”，是因为场上咬人而得。我们中国历史上也有很多名字带“牙”的，比如西周初期的姜子牙，还有春秋时的俞伯牙、鲍叔牙，以及齐桓公的大臣易牙，等等。这么多名人与牙过不去，是否也有咬人之癖？专家告诉我们，非也。他们叫牙其实是伢，也就是娃儿之意。这就和贾平凹其实就是姓贾名平的一个娃，为了别致就写成凹（方言里念“娃”音），所以你要念成“奥”的音，他也会觉得奇怪。

但“苏牙”之称，就是来自咬人。除了他，还有咬人的体育明星，意大利的巴洛托利以及其他项目（拳击）的泰森。三人中，泰森最狠，直接把霍利菲尔德的耳朵咬下来一块。按照苏牙的命名规则，巴洛托利和泰森也该被叫作“巴牙”和“泰牙”，但似乎没有。

三个咬人的案例，巴洛托利的影响不大，泰森的后果严重——他的职业生涯基本就废了。只有苏亚雷斯的几次咬人，似乎是因祸得福。咬人之前，大家还不怎么知道他，咬人之后，简直有点爱他。一咬惊人之后，他就登陆欧洲，辗转来到巴萨，与梅西、内马尔组成无敌三剑客“MSN”，成就了宇宙巴萨。苏亚雷斯何以能一咬成名，我觉得主要还是他的球技好。马拉多纳也干过不少出格之事，但球技出众，别的大家都选择了原谅。另外，苏亚雷斯的龅牙也让他别具一格。据说，小时候苏亚雷斯为此颇受嘲弄，因而有些自卑。而等他出名以后，心理上不免“以牙还牙”，屡屡用牙攻击对手就有了心理学的解释。现在，球迷们看他的龅牙其实颇为可爱，这么有趣的牙，不咬点什么怎么可以？所以，尽管叫他“苏牙”，似乎是批评他不该乱咬一通，其实内心是认同的。但“巴牙”和“泰牙”就没这么好的运气了。

本届世界杯，乌拉圭的实力算不上强，“苏牙”和另一个球星卡瓦尼都廉颇老矣，和阿根廷的天使迪玛利亚一样，基本没有踢满全场的体能。他们的对手韩国则素以体能充沛、作风顽强著称。所以，赛前分析这场球，我觉得，毕竟世界杯虽说还是那个世界杯，韩国可不是当年的韩国了。交手起来，乌拉圭人很难占到便宜。

韩国的世界杯之旅也颇有趣味。在亚洲，他们很早就是顶级强队，从 20 世纪 80 年代后，他们就在冲击亚洲冠军，甚至比日本崛起都早。在我看来，日韩之所以能够在 20 世纪 90 年代迅速崛起，一个带有共性的原因就是他们国内联赛抓得不错，在推进足球职业化、社会化和市场化的进程中，联赛成为基本阵地。通过联赛，足球先后与国际接轨，也出了一批又一批的人才。中国的职业联赛 1994 年就起步了，几乎是和日韩同时，但我们的联赛搞得既不如日，亦不如韩，支离破碎。联赛是足球之本，联赛不成功，而期望足球发达，未之有也。但国内业内业外直到今天都不明就里，不断给足球开出一些自以为是、莫名其妙的药方，联赛的质量一直不高，甚至每况愈下。所以，中国足球就在层层的“重视”中不断萎缩、畏缩和猥琐。起步之初，还能与韩日抗衡，现在，恐怕只剩下少输几个的问题了。

尽管联赛颇有成效，但韩国国家队在世界杯上的成绩，并没有立竿见影地提高。2002 年韩日世界杯前，他们先后 5 次参加世界杯（1954 年 1 次，1986 年到 1998 年连续 4 次），总共参加了 14 场小组赛，取得 4 平 10 负的成绩，难求一胜。直到

2002 年，他们才第一次在本土举行的世界杯上以 2 ： 0 的比分战胜波兰，取得了他们半个世纪参加世界杯的首场胜利。那天，我正好在韩国首尔，刚刚经历了中国队败给哥斯达黎加的沮丧，又目睹了韩国胜利后举国狂热庆贺的情景，真是让人一言难尽！在那一届世界杯上，韩国人又战平美国，击败葡萄牙，以小组第一的身份闯入淘汰赛。接下来的情况，老球迷们都记得，八分之一赛中他们 2 ： 1 淘汰了意大利，又在四分之一赛中点球淘汰西班牙，只是在半决赛中才输给德国，未能进入决赛。他们取胜的两场比赛，甚至包括小组赛战胜葡萄牙的比赛，其实都多有蹊跷。裁判员对东道主的照顾，简直无微不至。直到今天，人们还是把韩国在本届世界杯上的胜利称为“丑陋的胜利”。在我看来，韩国的胜利虽然看上去是丑陋的，但他们表现出来的不断进步的实力也是毋庸置疑的。要知道，他们淘汰的三支强队葡萄牙、意大利和西班牙，都是世界顶级强队，裁判的帮助虽然“功不可没”，但他们顽强的作风、充沛的体能和简练实用的技战术打法也还是起到了关键作用。换中国队（那其实正是 20 年来最好的一支中国队）上去，怕是上帝亲自裁也不行。

在以后的世界杯上，韩国虽然只有一次幸运地闯入淘汰赛，但即使淘汰赛，成绩还是有所进步，特别是上届世界杯以 2 ： 0 战胜德国，称为上届世界杯最大冷门，也报了 2002 年本土作战负于对手的一箭之仇。

说回韩国与乌拉圭，韩国队虽然在 2010 年世界杯靠一胜一平一负的战绩闯入了 16 强，但也止步于此。阻止他们继续前进的，正好就是今天他们的小组赛对手乌拉圭队。而攻入制胜球的，正是我心中乌拉圭的最佳球星苏亚雷斯。

这场韩乌之战最终战成了 0 ： 0，这是本届世界杯开赛以来的第三场 0 ： 0 。从场面上看，乌拉圭人略占上风。他们甚至两次打中门柱，一次横梁，一次立柱。据统计，乌拉圭足球队在世界杯历史上曾经有 6 次击中对方门柱，其中 4 次都是击中韩国的门柱。这样的比例似乎提醒我们可以写一篇论文《亲韩抑或肿韩？——论乌拉圭队前锋射门脚法与韩国队门柱的关系》，估计拿硕士学位还是有希望的。但乌拉圭人显然很失望，特别是他们的球门在最后时刻差点被孙兴慜攻破的时候。

孙兴慜毫无疑问是韩国足球历史上最为著名的球星，比他的前辈或者同辈更长者安贞焕、朴智星、寄诚庸、车范根、洪明甫、具滋哲、薛琦铉、李云在、车杜里等都优秀，尽管这一串名字中的大多数，已经是亚洲顶流。奠定孙兴慜国际大牌地位的是他在 2020 年英超热刺主场迎战伯恩利时打入的那个惊世骇俗的长途奔袭进球——那个球获得 2020 年国际足联普斯卡什奖。在我看来，整个亚洲历史上，也只有沙特的奥维兰 1994 年世界杯小组赛连过多人打入比利时那一个进球可以与之相比。可惜的是，孙兴慜在本届世界杯赛前不久的英超比赛中受了伤，一直到赛前都没有完全恢复。尽管赶上了比赛，但状态完全没办法保证。如果孙兴慜有状态，对乌拉圭队的威胁就会大得多。这场比赛鹿死谁手，还真是不好说。

乌拉圭人没有取得胜利，在我看来是个不小的遗憾，这完全是感情因素，因为我希望苏亚雷斯能取得一个理想的战绩，他不大可能有下一届了。好的球员如同地球上的珍稀物种，一旦灭绝，就再也看不到了。

15

2022 年 11 月 25 日　00：00

葡萄牙VS加纳

974 球场

葡萄牙和加纳的比赛吸引了亿万球迷的目光。可以肯定，他们不是冲着加纳队，而是冲着葡萄牙队。而且，主要是冲着 C 罗。

C 罗在世界足坛是一个家喻户晓的存在。职业生涯赢取冠军无数，而且，还创造和保持了无数项正式的和非正式的纪录。关于 C 罗的历史地位和现实地位，由于梅西的存在，其实已经成为一个相当复杂的问题。C 罗的球迷认为他应该是历史第一，甩梅西好几条大街，而梅西的球迷则认为梅西自然是第一，且第二绝不是 C 罗。毕竟，贝利还活着，马拉多纳虽已不在人世，但这两位的历史地位，是放在梅西之前还是之后的问题，不是放在 C 罗之前还是之后的问题——放在 C 罗之前是肯定的。这样的争论形成了一个现象级的社会热点，遍及全球。在我看来，梅西和 C 罗究竟谁更优秀的问题并不重要，重要的是，为什么这一问题会旷日持久？

这篇文章是讨论葡萄牙和加纳的这场比赛，刚才似乎扯远了。但对于葡萄牙在本届世界杯的前景，这个问题其实很重要。为什么重要？可能要多说几句才说得清——也许还是说不清。

C 罗和梅西之争是近 20 年来世界足坛的基本矛盾，这样说，似乎是说物质和意识的关系是哲学的基本矛盾。本来，审视过去 20 年的足球，可以有若干个角度，单就球星，我们也可以数出从齐达内到姆巴佩的几十位，梅罗当然都在其中，但也只是几十分之一而已。应当意识到，世界足坛本来就是个去中心化的存在，梅罗很重要，但不是一切，甚至都不能占据半壁江山。把足球的世界景观缩小为梅罗之争，这是一种愚蠢。

但是，考虑到已经有无数的球迷窄化了 21 世纪以来的足球景观，把世界足球等同于梅罗之争，这个问题就变得重要了。一百年前，没有电视机或者电视机不普及的时代，足球是一种现场的运动，你必须到球场去观看足球，因而，足球明星具有高度的地域化特征。如同山西是关羽，山东是秦琼。自从人们更多的是在电视里看足球，足球的景观就发生了改变。山西是关羽和秦琼，山东也是关羽和秦琼。甚至，山西和山东，都成了罗成。在过去的足球发达地区，就像宗教的变迁所常见的那样，地方神祇也被全国神祇所取代，全国神祇被世界神祇所取代，一夜之间，大家都不拜“土地爷”，全都拜“观音”了。而在足球不发达地区就更是如此。有时你会奇怪，在中国那些走遍整个城市也看不到一个球场的地方，居然有成千上万键盘侠，每天为梅西还是 C 罗更厉害争得面红耳赤，吵得惊天动地，甚至打得板砖横飞。这种 20 世纪以来由于传媒的爆炸式发展而造成的独特文化景观，使得足球这种文化现象被放大了——当然，不仅仅是足球。或者说，足球的原材料原来只是能端上一盘菜，现在，已经变成了一桌菜，甚至一个自助餐或者快递的品牌。那些成年累月不到现场看一场足球的人，反而成了足球世界真正的主宰者，他们决定着世界上存在什么样的足球，决定着足球的走向。

在这样的大背景之下，各自随着自己的球队赶到卡塔尔的梅西和 C 罗就不能不受这种大气候的影响。因为，关心梅西能不能拿冠军的，绝不仅仅是阿根廷人，而关心 C 罗能不能进球的，也主要不是葡萄牙人。按比例看，据说 C 罗有 5 亿球迷，而葡萄牙只有 1000 多万人口——恐怕也不能都喜欢 C 罗。这样，梅西和 C 罗在世界杯上的表现，就不仅仅是个国家队的问题，而是一个世界性的热点。连身处旋涡中心的两国国家队的教练团队和运动员团队，也不可能不受影响。我过去曾经长期从事竞技体育管理，非常重视大赛前对重点运动员的信息封闭工作，要绝对避免无关比赛的信息对运动员的赛前心理状态和训练日常形成干扰。但这是在我们过去那种相对封闭的竞技体育背景下，在现代职业体育的视域里，职业规范都要要求教练员和主力队员赛前赛后接受记者采访，封闭信息是不可能的。这样，球队包括主力阵容、战术打法、伤病情况、队员状态乃至更衣室文化等信息，不但无法保密，而且都成了媒体乃至互联网自媒体爆炒的热点新闻，球队即使作出有限的信息规避，也难以自外于这种足球环境。

从这样的视角看，当两人抵达卡塔尔的时候，梅西的外部环境较之C罗是更加有利的。世界杯一年前多一点，梅西经历了一次转会风波，原以为要终老巴萨，却意外地在33岁高龄出走巴黎，在大巴黎的头一个赛季，也因为诸多因素而状态失调，成为10多年来，表现最差的赛季，金球奖评选甚至没有进入前30名。但到了大巴黎的第二个赛季，梅西逐步调整了心态，调适了和姆巴佩、内马尔乃至主教练的关系，他天赋的球技逐步开始发威，梅西已经适应了大巴黎并且重现优异状态。这个重新焕发出来的状态，为梅西的世界杯之旅作了积极的铺垫。

反观C罗，由于年龄引起的状态下滑导致了他在皇马主力地位的动摇。在同样的情形下，当年伊涅斯塔的选择是所谓“降维打击”，去了日本J联赛，最近苏亚雷斯的选择是回到了竞争环境相对更为温和的南美俱乐部。但长期以来的造神运动把C罗塑造成了足球之神，永不凋谢的足球之花，加上C罗本人永不服输、自我迷恋的独特个性，他本人并没有意识到自己已经到了“功成身退天之道也”的时候，而是激进地选择了再回英超曼联——那毕竟是C罗的成名地，他过五关斩六将的英雄业绩，就是在曼联的爵爷手下完成的。问题在于，此曼联已非彼曼联，此C罗也不是彼C罗。人不能两次走进同一条河流，而且问题还在于，即使能走进同一条河流，走的还是同一个人吗？残酷的职业足球竞争，容不下实力难以支撑的梦想。C罗在皇马更衣室里担心发生的问题，换了个环境，在曼联的更衣室里爆发了。而在容忍一个年龄增大而状态下滑的老将上，成绩下滑、三军羸弱，连欧冠资格都丢掉的曼联远没有兵强马壮、凯歌高奏的皇马更有耐心。因而，C罗的曼联之旅注定是一场闹剧。曾经的江湖大哥不甘心在更衣室里当配角、在比赛场上做替补的境遇，而曼联从教练到队员也越来越不能容忍一个吃得多（工资高）干得少（进球少）的大爷。马克思说，一切历史事实与人物都出现两次，第一次是悲剧，第二次是喜剧。此之谓也。这种状况到了极端，C 罗最终只能与曼联撕破脸皮、对簿公堂，友谊的小船说翻就翻，连当年在曼联鲜衣怒马、少年英雄的美好记忆，也成了胸前一摊蚊子血。

在这样的背景下，C 罗损失的不是曼联的主力位置，也不是顶级豪门可能的欧冠之旅，而是任何体育人须臾不可忘却的实力法则。在几乎所有的意义上，体育和其他文化样式的巨大区别，在于竞争中实力法则的即时性。如果你是个歌唱家，即使唱功下滑，也仍然可以靠着名声的惯性再混一段时间，但如果你是个运动员，只要实力下滑，当晚的比赛就会表现出来。我们常说，一天不练自己知道，三天不练全世界都知道，就是这个道理。

这正是同样抵达了卡塔尔的梅西和 C 罗的真实情形。看看他两人在重要比赛中的状态，梅西尽管实力也有所下滑，但他有一种失之东隅、收之桑榆的天赋本领，他突破能力的下降，被组织能力的提升所弥补，甚至任意球的功力还有了新的提升。而 C 罗一直是一个强力前锋，他可以充任中锋或者左边锋的角色，在这样的位置上他如鱼得水，发挥自如。但这个角色对体能——尤其是速度和对抗力量的要求是非常高的。而一段时间缺乏比赛刺激和训练系统性的 C 罗丢失的恰恰是速度和力量。这一点，看看他的比赛就知道了。

C 罗的这种状况，对志存高远的葡萄牙队而言，是个极大的隐患。本来，葡萄牙兵强马壮，在 C 罗所长的前锋位置上，莱奥、菲利克斯、拉莫斯、A 席、奥尔塔都并非等闲之辈，他们可能不如当年如日中天的 C 罗，但绝对好过今日状态下滑的 C 罗。按此逻辑，C 罗完全可以成为一个超级替补，在球队需要的时候，披挂上阵，奇兵出击，将成为教练员一个非常重要的战术选择。但问题是，在现代足球造神运动如火如荼的今天，全世界多达 5 亿的球迷如何能容忍一个替补的英雄——你能想象《指环王》中的弗罗多让其他人去销毁魔戒吗？问题更在于，如果教练不派 C 罗登场，万一球队输球，这个锅谁背？

因而，就这届世界杯而言，梅罗之争导致的后果是不利于葡萄牙的。葡萄牙的教练员在派不派 C 罗主力上场的问题上存在着两难：一个教练眼中状态下滑、难堪大任的运动员和一个球迷眼中大杀四方、无所不能的足球天神相对而立，如何选择？

事实上，葡萄牙首战加纳，场上的情况就充分说明了这一点。状态下滑的 C 罗尽管态度积极，勉力奔跑，甚至还创造了一粒点球并亲自主罚命中，成就了自己连续 5 届世界杯届届有进球的辉煌成就，但速度变慢，身体迟钝，浪费的得分机会有两到三个。到了下半场，中场队员已经不再信任 C 罗，分球的选择几乎都给了和 C 罗反向奔跑的其他球员，而葡萄牙队的后两粒进球，正是如此而来。一度时间，加纳队甚至看到了扳平的希望，终场前的葡萄牙十分狼狈。从某种意义上，这也是在使用 C 罗问题上两难处境的一个余波。

“拳怕少壮”，年轻球员多的球队往往踢得更有激情。据英国“天空体育”统计，本届世界杯上平均年龄最小的球队正是今天对阵葡萄牙的非洲劲旅加纳队，他们的平均年龄为 25.3 岁。加纳队的 26 人名单中，00 后就有 10 人，外加 4 名出生于 1998 年和 1999 年的球员，24 岁及以下的球员占据一多半，30 岁以上的球员只有三人。这样的冲击力，不打出 C 罗们一身冷汗才怪呢。

D. NUÑEZ
11

16

2022 年 11 月 25 日 03：00

巴西VS塞尔维亚

卢塞尔球场

某种意义上，本届世界杯把巴西安排在最后一个亮相，使得巴西对塞尔维亚的这一场比赛，成为具有仪式感的事件。

在中国，这样的安排现在通常被叫作“压轴”（此系误用，但依俗称保留），也叫“压台”。能当压轴之任的，必属非常之人。

虽说卡塔尔世界杯这样的情况出现，估计不是要体现这种仪式感。即使是，也只有巴西配得上这一荣誉。当然，上届冠军法国似乎也有资格，但还是巴西最合适。

球迷们称呼巴西为“五星巴西”，这是因为他们曾经5次夺得世界杯冠军。要知道，迄今为止，世界杯只举行了 21 届。也就是说，每 4 届世界杯，就有一届是巴西人拿冠军。无疑，这也是所有国家中夺冠次数最多的。

不仅如此，他们也是唯一一个参加了全部 21 届世界杯的国家。在他们没有夺冠的那 16 届中，他们也多半是夺冠大热门。他们战胜任何一个对手都是正常的，如果他们输球，那就是冷门。

巴西同时还是涌现出世界级球星最多的国家。仅我的记忆中，就有贝利、加林查、济科、苏格拉底、法尔考、罗纳尔多、罗纳尔迪尼奥、罗马里奥、贝贝托、卡雷卡、卡洛斯、卡卡、卡福、里瓦尔多，直到今天的内马尔。这可能只是一小部分，达到球王水平的固然是少数，但能够与济科、罗马里奥、内马尔等比肩而立的，在巴西足球的历史上估计还有十几个甚至更多。2006 年看世界杯的时候，我曾经写过一篇文章，题目是《巴西是足球的另一个名字》。

2002 年韩日世界杯，我曾有幸在韩国的济州岛体育场，观看了中国队对阵巴西队的比赛，那时，巴西阵中尚有罗纳尔多、罗纳尔迪尼奥、卡洛斯、卡福、里瓦尔多等大腕。虽说中国队输了比赛，但从观赏的角度乃至技战术的角度，中国队打出了较高的水平，也把巴西队的实力激发出来了。

巴西的前锋具有摧毁一切防线的能力。尽管他们也经常会涌现出像卡福、卡洛斯这样的世界级后卫和济科、法尔考这样的中场大师，但他们还是盛产前锋。从我有条件大量看世界杯转播的 1990 年以后，每一届世界杯最好的前锋，必有巴西人。1990 年是卡雷卡和阿莱芒，1994 年是罗马里奥和贝贝托，1998 年是罗纳尔多和里瓦尔多，2002 年是罗纳尔多、里瓦尔多和贝贝托，2006 年是罗纳尔迪尼奥、罗纳尔多和阿德里亚诺，2010 年是法比亚诺、罗比尼奥，加上卡卡，2014 年是内马尔，2018 年是内马尔和热苏斯。这一长串名字，哪个不是傲视群雄，熠熠生辉？

到了本届世界杯，作为夺冠热门，巴西队足足带上了 9 名前锋。要知道，大多数队伍一般是带 5 ~ 7 名前锋，像韩国这样的队伍，只带了 2 名前锋。巴西之所以带 9 名前锋，我分析是由于近年来巴西足坛优秀攻击手储备充足，撇下谁好像都不合适，索性把多出来的 3 个名额都给了前锋（以往世界杯每队只能报 23 人，本届增加为 26 人），于是前锋就由 6 名变成了 9 名。这 9 人中，即将迎来个人第三次世界杯的内马尔本赛季在法甲巴黎圣日耳曼队共打入 15 球、助攻 12 次；25 岁的热苏斯今夏加盟英超阿森纳队后送出 5 个进球、5 次助攻；两名效力于皇马的 00 后维尼修斯与罗德里戈本赛季一共打入 17 球、助攻 10 次；拉菲尼亚、安东尼、理查利森、马丁内利分别在巴塞罗那队、曼联队、托特纳姆热刺队、阿森纳队这样的豪门效力；唯一不在欧洲联赛踢球的前锋，是今年 55 场比赛打入 28 球、助攻 7 次，帮助巴甲弗拉门戈队夺得南美解放者杯冠军的佩德罗。看看这个名单，估计其他 31

队的教练员都在瑟瑟发抖吧？

和巴西对阵的是塞尔维亚。大家都知道，塞尔维亚原是南斯拉夫的一部分。具体的来源，简要地说，南斯拉夫是一个 1929 年至 2003 年建立于南欧巴尔干半岛上的国家，是以塞尔维亚族所建立的塞尔维亚王国为基础，经过两次巴尔干战争及第一次世界大战，陆续兼并了语言文化相近的周边小国黑山王国，又吞并了原来从属于奥匈帝国的弱小斯拉夫民族聚居地克罗地亚 - 斯拉文尼亚王国而形成的国家。第二次世界大战后，塞尔维亚、克罗地亚、斯洛文尼亚、波黑、黑山、马其顿成为南斯拉夫社会主义联邦共和国的 6 个共和国。1991 年，南斯拉夫开始解体。1992 年，塞尔维亚与黑山组成南斯拉夫联盟共和国。2003 年 2 月 4 日，南联盟更名为塞尔维亚和黑山。2006 年 6 月 3 日，黑山共和国宣布独立。同年 6 月 5 日，塞尔维亚共和国宣布继承塞黑的国际法主体地位。显然，从构成看，塞尔维亚是南斯拉夫的一部分；从法统看，塞尔维亚是南斯拉夫国家地位的直接承续者。从这个意义上，今天的塞尔维亚足球队，和南斯拉夫足球队是前世今生的关系。从 20 世纪 20 年代到 20 世纪末，代表南斯拉夫地区的国家足球队，其名称在不同时期也随着国家名称的变化而多次改变，1920—1929 年，叫塞尔维亚人克罗地亚人和斯洛文尼亚人王国足球队，1929—1941 年，叫南斯拉夫王国足球队，1946—1963 年，叫南斯拉夫联邦人民共和国足球队，1963—1992 年，叫南斯拉夫社会主义联邦共和国足球队，1992—2002 年，代表南斯拉夫的是南斯拉夫联盟国家足球队，2003 年更名为塞尔维亚和黑山国家足球队，2006 年后则为塞尔维亚国家足球队。复杂得一塌糊涂。

其实，政治很复杂，足球很简单。我们只需明白，塞尔维亚并不是一支寂寂无闻的弱旅，他们也“继承了巴尔干足球的光荣传统”。老一点的球迷都知道，南斯拉夫是欧洲足坛的一支劲旅，代表性的贝尔格莱德红星队也曾在欧战中打出赫赫威名。即使在世界杯的舞台上，南斯拉夫足球队也是一个遇强愈强的狠角。贝利曾经预言这支队伍能够获得世界杯冠军。虽说贝利是有名的“乌鸦嘴”，但法乎其上，得乎其中，能被预测为冠军的，总不会是无名之辈吧。很多人可能不知道的是，塞尔维亚能够获得本届世界杯的决赛阶段资格，是客场战胜了强大的葡萄牙才取得的。2022 年 3 月 28 日凌晨 4 点，正好因新冠肺炎防疫居家的我在手机里观看了这场比赛的直播，原先以为会是一边倒的葡萄牙大胜，不想葡萄牙在开场两分钟便取得领先的情况下，上半场就因为守门员的失误被扳平。下半场，塞尔维亚反客为主，发动了一轮又一轮的攻势，终于在终场前依靠头号射手米特洛维奇的头球反超了比分，最终力压葡萄牙闯入了世界杯决赛阶段的比赛。

但是，无论从赛前的评论还是到场上的表现，塞尔维亚完全成了巴西的背景板。在巴西水银泻地般的进攻面前，实力远逊的塞尔维亚只有招架之功。如果不是门将米林科维奇发挥神勇，恐怕上半场就要两球甚至三球落后。下半场，依靠内马尔的突破分球，维尼修斯在禁区内左侧射门被扑，里沙利松补射入网打破了僵局。接着，又是维尼修斯在左路的传中，里沙利松接球上挑，腾空倒钩，打入了球门的左下角。这个进球，恐怕是本届世界杯开赛以来，所有进球中最为漂亮的一个。世界杯结束后，很多媒体把这个进球评为整个杯赛的最佳进球。最终，巴西队以２：０比分，兵不血刃地战胜了塞尔维亚，朝着既定目标向前迈进了一步。

至此，小组赛第一轮的 16 场比赛全部结束。以里沙利松这个惊天倒钩作为第一轮赛事的结束，上帝为足球也算是操碎了心。

17

2022 年 11 月 25 日　18：00

威尔士VS伊朗

艾哈迈德·本·阿里球场

如果从场上表现来看，威尔士恐怕是本届世界杯 32 强中最弱的队伍，当然，卡塔尔、加纳、喀麦隆乃至加拿大也不遑多让。

贝尔状态一般，不是因为他不努力，也不是因为他老了，而是他长期在俱乐部得不到上场机会，没办法保持状态。好比邻居的一只猫，好久没见到老鼠了，突然看见老鼠，吓得喵一声，跑得没了影。

这场比赛，伊朗队发挥了高水平。他们在亚洲足坛的霸主气势，到这一场完全打出来了。我不知道在首场大比分失利之后，教练员用什么方式调整了队员的心态，使他们迅速地找回了状态。这场比赛打得不仅精气神十足，而且，也打出了十分精妙的配合。如果不是运气欠佳，他们应该早就领先了。

上半场 15 分钟，他们断球成功，连续一脚出球做二过一配合，由 17 号戈扎利德打入一球，可惜越位在先。下半场刚开场，20 号阿兹蒙单刀突进，射门击中了左侧门柱。随后，17 号戈扎利德接到反弹球，带球到中路，左脚大力抽射，又击中了右侧门柱。威尔士门前可谓风声鹤唳，险象环生。

但值得一提的是，伊朗队最终击败威尔士的两个进球，居然都是在下半场补时的最后一分钟打入的。只要再坚持几十秒，威尔士人就能收获他们在本届世界杯上的第二分，但是，顽强的伊朗人改变了结果。

他们也为亚洲球队争得了一份殊荣。当然，对于中国队，可能更多的是苦涩吧。

18

2022 年 11 月 25 日　21：00

卡塔尔VS塞内加尔

阿图玛玛球场

怀着十分复杂的心情，东道主卡塔尔人迎来了他们的第二场世界杯小组赛。

心情复杂的原因，是他们组织比赛的成效饱受赞誉，但球队的成绩却颇不理想。雪上加霜的是，他们的亚洲同人却捷报频传。沙特战胜了阿根廷，日本战胜了德国，韩国逼平了乌拉圭，阿根廷、德国、乌拉圭，这可是三个货真价实的世界杯冠军队。总共只发出去 21 座大力神杯，这三个国家就拿走了 8 座。只有澳大利亚可以作为难兄难弟，但人家好歹也是输给了上届冠军法国。而自己呢，居然输给了小组最弱的厄瓜多尔。

其实，一般情况下大家都是希望东道主能够进入淘汰赛的。毕竟，人家为了举办比赛付出了那么多，又出钱又出力的。有人说，东道主还能有旅游效应、知名度效应乃至遗产效应啊，并不吃亏，但这是靠不住的。已经举办的所有奥运会和世界杯，没有一个举办国是赚钱的。所谓尤伯罗斯神话，也无非是少输即赢罢了。而像卡塔尔这样举办世界杯的办法，根本就不是为了赚钱，就是赚眼球赚吆喝罢了。为什么能办得如此漂亮？其实很简单，凡是要吸引眼球不求经济回报，那所有的事都可以漂亮到千古流传。秦陵、金字塔、泰姬陵、哥特式教堂、苏维埃宫、星球大战计划，不都是如此？所以，人家花了那么多钱，就是为了大家乐一下，这样的精神，也该让人家的球队进个第二阶段呀。

遗憾的是，厄瓜多尔不太同意，现在，塞内加尔也不同意。

大家看地图就能知道，非洲的强队基本集中在北非和西非，即，离西欧更近的地方。近水楼台先得月嘛！在这一带的诸多国家中，塞内加尔是最强的，比传统的非洲强队加纳、尼日利亚、摩洛哥、喀麦隆、埃及、科特迪瓦等都要好一些。在2022年初国际足联公布的世界足球国际排名中，塞内加尔排在第20位，非洲第一。而同样的榜单中，卡塔尔排第51位，在亚洲都排在伊朗、日本、韩国、澳大利亚和沙特之后。有人说，榜单不能说明问题，但其实，大部分时候榜单还是很靠谱的。亚洲入选世界杯的国家，就是排名靠前的这几个国家，无一例外。中国队排在第77位，排亚洲第10位。所以，如果你问我中国队什么时候能再进世界杯，答案就是，什么时候在世界足球国际排名积分榜上，中国进了亚洲前4名，中国就能进世界杯了。

因而，世界排位第20名的队伍和世界排名第51名的队伍之间的比赛，你猜谁会赢？

比赛的结果是3 ∶ 1，塞内加尔不出意外地取得了胜利。他们在上半场就取得了1 ∶ 0的领先，下半场刚开场又进一球，虽然卡塔尔人在终场前不久扳回一球，但塞内加尔很快又扩大了领先优势，最后就以3 ∶ 1的比分结束战斗。当然，卡塔尔人也不是一无所获，他们在第77分钟的进球，是他们在世界杯上踢入的第一个进球，开创了历史。

19

2022 年 11 月 26 日　00：00

荷兰VS厄瓜多尔

哈里法国际体育场

两个首轮比赛的胜利者相遇了。只要不是遭遇过于特殊的情况，谁在第二轮取得胜利，谁就会取得出线资格。

当然，顺便脑补一下这种赛制下极端的出线可能。试问，在这种四队一组，头两名出线的规则内，取得多少分就能确保出线？而取得多少分就肯定出不了线？或者我们这样问，6 分是否确定出线？而 2 分是否肯定出不了线？

乍一看，答案似乎很简单。取得 6 分意味着在三个对手中赢了两场，难道还不足以出线？小组头名似乎也没什么问题啊。而 2 分，意味着三场小组赛是两平一负，难道这样糟糕的战绩还要指望出线吗？别做梦了！

但详细分析的结果是，在极端的情况下，6 分并不保证出线，2 分也不是绝对出不了线。

为什么 6 分不一定能出线呢？因为完全有可能四队之间的比赛出现这样的情况，有一个队是超级牛腩，其他三队都战胜了它，这样，三队各得 3 分，而在三个队之间的比赛中，他们分别一胜一负，也就是说，A 队胜 B 队，B 队胜 C 队，而 C 队又胜了A队。这样，A、B、C三队都是6分，按照规则，还要按照净胜球、进球数的多寡淘汰其中的一个队，必然有一个6分的球队出不了线。也就是说，6分并不保证出线。

那么，为什么2分也有可能出线呢？因为完全有可能在四队之间的比赛中出现这样的情况，有一个队是超级英雄，其他三队都被他打败。这样，超级英雄9分，其他三队各得零分。而在其他三队相互之间的比赛中，他们都只收获了平局，也就是A平了B，B平了C，C又平了A，A、B、C三队都各得2分。这样，经过净胜球、进球数的计算，必然有一个得2分的球队可以出线。

所以，确保任何情况下都可以出线的分值是7分，当然，绝大多数情况下6分也是可以出线的。而反过来，只有得了1分才确定出不了线，当然，多数情况下，不仅2分，即使3分也出不了线，甚至4分也有很大可能不出线。

尽管荷兰和厄瓜多尔赢球并不确定出线，但如果他们谁取得了胜利，那可以说多半个身子都进了第二阶段。

荷兰队上半场踢得很积极，他们的努力在6分钟时就有所收获。荷兰队直线传球遭对方抢断，上一场攻入对方第二个进球的克拉森迅速回抢后，转移给前插的加克波，加克波稍加调整便在禁区前沿拔脚远射，皮球画出一道美妙的弧线，从左侧门柱和守门员的指尖之间飞入了大门。这是加克波在本届世界杯上的第二个进球，他帮助荷兰队取得了梦幻开局！

荷兰人进球之后的一段时间，厄瓜多尔似乎被打蒙了，全场陷入被动。但他们毕竟还是一支经验比较丰富的南美劲旅，很快便调整了心态，利用荷兰人稍加收缩、试图利用德佩、德容等球员的速度打对方反击的意图，压上去展开阵地进攻。上半场后半段，他们以南美式的令人眼花缭乱的前场短传配合，创造了几次得分良机，甚至在伤停补时阶段将球送入了荷兰队的大门，可惜越位在先。

实际上，这个越位也属于可吹可不吹之列。本方球员远射，禁区内一个并不越位的球员一挡，球改变了飞行轨迹飞进球门，此时，守门员已经扑出去了。厄瓜多尔站在门前的一位球员虽然没有参与进攻，但被认为是遮挡了守门员的视线，因而被判越位。问题是，守门员已经扑出去了，完全不可能再对突然转向的球作出反应，

谈不上遮挡视线。所以，这个球属于判不判都有道理的那一类。厄瓜多尔只能自认倒霉了。

易边再战，厄瓜多尔依然攻势如潮。我总觉得，进球来得太早，对荷兰队的战术选择形成了一定的、主要是不良的影响。之后的比赛，他们攻不坚决，守不甘心，陷入了战术思维上的矛盾，也给厄瓜多尔造成了可乘之机。反观厄瓜多尔，反而被突然的失球打醒，进攻端十分坚决。下半场刚刚开场，7 号中场队员埃斯图皮尼安在禁区左侧得球，左脚大力射门，荷兰门将扑球脱手，候在门前的巴伦西亚轻轻一磕，就攻破荷兰队的大门。巴伦西亚在上一场对阵卡塔尔时就独中两元，本场又打进了本队唯一的进球。

年轻的荷兰队被厄瓜多尔突如其来的进球打蒙了，他们陷入慌乱，门前又出现了几次险情。厄瓜多尔甚至射中了立柱，但遗憾的是，双方再无建树，1 ∶ 1 的比分保持到了终场。

现在，这个小组第二轮的比赛也结束了。荷兰和厄瓜多尔都是 4 分，而且净胜球、进球数都一样，并列榜首；塞内加尔一胜一负，积 3 分，而卡塔尔两战皆负垫底。事实上，卡塔尔队已经淘汰，因为他们即使下一场胜利，也只能获得 3 分，超不过荷兰，也超不过厄瓜多尔。这就意味着卡塔尔最好的战绩最多是小组第三。也就是说，为世界杯作出巨大贡献的东道主成了第一个被淘汰的球队。

这样的命运，是否有些过于残酷？

20

2022 年 11 月 26 日　03：00

英格兰VS美国

海湾球场

谁也没有想到，英格兰和美国居然踢成了 0 ：0，双方似乎默契地选择了平局，各得一分。

这个世界上，每个国家都有和自己关系特别好的国家。中国有巴铁，还有塞尔维亚这样的东欧兄弟。而美国呢？关系最好的，恐怕就是英国了。

这个小组本来就有些奇特。威尔士和英格兰，属于同一个国家，只是当年成立国际足联，英国由于是现代足球的创始国，自然享受了些优惠，英格兰、苏格兰、威尔士和北爱尔兰，都有独立参加世界杯、欧洲杯的资格，所以才出现了英威同国异资的特殊情形，而抽签居然抽到了一起，可谓妙哉。而英美和伊朗，多少年来一直是国际政治体系中的对头，最紧张的时候，几乎是干戈相见。这次，居然把这三位大爷，整到了同一个小组面对面 PK，实在是令人脑洞大开。

一般人都不看好美国足球。当他们谈体育的时候，总有个常谈常新的话题，说美国发展体育之另类。他们喜欢橄榄球，喜欢冰球，喜欢棒球，喜欢篮球，喜欢拳击，喜欢网球，但不喜欢足球。所以，美国虽然是世界头号体育强国，但他们的足球可不行。

而英格兰，则是你永远不能小觑的足球强队。尽管英格兰队只拿过一次世界杯冠军，但它哪一届不是夺冠热门？何况，综观整个欧洲，五大联赛目前当仁不让排名第一的，就是英超。提起曼城、利物浦、切尔西、曼联、阿森纳乃至热刺等俱乐部的大名，谁敢说哪个不是欧洲强队？而显然，你数一数法甲、西甲、意甲、德甲，恐怕数到第四个就底气不足了。这几年，欧冠八强，英超常常是三席四席，不占半壁江山，必占三分其一。这样的联赛基础，英格兰队怎么可能弱？试看，攻击力出众的英格兰队带了 8 名前锋来到卡塔尔。头号射手凯恩领衔的这 8 名锋线球员全部来自英超，本赛季已累计打进 53 球。

因而，当我们听说英格兰居然和美国打成平手，实在难以理解，甚至“阴谋论”的念头也暗中冒出来了。

阴谋论者认为，英美关系好，在国际政治舞台上，是穿一条裤子的“自己人”，而在他们心中，伊朗则是“非我族类其心必异”的“他者”。因而，英美先打成平手，下一轮就可以伺机而动，为携手出线打下基础。

但看看这个小组 4 支队的国际积分，2021 年底，英格兰 1761.71 分，排第 5 位；美国 1633.72 分，排第 15 位；威尔士 1588.08 分，排第 18 位；伊朗 1564.49 分，排第 21 位。我们会发现，美国没那么弱，如果放在亚洲，那是妥妥的老大。在这份榜单上，亚洲的老大就是伊朗，排第 21 位。

因而，在没有充足证据的情况下，阴谋论还是不提为好。特别是阴谋论者持论的基础是美国足球很差，这就恐怕是一厢情愿地瞎猜了。

从比赛场面上看，双方打得比较谨慎。这容易理解，从哪一个的角度看，对方都是小组内最强的对手。英格兰队手里有一场大胜，无论积分还是净胜球都占优，平了也有极大希望出线，所以不会冒险。美国人虽然只有一分，但他们也能接受平局，因为最后拼掉伊朗总还是比和英格兰拼个你死我活要有利。但他们踢得也不能说十分保守，双方也各创造了几次机会，如果不是门将出色发挥和中后卫的顽强封堵，结果可能就不是 0 ： 0 了。

21

2022 年 11 月 26 日　18：00

突尼斯VS澳大利亚

贾努布球场

多数球迷对非洲球队不熟悉。即便熟悉非洲的若干名球星，也只不过是因为他们在欧洲踢球。从一般观察看，世界杯其实很大程度上等同于欧洲杯，参加世界杯的各国选手，大多数恐怕是在欧洲踢联赛的。欧洲的球队自不待言，如英格兰，8名前锋全部来自本国联赛，但欧洲之外的球队，他们队中也有不少球员——而且基本是主力球员，是在欧洲踢球的。

非洲球队自然也是如此。我们前面说过，非洲的足球，从地理版图看，强队基本都集中在北非和西非，很简单，这里离欧洲近。这次代表非洲出征世界杯的摩洛哥、突尼斯、塞内加尔和喀麦隆都在这一地区。其中突尼斯离欧洲最近，基本上就是隔着地中海。突尼斯这个区域，古代就是汉尼拔的祖国迦太基，他们以强悍的武力与新生的罗马对抗，起初差点灭了罗马，后来国内矛盾重重，汉尼拔远走他乡，才让罗马人灭了族。据说罗马人对迦太基恨之入骨，打败他们后，还引入海水浇灌他们的土地，使之彻底盐碱化，什么作物也不能生长。当然，今天的突尼斯人并非当年迦太基的后代，他们只是异时同空而已。

我对突尼斯足球队也不甚了解，但他们世界排名在澳大利亚之前很多，却是我最初没有想到的。世界排名的积分，是一场球一场球踢出来的，虽说不能完全决定比赛的输赢——否则世界杯就不用比赛了，直接给积分第一名颁发大力神杯就好——但也能看出双方结果的概率。你猜一场，和碰运气差不多，猜一百场，正确的概率就很高了。

但如果要以世界排名猜这场球的结果，那无疑会猜错。因为，比赛的结果是澳大利亚 1 ：0 战胜了突尼斯。刚刚以 1 ：4 惨败给法国队的澳大利亚人获得了一个最小的但已然足够的胜利，因为，按照这种积分制规则，1 ：0 和 10 ：0，获得的积分是一样的。从整场的对抗程度看，双方半斤八两，都没有创造出太好的机会。这个结果，对突尼斯人而言几乎是缓期执行的死刑，因为他们下一场将对阵上届冠军法国队，获胜的概率微乎其微。

22

2022 年 11 月 26 日　21：00

波兰VS沙特阿拉伯

教育城球场

世界杯开赛前，几乎所有的人都认为，C 组的出线形势是最没有悬念的。阿根廷抽到了一支好签，同组的波兰、墨西哥和沙特阿拉伯都不足以构成对潘帕斯雄鹰的威胁。连比赛的次序都有利于阿根廷先打实力最弱的沙特阿拉伯（世界排名第 49 位），再打实力次强的墨西哥队（世界排名第 9 位），最后打实力次弱的波兰（世界排名第 26 位）。看上去，也只有墨西哥能给阿根廷人制造些麻烦，但几乎可以肯定的是，阿根廷将连胜三场或者两胜一平，以小组头名出线。墨西哥大概率占据次席，当然也不排除波兰爆冷（他们头一轮就相遇，大概率谁赢谁就进），而沙特阿拉伯呢，恐怕要像他们以往多次经历的那样，踢完小组赛就打道回府了。

但剧本被改写了。我们都经历了那个令人困惑的夜晚。在阿根廷踏上卡塔尔的赛场上时，不败纪录已经长达 36 场。他们已经历史性地接近了有足球以来一支专业队伍所能达到的最长不败纪录 37 场，只要他们赢沙特，他们就平了纪录。本来，能够阻挡他们平和破纪录的应该是意大利队，意大利获得了 2021 年的欧洲冠军，和美洲冠军阿根廷争夺欧美杯。这是阿根廷计划内的比赛中可能遇到的最强对手，而 37 场不败的纪录，恰恰是意大利人保持的，意大利本来有机会阻止一个新王的诞生，但遗憾的是，他们以 0 ： 3 的比分输掉了比赛，在送给梅西第二个真正意义上的大赛冠军的同时，也似乎把梅西送上了通向不败新纪录的坦途。此刻，阿根廷已经是 32 场不败，接着，在一连串对弱旅的热身赛中，他们 5 ： 0 大胜爱沙尼亚、3 ： 0 大胜洪都拉斯、3 ： 0 大胜牙买加，把自己的不败纪录扩大到 35 场。按照计划，他们还有一个热身赛对手，是亚洲的阿联酋。这显然是在亚洲找了一个沙特的替身，尽管阿联酋还是比沙特弱了不少。不出意料，阿根廷又以 5 ： 0 大胜，这样，他们的连胜场次已经达到了 36 场。离意大利保持的 37 场不败的纪录只剩下一场，而这一场，历史性地指向了卡塔尔世界杯阿根廷对沙特的比赛。

阿根廷的意外失利，使整个 C 组的形势一下子“不周山下红旗乱”，而另两支队伍打成了平手。这样，当第二轮比赛开始的时候，波兰队发现，他们必须战胜沙特，否则就离死不远了。由于第一轮他们和墨西哥踢平，第二轮如果他们输给沙特，那么谁出线固然不好说，但波兰自己被淘汰是肯定的，上帝都救不了。即使他们和沙特踢成平局，他们被淘汰的概率也非常大，毕竟，他们第三轮的对手是“瘦死的骆驼比马大”的阿根廷。而沙特，虽然可以接受平局，但他们一定经受不起赢了就确定出线的诱惑——战胜阿根廷，再战胜波兰出线，多么美妙的事情！何况，看看世界排名，不去欺负世界排名第 26 的波兰，难道要欺负世界排名第 9 的墨西哥？

这样的博弈状态，使得沙特和波兰之战，必然是一场“火星撞地球”的比赛。依我看，在目前已经完成的 22 场比赛中，这场比赛的精彩和激烈程度，甚至在激烈对抗中表现出来的技战术水平，绝对可以进入前三名。我们用数据说话，波兰队打入两球，但他们还有一脚射正，和三脚射偏。看上去射门次数不多，但要知道，射偏的三脚，有两脚是打中了门框！莱万一传一射，成为本场的 VIP。而反观沙特，他们虽然没有进球，但依靠不惜力的跑动和出色的中前场配合，他们获得了全场 63% 的控球权，制造了 13 脚射门，其中 5 次射正，更重要的是，他们还获得了一个点球，可惜没有罚进。可以说，如果不是波兰守门员什琴斯尼的超水平发挥，这一场比赛的胜利者就应该是沙特。

这场比赛对广大球迷的另一个意义是，超级巨星莱万在本场比赛中打入了一个进球，作为一名 34 岁的老将，由于波兰难以打出欧洲参加世界杯，这个进球居然是他的世界杯处子球。莱万在下半场最后的时刻，抓住了对方中场球员马勒基的一个小小失误，断球成功，单刀破门。对于莱万，自然是成就了此刻的辉煌和永远的记忆。但对于马勒基而言，这很可能成为永恒的痛苦。这就是足球。

运气欠佳的沙特人吞下了失败的苦果。这一刻他们意识到，也许，这个失败是致命的。不能抓住机会的球队，注定要受到惩罚。这可能就是足球为什么是黑白两色的原因吧？尽管现在，足球已经五彩斑斓了，但它的背后，何曾改变过黑白相间的隐喻？

波兰队成功地取得了 3 分，现在他们暂时以 4 分的积分登上了小组第一的位置。但，他们还不能庆祝，因为，下一个对手是阿根廷。

23

2022年11月27日 00：00

法国VS丹麦

974球场

这是一场小组赛中为数不多的强强对抗。尽管在所有球迷的心目中，都会觉得法国还是要比丹麦强一点。大部分人猜测法国会取得这场比赛的胜利，从而以小组第一的身份进入淘汰赛。由于在已经结束两轮比赛的A、B、C三组尚未有任何一支球队以两战两胜的成绩率先出线（我们在前面已经谈过，两战两胜不必然出线，但如果一个队两战两胜，而小组中其他的比赛出现了至少一场平局，则两战两胜者必然出线），而法国所在的D组，已经有丹麦对突尼斯的平局，所以，只要法国战胜丹麦，他们必然出线，哪怕他们在第三轮输球。

比赛的进程也完全符合球迷们（几乎一致的）对比赛结果的判断。下半场60分钟左右，法国队率先进球。他们以一个极其典型的法国式配合，姆巴佩从左路带球突进（而这个球可是从右路转移过来的），通过短传配合分球，其他队员接球后下底三角回传门前，由姆巴佩抢点射门得分。这场比赛中，姆巴佩速度快、突破能力强的特点发挥得十分充分，丹麦人疲于奔命，有时候两三个人也难以防住。因为双人夹击可以防住正常速度的突破者，却防不住关门之前就已经杀到敌后的闪电侠，所谓“天下武功，唯快不破”是也。

丹麦人也没有坐以待毙。总体上看，就在全世界传控成风、短（传）多长（传）少的大趋势下，多数北欧国家还是更多地坚守了自己多年来的足球传统，那就是长传冲吊和下底传中，当然，与当年较为简单、更多依靠禁区内人数和高度取胜的打法相比，现在传中时机的选择、位置的选择和传中脚法的精准度，乃至禁区内配合传中的层次，都要丰富得多。坚持着自己的比较优势，丹麦人还是收获了成果。下半场第 68 分钟，依靠一个十分精准的角球传中，丹麦人在禁区内抢到第一点形成过渡，然后由高速插入禁区的后卫克里斯滕森以一记十分丹麦的有力头球，将球顶入了法国队的大门，扳平了比分。

但是，局面仍然牢牢地控制在法国人手里。正如我前面所说，左边姆巴佩、右边登贝莱、中间吉鲁、后面格列兹曼这样一个进攻阵容，世界上能够抵挡住这支队伍的球队还真是不多。丹麦人尽管扳平了比分，但依旧全线被动。终于，在下半场 85 分钟，依靠格列兹曼的精准传中和姆巴佩的快速启动，几乎就在丹麦门将的身前，由姆巴佩用大腿将来球垫进了球门。最终，法国队以 2 ： 1 的比分战胜丹麦队，取得了进入第二阶段的关键胜利。

顺便说一句，法国人的胜利，也打破了一个世界杯魔咒，即最近三届世界杯，都是上届冠军在小组赛中即被淘汰——分别是 2006 年的冠军意大利（2010 年小组未出线），2010 年的冠军西班牙（2014 年小组未出线）和 2014 年的冠军德国（2018 年小组未出线）。其实，这种所谓的魔咒，在世界杯的历史上层出不穷，花样翻新。仅就我的记忆，在 1998 年世界杯之前，就流传着 1982 年对称魔咒，认为世界杯冠军是以 1982 年为中点，前后对称出线的。比如 1978 年和 1986 年的冠军，都是阿根廷，1974 年和 1990 年的冠军，都是德国，1970 年和 1994 年的冠军，都是巴西，你看，居然如此奇妙地对称。因此，很多人依照这个魔咒，判断 1998 年（对称于 1966 年）的冠军和 1966 年的冠军是对称的，因而是英格兰。但是，法国人显然很不给面子，打破了魔咒，夺得了冠军。于是，所谓 1982 年魔咒也就很少有人提起了。

当然，有些魔咒虽然不在了，但并非是被打破的。2010 年南非世界杯，德国出现了一只令人膜拜的章鱼名叫保罗，居然预测对了几乎所有德国队的比赛。当然，

除了决赛。章鱼预测决赛德国赢，结果却是西班牙在决赛中战胜了德国，第一次拿到了世界杯。对于此种神奇，有人用巫术解释，有人用章鱼的爱国主义精神来说明——因为它总是预测德国赢。当然，我更相信的一个解释是，章鱼保罗的某种生理特征，使它更喜欢德国国旗的颜色。只是很多人不喜欢这个解释，因为它尽管听起来合理，但消除了有趣。而罗素说，人性的最高境界是有趣。可以推论，如果让人在正确和有趣之间选择，人可能更多地选择有趣——当然，如果有人拿刀架在你脖子上，逼你选择他认为的正确，那是一定要牺牲有趣的。因为被抹脖子，那恐怕是最无趣的事情。从这个意义上，足球正是让人逃离正确而奔向有趣的最佳手段。一切魔咒，大家都知道它的真相，但没人忍心揭穿，因为，在多数人生活的世界里，有趣都是稀缺品。

有趣的是，上帝造出法国人，似乎就是要消灭魔咒的。1998 年，他们消除了 1982 魔咒；现在，他们又消除了上届冠军下届小组必淘汰的魔咒。法国人如此卖力地消除有趣的魔咒，我实在百思不得其解。后来，一个不敢肯定的答案是，也许法国人的生活已经过于有趣了，所以，他们居然爱上了正确。

24

2022 年 11 月 27 日　03：00

阿根廷VS墨西哥

卢塞尔球场

当梅西带领着他的阿根廷队再一次踏上卢塞尔球场的草坪时，与上一场相比，除了这个球场，一切如此不同。

梅西面临着他此生从未有过的巨大压力——尽管他作为超级球星，甚至一个有待加冕的球王，在足球生涯确实承受过许多压力，但这一次的压力，前所未有。

反对他的人——通常是因为喜欢别的球星，比如喜欢 C 罗而迁怒于他的，因为梅西身上确实没有让人不喜欢的东西——会轻蔑地说他不能承受压力，他们会说，他是“体系球员”，只能在巴萨构筑的强大攻防传控体系中栖身和苟活，他们无视他一个人撕破一条防线的超强能力。他们也会说，他是“顺风球员”，当球队已经攻入对方一球甚至数球时，他才会打入锦上添花的进球，刷自己的数据，他们无视他无数次打破僵局，力挽狂澜，在最关键的时候攻入最关键的进球，扳平，甚至反败为胜。他们还会说，他是“散步球员”，从来不参与防守，只是一味地在球场上踱步、溜达，每场比赛的跑动距离都严重少于其他球员，他们无视他经常像猎豹一样嗅着猎物的气息，只要一有机会，他就会“动如脱兔”，奔跑到最关键的地区，利剑出鞘，手起剑落斩敌首于马下，“十步杀一人，千里不留行”。他们甚至说，他是“佛系球员”，没有血性，无感输赢，只一味地沉浸于自己的艺术足球，超脱于自己的狭小天地，动不动就宣布“退队”，不肯为球队奉献一切。他们无视他在阿根廷足协混乱、球队内斗、经费缺失、球员失望的关键时期，自掏腰包给国家队发工资，保证了球队的正常运行。

梅西是这一切，又不是这一切。他可以解释，但事实上无从解释，因为人们对他的要求其实只有一个字，那就是“赢”。赢一切比赛，而且要场场进球，最好，是踢进反败为胜的球，踢进每一个任意球，每一脚传球都构成威胁，每一次过人都“万花丛中过，片叶不沾身”。问题是，他赢过，也输过，甚至输成安菲尔德惨案、里斯本惨案。即使是主场６ ：１翻盘战胜巴黎的经典胜利，也是客场０ ：４的失利在先。

而此刻，梅西面对的又是这种无法解释的局面。在分组形势有利、首战对手不强、夺冠预期强烈的背景下，梅西和他的阿根廷输了球，输给了一个弱于自己很多的对手，仿佛江湖上比武，洪七公输给了柯镇恶，郭靖输给了拖雷。

但是，莫斯科不相信眼泪，难道布宜诺斯艾利斯就相信？问题在于，尽管阿根廷是身经百战的老江湖了，但过往的数据仍然不支持他们扭转乾坤。历史上，他们曾经多次输掉世界杯的首战，至少，1934 年、1958 年、1974 年、1982 年、1990 年共 5 届世界杯的首场比赛中，他们都输了球。令人失望的是，除了马拉多纳领衔出战的 1990 年他们获得亚军外，其他 4 届，他们都很遗憾地惨遭小组淘汰。

现在，摆在他们面前的任务，就是逆天改命，而逆天改命的具体指标，就是赢下后两场比赛。战胜墨西哥！战胜波兰！除此别无他途。只要再输一场，那就必然淘汰。一胜一平都不保险，从现实情况分析，淘汰的概率可能更大。即使勉强出线，对手也更不理想。

阿根廷就是在这种情况下，遇上了墨西哥。

我们在叙述墨西哥与波兰的首场比赛时已经分析过，这个中北美洲的球队并不好打。他们有一支相对而言攻守平衡的队伍，进球没那么容易，但对方想要攻破他们的球门，也十分不易。何况，他们还拥有“越是大赛越能发挥”的超级门将奥乔亚。

比赛开始了，球迷们开始揪心起来。看上去，阿根廷仍然没有摆脱上一场失利的阴影，整个上半场的进攻都处于一片混乱之中，几乎没有像样的组织，也没有有效的攻门。深层次地看，由于上一场的失利，斯卡洛尼发现许多球员存在着问题。其实，不只阿根廷，其他球队也存在同样的问题，而且，就本届世界杯，越是强队，这种问题反而越突出。因为，欧洲五大联赛暂停不到半个月，队员们就要踢世界杯。越是优秀的球员在联赛中上场越多，疲劳程度就越深，如果调整得好，世界杯的节奏跟上联赛的节奏，队员的状态就有保证，如果跟不上，那就是世界杯极大的隐患。毕竟，很多球员回到国家（地区）队，队友变了，有许多连场上位置都变了。作为这个层次的职业球员，如果在联赛中遇到这样的问题，他们可以在教练的帮助下，用几场比赛来作个调整，逐步找回自己的状态，但世界杯没有这样的可能，要知道，所有 32 强中，只有前 4 名可以踢 7 场球，另外 4 个队是 5 场，8 个队是 4 场，剩下的 16 个队，也就 3 场而已。如果你不能及时调整，本届世界杯你就没机会了。整整四年，你就没机会了。这就是世界杯的残酷之处。而如果你在球队是重要的甚至不可或缺的，那么，这同时意味着球队的输球甚至淘汰。

首战失利，斯卡洛尼对首发阵容进行了大幅度调整，5 名在上一场首发的主力队员坐到了替补席上。即使斯卡洛尼是冠军教练，但这一决定是否正确，仍然值得商榷。因为，阿根廷虽然首场比赛输了，但失利的原因，是表现不佳，还是运气不佳，两者各占多少，这并不是一句话就能说清楚的问题。现在看来，就阿根廷对墨西哥的全场比赛看，调整后的阵容并不是一个最为合理的安排，而更像一个未经精心打磨的临时拼凑，队员们并没有很快适应。这是阿根廷难以组织起有效进攻的主要原因。而且，在对方一次凶狠的铲断之后，梅西左脚的脚踝似乎出现了一点伤情，射门的力度和准确性都有些下降。相比之下，墨西哥倒是打出了几次有威胁的进攻，如果不是阿根廷门将马丁内斯发挥神勇，率先丢球的就可能是阿根廷队。

易边再战，情况并没有实质性的转变。如此下去，恐怕又是“留给阿根廷的时间不多了”。

此时，我们可以说，梅西拯救了阿根廷，也拯救了斯卡洛尼。比赛进入 64 分钟，场上风云突变。此役首发出场的迪马利亚前场转移，将球横传给梅西。梅西带球向前，所有的墨西哥防守队员都认为梅西将分球给边路（当然也可能直塞），注意力放在了封锁梅西的传输线路上。就在这时，梅西突然起脚，以一个势大力沉、极其刁钻的贴地斩打入了球门的右下角。门将虽然作出反应，身体全部打开，但他伸出去的手与右门柱仍有大约 40 厘米的缝隙，梅西的射门，就打在这个空当。

这是拯救阿根廷的一球！这甚至可以说是拯救全世界梅粉、阿粉的一球！

这个球的重要性是不言而喻的。但它何以发生？它并不是阿根廷战术安排的一个必然的逻辑结果，而仅仅是梅西一刹那天才的闪耀。这不是一个按照计划的方式发生的进球，它并不能证明阿根廷作出了正确的战术安排。如果让天下梅粉说，他们宁可认为是上帝作出了合理的安排。当然他们忘了，墨西哥人也是上帝的孩子。

无论如何，因为这个进球，似乎一切都改变了。首场闷平波兰的墨西哥人本来在期待又一场 0 ： 0，这样，他们就可以期待下一场战胜小组最弱的沙特，从而以 5 分的战绩出线——5 分确实大概率可以出线。但当梅西进球后，他们基本就崩溃了。因为那不是一个可以防住的进球，下一次再碰上这种球，也一样。它取决于梅西，不取决于防守者。因而，心态失衡的墨西哥人又丢了第二个球，原因是禁区内漏人。

梅西获得了救赎，阿根廷获得了救赎，全世界的梅粉、阿迷都获得了救赎。在这一刻，梅西其实就可以封神了。因为在以往的岁月中，梅西成为球王的木桶已经长板四环，唯一的短板就是在世界杯上最为危险的生死关头拯救球队。现在，短板补齐，一切都具备了。

梦想还是要有的，万一实现了呢？

25

2022 年 11 月 27 日　18：00

日本VS哥斯达黎加

艾哈迈德·本·阿里球场

就在首场不可思议地战胜德国之后，日本迎来了他们的第二个小组赛对手，应该是相对最弱的哥斯达黎加队。

这个小组被称为“死亡之组”。除了德国和西班牙两大豪门都在这个组，还因为这个组的平均世界排名几乎是所有小组最靠前的。西班牙第 7，德国第 11，日本第 23，哥斯达黎加第 31，全部在 32 名之内，这在世界杯分组的 8 个组内，还是唯一的，平均 17.5，除了英格兰、美国、威尔士和伊朗那个组，这个组排名是最靠前的。这也能看出这个小组的“死亡”程度。

当然，不管什么说法，其实都是说日本队坠入了“死亡之组”。没有人能想象，除了日本败给德国和西班牙两大豪门，还能有什么别的可能。诚如是，则即使日本赢了哥斯达黎加，也很难出线。似乎日本队唯一的机会是战胜哥斯达黎加，然后，想方设法逼平两大豪门中的一个，然后，如果两大豪门之间分出了胜负，则有机会挤掉那个失败者，占据小组第二的位置。

但是，让全世界大跌眼镜的是，日本队居然在第一轮神勇发挥，逆转战胜了德

Al Thumama Stadium
QATAR AIRWAYS
VISA
BYJU'S
Hisense
crypto.com
vivo

VISA VISA QATAR AIRWAYS
We Deliver
vivo
BYJU'S

国队。这样，日本队就占据了本组一个相对有利的位置。如果他们本场能战胜哥斯达黎加——看上去并不困难，那么，即使德国和西班牙打得死去活来，最终也得给日本队留一个出线名额。

比赛的进程也似乎印证了最初的设想。上半场尽管由于双方的谨慎而踢得有些沉闷，但日本队相比之下更加积极，也创造了一些机会，遗憾的是临门一脚欠佳。下半场易边再战，日本队加强进攻，刚开场，哥斯达黎加的门前险象环生，场上的局势，也完全成了两队的半场攻防演练。日本主攻，哥斯达黎加主守。但匪夷所思的是，就在这样的局势下，哥斯达黎加抓住日本队一个后场失误，断球成功，一脚直传到禁区右侧，4 号富勒一脚似吊似搓的射门，正好越过日本门将的手指尖，打入了球门左侧的绝对死角。

失球以后，日本队疯狂反扑，试图扳回一球。但几脚射门都失之急躁，直到裁判员吹响终场哨，日本队只能遗憾地以 0 ： 1 的比分失利。

综观全场，无论是进攻还是防守表现的技战术水平，日本队都表现出了高于哥斯达黎加的能力。日本队控球率 55%，8 脚射门 3 脚射正，而哥斯达黎加两脚射门只有一脚射正——就是这一脚得分了。

这场比赛也能让我们回忆起许多过往时刻，那些强弱分明的比赛结果更弱的一方取得胜利的经典战役，如 1990 年喀麦隆对阿根廷、美国对哥伦比亚，2002 年塞内加尔对法国，2018 年韩国对德国，等等。日本对哥斯达黎加的这场比赛似乎又是一例。其实，实力法则仍然是根本法则，在足球世界，基本的生态是强者通吃，要不，就不会出现有 100 多个国家和地区角逐冠军，却最终只有 8 个国家和地区获得过冠军的冷面江湖。甚至荷兰、匈牙利、克罗地亚、瑞典这些曾经离大力神杯一步之遥的准强队，乃至已经与大力神杯渐行渐远的乌拉圭，最终在江湖中风雨飘摇。对它们而言，走上巅峰，看来还是个遥不可及的梦想。正因为梦想如此美妙，现实如此骨感，我们才会被这些总是不屈服于命运的安排，试图以头撞钟的拼搏者所感动。上一轮的日本，本轮的哥斯达黎加，都是如此。

在足球精神的宏大天空中，它们都出线了。

26

2022 年 11 月 27 日　21：00

比利时VS摩洛哥

阿图玛玛球场

在哥斯达黎加以弱胜强战胜日本队之后，一场真正意义上的冷门诞生了。这是和阿根廷输给沙特，德国输给日本同等级别的冷门，甚至比哥斯达黎加战胜日本更冷。那就是，比利时输给了摩洛哥。

比利时是欧洲劲旅，也是世界顶级强队。在 2021 年底的世界排位榜单上，比利时高居世界第二，高于英法德意阿葡荷一干强队，只落后于巴西。而摩洛哥呢，当然也是非洲的一支强队，拿过非洲杯冠军，曾经 6 次参加世界杯比赛，是首支打入世界杯第二阶段的非洲球队，也是首支获世界杯小组赛第一名的非洲球队。但从以往的战绩和世界排名看，摩洛哥和比利时还是有差距的，应该不在一个档次。

从场上的情况看，上半场的多数时间里，比利时仍然占据着一定的优势，他们在中前场策动了多次有效的进攻，使摩洛哥感受到明显的防守压力。德布劳内毕竟是世界级的中场大师，通过他的穿针引线，巴楚亚伊、默尼耶、奥纳纳乃至大阿扎尔都获得了不错的射门机会，可惜没有得分。摩洛哥队受到压迫，得球后的几次反击也造成了一定的威胁。就在中场休息前不久，他们还利用一次前场右侧的任意球机会打了一个漂亮的战术，由效力切尔西的中场大将齐耶什主罚吊入禁区，上前争抢的两名摩洛哥前锋队员都没有抢到点，但干扰了比利时门将，球居然直接飞进了球门。但可惜的是，此球越位在先——又一次被 VAR 吹罚的“体毛越位”。

综观整个上半场，比利时进攻雷声大，雨点小，并没有收到很好的效果。与以往我们记忆中的“欧洲红魔”相对照，这支“红魔”红的魔力有些下降，就是说，过去那支反击速度惊人、由守转攻能力极强的比利时队不见了，进攻虽然有声势，但总是慢半拍。

下半场，老迈的比利时人似乎体能也出了些问题，主动权开始向摩洛哥队转移。这帮同样在五大联赛效力的非洲球员慢慢地打起了自己更习惯的足球，依靠稳定技术支撑的中前场短传渗透和极犀利的穿插跑动，比利时人跟不上节奏，开始频频犯规。下半场 73 分钟，年轻的桑普多利亚前锋萨比里在禁区左侧主罚任意球。从位置上看，这本来不是个特别好的直接攻门的机会，但他坚决地依靠内侧旋转将球直接罚向球门，而和上半场补时阶段一样，也是有前锋上去干扰——这一次，插上的时机恰到好处，既不越位又成功地干扰了门将的判断，球直接飞进了大门。摩洛哥人领先！

从两个任意球如出一辙的进攻方式看，摩洛哥人的罚球并非碰碰运气，而是精心演练过的一种战术安排。在世界杯决赛阶段的比赛里能看到这种颇具创新力和想象力的进攻套路，令人欣喜。

比利时人显然不甘心这样的失败。他们也策动多次进攻试图挽回败局，但由于他们的体能问题，速度已经完全出不来了。摩洛哥人固守防区，伺机反击，在比赛进入伤停补时阶段又打入了一个防反进球。2 ： 0，摩洛哥人锁定了胜局。

27

2022 年 11 月 28 日　00：00

克罗地亚VS加拿大

哈里法国际体育场

我一直不看好加拿大足球，尽管从国际排名看，加拿大高于大多数亚洲球队，仅仅比日本、伊朗和韩国低。而克罗地亚近些年来却一直是世界足坛的一支劲旅，上届世界杯打进冠亚军决赛，差点创造历史。从双方实力的对比看，这是一场没有多少悬念的比赛。

但足球女神永远是神秘和不可猜度的。正当我计划看到克罗地亚第一个进球以后就睡觉的时候，第一个进球就猝不及防地来了。但不是克罗地亚进球，而是加拿大进球。

这个进球发生在开场 1 分钟多一点，加拿大依靠一脚精准的右路传中、中路抢点头球，由 19 号黑人球员戴维斯攻破了利瓦科维奇把守的克罗地亚大门。这是一个精彩的入球，它把现代足球精准、简练的精髓发挥得淋漓尽致。

这也是加拿大队在世界杯历史上的首个入球。他们只参加过 1986 年的世界杯，但遗憾的是，和 2002 年的中国队一样，三场比赛颗粒无收。直到本届第一轮，他们仍然以 0 ： 1 的比分输给了比利时，没有积分，没有进球。

对加拿大而言，这是一次突破。有时候，突破比金牌还重要。

但随后，比赛的主动权就转向了克罗地亚。事实上，起作用的就是克罗地亚远远高于加拿大的实力。他们在中前场如水银泻地般的进攻，伴以像重量级拳手那种密集打击的节奏，加拿大人完全无法适应。上半场的前一阶段，如果不是克罗地亚前锋脚法掌握的差之毫厘和加拿大门将的出色发挥，在 30 分钟前，加拿大的大门就要失守。

但进球还是来了。上半场两个，下半场两个。最终，克罗地亚以 4 ： 1 的比分，合情合理地取得了胜利。

此时，F 组 4 支球队比利时、克罗地亚、摩洛哥和加拿大的出线权之争仍然不明朗，克罗地亚和摩洛哥都是一胜一平得 4 分，克罗地亚靠净胜球的优势排在前面，比利时一胜一负排第三，但如果比利时在第三轮战胜克罗地亚，仍然会出线，甚至还有可能是小组头名，加拿大人两战皆负，已经彻底淘汰，最后一场对阵摩洛哥，其实只是在“为荣誉而战”了。

28

2022 年 11 月 28 日 03：00

西班牙VS德国

海湾球场

西班牙对德国的比赛终于要上演了。毫无疑问，这是本届世界杯开赛以来，两队平均的世界排名最前的球队间的比赛，恐怕也是最受关注的一场比赛。对我而言，这也是一场必须从头至尾看完的比赛。

两队队员都来自欧洲乃至世界著名的“五大联赛”（英超、德甲、意甲、西甲和法甲），两队都获得过世界杯冠军，其中德国 4 次，是仅仅落后于巴西的世界第二，西班牙虽然只获得过一次冠军，但却一直是欧洲令人生畏的超级劲旅。

由于第一轮比赛中德国队意外地输给了日本队，使得这场比赛变得更加重要。假如第一场比赛的德国战胜了日本，以德国和西班牙这种世界杯老江湖的习惯，他们可能会默契地打成一个平局，然后分别去击败第三轮的对手，携手出线。这种默契未必来源于双方足协或者教练的沟通——那是违规的，而是来自队员们心照不宣的理解。两队队员之间有太多的俱乐部队友、俱乐部前队友乃至生活中的好朋友，他们彼此一个眼神可能就明白了。

但是，由于德国输给日本这样一个前提，德西之战已经变成了零和博弈。或者说，西班牙能接受平局，但德国则必须争胜。

其实，即使平局发生了，德国人也还是有较大概率出线——只要他们战胜哥斯达黎加并且多进球，同时，合理地指望西班牙像打哥斯达黎加那样击败日本。这样，他们仍能以小组第二的身份出线。

问题在于，这样的设想，就意味着德国人两场比赛结束后只积一分。高傲的日耳曼战车难道可以以这样的分数交代自己的国人？

所以，他们的目标绝不会是平局，而必然是争胜。并且，只要有可能，要尽可能多进球。毕竟，西班牙打哥斯达黎加，是一口气进了 7 个球。

西班牙人当然也知道德国会这样想，但他们不同意。他们能够接受平局，但绝不会接受失败。因为，失败了意味着只有 3 分。带着 3 分进入第三轮并不保险——日本人能够战胜德国，难道西班牙就确定无疑可以战胜日本队？

这样的背景，对除了西班牙和德国的球迷而言，是一种福音。没有人喜欢看默契球，没有人喜欢看一方或者双方不思进取的比赛。如果比赛的结果是被设计或者策划的，那为什么我们不是去看日出或者日落？它不仅美丽，而且确定无疑。而我们喜欢比赛就是喜欢不确定性，对参赛者来说，任务就是竭力消灭自己一方的不确定性，使之确定无疑地走向“你死我活”——对手死去，自己活着。

德国和西班牙的比赛就在这样的背景下开始了。作壁上观的日本和哥斯达黎加各怀心事，日本希望西班牙赢，这样，肯定出线的他们下一场不会玩命。哥斯达黎加也希望西班牙赢，这样，德国 0 分，逼平了德国，自己就有很大的机会——西班牙赢日本还是有把握的吧？

不出所料，在现场数万名球迷的欢呼声中，德国和西班牙的比赛，从一开始便火星飞溅。按照许多资深球迷的说法，这是真传控和伪传控的碰撞。但从比赛的进程看，传控好像不具有说服力。西班牙显然加快了速度，不断在中前场穿插跑动，通过短传配合向德国队的禁区传递，伺机射门。刚开场 6 分钟多一点，佩德里在前场中路斜传加维，加维带球疾进又横传 10 号阿森西奥，阿森西奥拨给左边锋 21 号奥尔莫，奥尔莫带了两步，瞅准时机一脚势大力沉的右脚兜射，幸亏德国门将诺伊尔反应神勇扑了一下，球稍稍改变路线击中了横梁，吓出德国人一身冷汗。

不考虑双方对输赢的追求，仅仅看比赛本身的质量和观赏性，我认为这是开赛以来水平最高的一场球——也许克罗地亚和摩洛哥在首轮的那一场也可以相提并论。高水平的比赛，一是双方实力均强，对抗水平高。二是技战术运用到位，双方均能发挥自己之所长，三是双方均对胜利充满渴望，恨不得一口吃了对方。当然，实力高且相当是最主要的。过去人们说单看小组赛，世界杯不如欧洲杯，因为世界杯名额要分到各大洲，除了欧洲和美洲的巴西、阿根廷，其他国家和地区即使是强队也往往与欧洲水平差距很大，因而世界杯小组赛常常强弱分明，比赛进球可能多，但技战术水平并不尽如人意。近几届世界杯，打到八强乃至四强，世界杯就往往成了欧洲杯，正是这个道理。

所以，在小组赛就能碰上两个世界杯冠军队的对抗，而且双方都踢出了自己的风格和特点，委实不易。西班牙仍然坚持传控足球，但相比对阵哥斯达黎加，速度提了上来，进攻显得流畅自如。而德国，也几乎是同样的打法。双方你来我往，形成了对攻的局面。德国队一度曾攻破西班牙的球门，但越位在先。由于双方的防守阵形保持不错，加上门将（特别是诺伊尔）的出色发挥，半场战罢，比赛分还是0 ：0。

下半场易边再战，双方都没有换人。德国队进一步加强了前场的逼抢，压制得西班牙后卫频频回传门将，甚至开大脚出球。双方在中场反复绞杀，球权反复易手。这有点像第一次世界大战时的堑壕绞杀，谁也占不了便宜。看到此处，我多少有些悲悯。可怜的德国队啊，以往他们无数次参加世界杯小组赛，都是轻松获胜，大杀四方，然而从上届世界杯开始，他们在小组赛上就失去了以往的威风八面，三轮战罢，居然被韩国队踢了个0 ：2，灰溜溜地回了家。而这一届，第一场球又被日本队打了一闷棍，居然沦落到此种地步！

经过下半场开局将近20分钟的角斗，西班牙人终于抓住机会先入一球。这是一个典型的边路突破，肋部传中，中路抢前点破门的技术流进球，其特点，一是准，传球准，抢点准；二是快，突破快，射门快。诺伊尔尽管奋力扑救，结果依然是望球兴叹。

这个失球把德国队逼上了绝境。如果不能扳平，基本上他们就会重蹈上届覆辙，再一次打道回府。在历史上，德国人以绝境爆发、反败为胜而著称，他们不止一次地上演绝地反击的好戏，这似乎是德国铁血精神在足球上的表现。这一次，他们还是表现了这种集战术应变、心理调适和机会把握为一体的足球逆商。比赛进行到 83 分钟，替补上场的菲尔克鲁格禁区内右侧得球，一脚劲射打入远角上端，扳平了比分。

德国队扳平比分后，士气大振，在最后阶段的比赛中，继续对西班牙的球门发动了潮水般的进攻，可惜球运欠佳，再未有所斩获，1 ∶ 1 的比分保持到了终场。这就意味着，德国队成功地把自己从溺水的灭顶之灾中拉了出来。如果下一场他们能够战胜小组最弱的哥斯达黎加，他们仍然可能与西班牙携手出线。

但，实现这个结果，需要一个重要的前提，那就是西班牙要在下一场比赛中战胜日本队。日本人同意吗？

29

2022 年 11 月 28 日　18：00

喀麦隆VS塞尔维亚

贾努布球场

按照北京时间，11 月 28 日这一天似乎可以命名为“进球日”。四场比赛，进了 18 个球，平均每场 4.5 个，远远高于每届世界杯平均每场 2 ~ 3 球的水平。其中，两支来自东欧和西非的技术流球队以 3 ： 3 的高比分奉献了一场精彩绝伦的比赛。

虽然大家普遍认为这两支队伍实力都一般，从 2021 年底的世界排名看，塞尔维亚排第 25 位，喀麦隆排第 37 位，确实都不在前列。但放在亚洲，也还算是顶级水平。这两支队伍有一个共同特点，就是他们的技术风格都很像巴西。喀麦隆经常被称为非洲巴西，而塞尔维亚承南斯拉夫而来，一直被称为“巴尔干巴西队”，甚至“欧洲巴西”，属于欧洲拉丁派。在这里，巴西既是一个足球强国，也是一种技术风格。在技术风格的语境里，巴西的意思是出色的意识、流畅的配合、令人眼花缭乱的个人技术。而恰好，他们和巴西分到了同一小组，这个小组还有瑞士，这是一支传统意义上力量型的球队。如果把亚洲的沙特队——经常被认为亚洲最像巴西的球队，代替瑞士也分到这个小组，那这个组有点现代模仿秀的意味了。

在文学界，凡是大家对一个过往的或者高成就的作家表示敬意，就自称“某某门下走狗”，从这个意义上，塞尔维亚、喀麦隆、沙特这些队伍，似乎可以叫作“巴西门下走狗”。多年前，中国方面也派出健力宝小将们驻扎巴西，学了好几年，也培养了谢育新、李金羽、隋东亮、张效瑞、李玮峰、郝伟等一干人等，但看随后的中国足球，还是不像巴西，只能说是“欲走狗而不能”。

事实上，塞尔维亚和喀麦隆两支“巴西门下走狗”确实联袂打出了一场相当巴西的高水平对决。但假如这真是巴西模仿秀，结果确实相当公平，因为谁也不比谁更像或者更不像巴西，他们都学到了巴西的打法，连巴西的毛病都学得惟妙惟肖。

一开场，实力更强的塞尔维亚便大举进攻，皮球迅速通过中场，沿着边路向喀麦隆队的禁区渗透。到达禁区前沿，大多数技术流球队一般都选择沿着肋部横向短传配合、伺机直塞禁区的打法，接球队员有机会就射门，没机会就向底线渗透，在底线前三角回传。显然，这要比盲目的角旗附近底线传中更具杀伤力。上半场的前半段，塞尔维亚多次使用这一战术，造成了9号中锋米特罗维奇两次近在咫尺的射门，可惜均差之毫厘。但喀麦隆显然也没有坐以待毙，第30分钟，他们打出了一个十分精彩的角球战术，发球队员以一个相对较平的线路将球吊向禁区中路，抢点队员没有直接攻门，而是将球蹭到远端门柱，21号后卫卡斯泰莱托心领神会地拍马赶到，在无人盯防的远门柱端将球垫进了空门。塞尔维亚人全力进攻了半个小时却毫无收获，反而是略显被动的喀麦隆率先打破了僵局。

失球后的塞尔维亚继续加强进攻，而士气明显受到鼓舞的喀麦隆人则信心十足地打起反击。30多年前，他们的前辈米拉大叔就是这样玩足球的——利用对方大举进攻时偶尔的传球不到位断球，然后高速反击，一路绝尘将球送入对方大门。15号昆泽获得了这样的机会，也浪费了这样的机会——这种个人英雄主义风格也相当巴西。

在足球场上，往往有这样残酷的定律，浪费机会者必受惩罚。塞尔维亚人开场便打丢两个必进球，结果被喀麦隆人先得了分。而当喀麦隆人也浪费机会之后，惩罚也来了。上半场的伤停补时阶段，塞尔维亚人利用一次前场任意球的机会，将球吊向禁区中路，2号后卫帕夫洛维奇高高跃起，以一个仿佛吊门方式的头球将球顶入了球门左侧。塞尔维亚队扳平了比分。接着，就在喀麦隆人还沉浸在失球的困惑之中，塞尔维亚队又在前场断球成功，由 20 号米林科维奇将球射向球门死角，再下一城。此时，裁判员吹响了半场结束的哨声。

下半场，塞维利亚继续进攻。在头一场比赛稍显郁闷地作了巴西的背景板之后，他们仿佛急于向全世界证明他们有能力进攻，并且可以进更多的球。刚开场 7 分钟，塞尔维亚队就打出精妙配合，在中场断球之后，他们在喀麦隆的禁区内连续5脚传球，最终由打入第一球的帕夫罗维奇再下一城，比分变成了 3 ： 1。

但令人困惑的是，塞尔维亚队在此后的比赛中却变得不会踢球了。本来他们已经领先 2 球，完全可以相对地收缩回来，固守本方半场，然后等喀麦隆大举压上之时，想方设法打他们的反击。这样退可以守，进可以攻，即使不能再进球，至少也可以巩固胜利成果，把领先保持到终场。可惜的是，他们仍然在中前场保持进攻态势，似乎要进更多的球。但在接下来的比赛中，被喀麦隆两次反击得手，连追两球，最后居然在领先 2 球的大好形势下，与对手打成了平手，3 分变成了 1 分。我们说，一个高水平的球队，绝不仅仅是球员的技术水平出众，配合默契，以及体能充沛，作风顽强之类，更重要的是全队高超的解读比赛能力，以及在此基础上战术意志的高度统一。只有在这种情况下，攻能攻得出去，守能守得回来，这才是真正的高手。从这个意义上，塞尔维亚和喀麦隆两队尽管都具备了不亚于任何欧美强队的单兵作战能力，但当他们组合到一起的时候，却仍显得稚嫩。喀麦隆丢失第三个球，以及塞尔维亚的后两个失球，原因都在于此。

看来，他们还不能称之为“巴西门下走狗”。而对于这两个第一轮的负者而言，平局相当于“囚徒困境”，是不利于双方的。他们如果最终不能出线，“非惟天时，抑亦人谋也”。

HNS
DOHA (QAT), 27. 11. 2022
10

30

2022 年 11 月 28 日　21：00

韩国VS加纳

教育城球场

多数球迷不会关注这场比赛。双方都不能算是世界强队，韩国虽然是亚洲一流强队，但单看世界杯战绩就可以知道，输掉了大多数比赛，有些赢了的也不太能服众。而加纳虽然曾经两获世青赛冠军，四获非洲杯冠军，一度让世界瞩目，但近几年来也没有太多精彩的表现。世界排位大概在五六十位的水平。尽管有托马斯·帕尔泰和阿尤兄弟这样经验丰富的大腕压阵，但球队的主力多是年轻球员，全队的平均年龄在 32 强中最低，也说明了一些问题。

从韩国的角度，目标必然是赢这场球。他们所在的 H 组，相对而言是一个总体实力较弱的组（平均世界排位倒数第二）。尽管葡萄牙是欧洲劲旅，但相比德国、西班牙、英格兰这样的球队，韩国人一定更愿意碰到葡萄牙。乌拉圭虽然是南美强队，但落寞已经多年，近几年苏亚雷斯、卡瓦尼也垂垂老矣，实力不复当年。而加纳更是此次出征世界杯的非洲球队中实力最弱的（喀麦隆也一般）。所以，韩国倘若把目标定位到出线，不算奢望。而实现目标的路径，就必然是赢加纳。特别是首场和乌拉圭打平之后，赢加纳更成了必经之路。总不能输了加纳再去拼葡萄牙吧？

所以，当韩国队上半场就以0 ：2的比分落后于加纳时，看台上球迷失落的神情，已经屡屡上镜，比球场上发生的一切更令人心动。

加纳队国际排位不高，但单从比赛中的表现看，他们并不是弱旅。头一场，他们打入了葡萄牙球门两个球，尽管被对方进了三个，但从场面上看，运气如果再好一些，他们说不定能逼平甚至掀翻葡萄牙队。次战对韩国，加纳内部确定的目标，也必然是全力争胜。上半场，他们确实发挥了高水平，尤其是左路进攻，屡屡突破韩国人的防线。开场不久，就利用一个前场左路的任意球机会，吊入禁区混战中抢点破门，接着又是左路 45 度精准传中头球破门。素以防守著称的韩国队似乎完全找不对防守的节奏，被加纳队打蒙了。

下半场，如梦初醒的韩国队才开始找到感觉。有趣的是，韩国人找到的突破口也是左路。活动于左路的孙兴慜积极与队友配合，寻求左路的二过一、二过二乃至穿插跑位的机会，目的就是通过左路的传中，给 1 米 88 的高中锋曹圭成输送炮弹。这是一种极其简明的打法，在被动的情况下，每每越简明越有效。果然，在丧失了一次位置不错的接传中头球攻门的机会之后，曹圭成连续两记头球轰破加纳人的大门。韩国人扳平了比分。

士气大振的韩国队继续加强进攻，试图扩大战果，以实现赛前预定的目标。在一球落后的情况下反败为胜，本届世界杯已经多次上演，沙特胜阿根廷，日本胜德国，克罗地亚胜加拿大，都是这样的战例。但两球落后再反败为胜，本届世界杯还没有发生过，近似的情况是塞尔维亚对喀麦隆，塞尔维亚曾经两球领先，喀麦隆顽强扳平，但也仅仅是扳平。

但是，韩国人没有等到反败为胜，反而在下半场 68 分钟，被加纳人反击得手，加纳反超。这个不算是特别好的机会居然让加纳人抓到，反映了韩国全队急躁的心情，心思都在进攻上，防守就难免漏人。韩国再次陷入困境，而此时，差不多还有 30 分钟比赛时间。

这 30 分钟，基本上就是韩国主攻、加纳主守的半场攻防演练。这也是令人窒息的 30 分钟，仿佛被狂暴情绪主宰的韩国队发动了一次又一次疯狂的进攻，全场 12 脚射门将近一半来自这一时期。这是足球世界中的泥石流、暴风雨或者火山喷发。

尽管没有取得进球，但韩国队这种拼搏到最后一秒的精神状态还是值得我们送上深深的敬意。

当比赛进行到连补时也过了的时候，韩国队又获得了一个角球。但是，裁判员吹响了结束的哨声，没有按照惯例，给韩国这个有可能创造奇迹的机会。韩国队的队员愤怒地围着裁判，试图讨个说法，这自然不符合体育道德精神。但是，他们持有将近 60% 的控球率，他们的射门次数、射正次数和角球次数，基本上都是对方的一倍，从纯粹竞技的意义上，他们付出了那么多的努力，本来，应该比对手更配得上一场胜利。当然，加纳人也没有忘记，上一场，他们本来有机会在最后阶段扳平比分的，但他们那个可怜的前锋阿尤差一点偷袭门将得手，差一点打入戏剧性的一球，却在转身射门的时候自己把自己绊倒了。

如果——其实没有如果，只有结果。如果并没有发生。

31

2022 年 11 月 29 日　00：00

巴西VS瑞士

974 球场

如果把足球的技术风格模拟成理性一端到浪漫一端的一条横轴，那么，处于横轴最左端的是瑞士之类的国家，右端则是巴西。

这条想象中的横轴能说明很多足球中的现象。比如，这条横轴该有一个原点，这个原点，在我看来就是意大利。再比如，位于原点右侧的球队，大概是像巴西、阿根廷、西班牙、法国、荷兰、葡萄牙这样的球队，左端则是德国、英格兰、瑞典、丹麦这样的球队，在亚洲，右侧就是沙特、日本、卡塔尔乃至泰国、越南，左侧则是伊朗、韩国、澳大利亚这样的球队。我们还能说，最近几十年，世界足球的发展趋势，就是所有的球队，都在原来的基础上向中心点移动。就是说，巴西和阿根廷有点向左，而德国、英格兰，有点向右。

用这条轴来说明球员也可以，比如，梅西在右侧，C 罗在左侧。超级运动员中，贝利、马拉多纳是梅西一党，而贝肯鲍尔、鲁梅尼格乃至今天的哈兰德，是C 罗一党。

有人问：中国在哪一头？答案是：改革开放前，从李凤楼、约瑟夫、戴麟经、陈成达、年维泗、方纫秋、张宏根、苏永舜，一直到曾雪麟，基本在右侧。到了高丰文，开始转向左侧，一直到徐根宝、施拉普纳、戚务生、霍顿，基本在左侧；后来到米卢、阿里－汉、朱广沪、福拉多、殷铁生、高洪波、卡马乔、傅博，又回到右侧；然后佩兰、里皮、卡纳瓦罗，又回到左侧。现在呢，据说正在搞另一条轴。

我们还是说巴西和瑞士。由于风格的差异，也由于实力的差异，这场球的整体情况，就是巴西队一众超级前锋，争先恐后地到瑞士队的禁区前乃至禁区中，表演他们似乎不是准靠谱的射门脚法。在全场比赛中，瑞士队颇像是巴西队的粉丝——如同阿根廷在最后一场热身赛上遇到的阿联酋一样，他们不强力对抗，也不向前逼抢，而是耐心地（但也无用地）在中前场倒脚，少量的几次攻入禁区也没有形成射门，结果是全场零射门。巴西呢，全场也只有区区 6 脚射门，5 脚射正，打入 1 球，仿佛双方早已写好了剧本，无非是由这些天价艺人来漫不经心地表演一番而已。看了昨天 4 场球血淋淋的拼杀——喀麦隆顽强的意志，德国人不屈不挠的努力，韩国队最后一秒仍然血红的双眼，甚至加拿大人赴死般的挣扎，仿佛一夜之间世界杯便换了台，比赛地点由战争的荒原转移到了灯红酒绿的百乐门，比赛内容也由殊死拼杀的战斗变成了卿卿我我的爱情，真是美妙。

巴西人确实踢得令人赏心悦目，即使踢丢单刀、空门不进，巴西人也保持着因为充沛的信心而灿烂的笑容。那其中的意思，大约也像是当年贝利被问及哪一个进球最漂亮时的充满禅意的回答：下一个。他们也许确有打丢一个还能打入下一个的本领，但即便是足球王国，即便是如理查利森、卡塞米罗、维尼修斯、热苏斯、拉菲尼亚这样的巨星，就可以这样地浪费机会、漫不经心乎？

我有一种不祥的预感。

32

2022 年 11 月 29 日　03：00

葡萄牙VS乌拉圭

卢塞尔球场

在一场势均力敌的比赛中，更加幸运的葡萄牙人笑到了最后。

葡萄牙和乌拉圭尽管来自不同的大洲，但足球的风格非常相似。从渊源上看，南美洲足球基本源于伊比利亚半岛殖民者的输送。而南美最优秀的足球新星，在登陆欧洲的时候，第一站的目的地也一定是和他们文化渊源更为接近的西班牙、葡萄牙。足球运动员的频繁来往，自然增加了两者之间足球风格的相似性。两国的球队都有一种突出技术但不失硬朗的打法，如果不考虑个人能力，乌拉圭足球队的整体性甚至好于巴西、哥伦比亚这些更强调个性张扬的球队。

刚刚开场，乌拉圭人就给葡萄牙人施加了很大的压力，力图先打破僵局。但有趣的是，葡萄牙人也是这么想的。所以在球赛刚一开始，双方就形成了类似"乱拳打死老师傅"的快攻，不求成熟套路，不管运用长传找人，还是直塞，或者中前场连续一脚出球的快速传递，都力求尽快将球打到对方禁区，形成射门。在当今足坛，这似乎是一个普遍存在的多重博弈。由于现在更强调整体性和快速进攻的打法，一支球队在比赛中如果能率先进球，通常获胜的概率就会大大增加。因为它可以选择稳守反击，只要本方有快速进攻的一定能力，往往能奇兵制胜、扩大战果。而先失球者，往往会进退失据，左支右绌陷入被动。

双方都想先咬对方一口，球就非常好看。因为，在这种打法中，双方在防守上投入的兵力都只是正常配置，而不会是所谓“稳扎稳打，步步为营”。同时，由于强调进攻速度，往往进攻中球权丢失得也很快，而此时防守阵形不一定完整，因而形成对方反击时可资利用的空当。这样，双方你来我往，进攻煞是好看，只不过是因为单兵防守的出色发挥，乃至临门一脚的准确性差，才使得双方球门未告失守。

到了下半场，双方依旧在对攻的道路上一路前行。为了加强进攻，乌拉圭换上了老将苏亚雷斯，锋线火力更足。刚开场不久，乌拉圭就展开了一波又一波的进攻，桑切斯、苏亚雷斯和德阿拉斯先后踢出威胁球，甚至击中球门立柱，葡萄牙的大门风声鹤唳。但此后不久，葡萄牙人却率先进了球。曼联当家球星布鲁诺·费尔南迪斯（B 费）45 度斜传禁区，C 罗心领神会，先启动半步，高高跃起将球蹭入了乌拉圭大门。当然，球场计分系统当即显示，C 罗并没有碰到皮球，球是按照原来的飞行轨迹直接传入了大门。所以，进球者被计为 B 费。当然，这个球也引起了一定争议，倒不是进球本身，而是谁进的。当时球入网后，C 罗立刻做出了自己打进一球的庆祝表示，也接受了包括 B 费在内的葡萄牙球员的拥抱祝贺。但事实上，C 罗自己是能知道自己到底顶没顶到这个球的。因而，议论者就分成了两派，一派认为 C 罗必然地顶到了球，否则 C 罗怎么会如此庆祝？所以，一定是组委会搞错了，甚至建议葡萄牙国家队应该上诉反映此事——据说葡萄牙国家队还真这么做了，究竟是认为搞错了还是为了抚慰 C 罗，不得而知。而国际足联没有接受这个申诉，迄今为止，入球者还是记在 B 费名下。另一派球迷则认为 C 罗必然没有顶到球，因为卡塔尔世界杯每一个足球运动员都有定位系统跟踪，以检视越位情况，而每一颗比赛用球都有内置芯片，球有没有碰到 C 罗的脑袋，比赛电子系统一开始就知道。由此，认为 C 罗在现场的表现有掠人之美、哗众取宠的嫌疑。我也认为 C 罗应该是没有碰到皮球，但他未必是贪功，只是感觉有些模糊而已。

丢了这个球，乌拉圭人备受打击。这种对攻的足球，仿佛格斗中的搏命，一旦先失手，难免陷入被动。比赛的进程也证明了乌拉圭人的左右为难。直到伤停补时，他们又出现了一个禁区内手球，直接被判点球。按照以往的情形，这种点球一般不判，但裁判员按照 VAR 的提示，还是作出了点球判罚，B 费一蹴而就，直接判了乌拉圭死刑。

但惹人争议的是，在 11 月 28 日加纳对韩国的比赛中，加纳人的第一个进球者安德烈·阿尤，就是头球争顶球落下来，先是落在自己张开一定角度的手臂上，才又转身射门得分的。这是一个要比乌拉圭人的手球更明显的犯规，但裁判居然没有吹罚进攻队员的禁区内手球，判了进球有效。看上去，联想起阿根廷对阵沙特的体毛越位问题，似乎可以说，引入 VAR 技术以后，解决了多少问题，就又带来了多少问题。

33

2022 年 11 月 29 日　23：00

厄瓜多尔VS塞内加尔

哈里法国际体育场

A 组的 4 个队今晚捉对厮杀。暂列小组头名的荷兰对阵已经淘汰的卡塔尔，尽管东道主会有一些主场优势，但两队实力的巨大差距使得比赛几乎没有悬念——荷兰队胜和平都确保出线，即使输给卡塔尔，只要厄瓜多尔和塞内加尔不打平，或者荷兰不输卡塔尔两分或者两分以上，荷兰至少可以小组第二的身份出线。出现这种小概率事件，除非上帝本人亲自安排。可以看出，荷兰事实上已经锁定了一个出线名额，大概率是积 7 分列小组第一。因而，一胜一平的厄瓜多尔和一胜一负的塞内加尔之间的比赛，就成了另一个出线名额的争夺战。厄瓜多尔稍稍有利，他们战平即可出线，如果他们取胜，甚至有可能和荷兰争夺小组第一（但概率很小）。而塞内加尔要想出线，就必须取胜，即使取胜，大概率也是小组第二。

这是一场非洲球队和南美球队的正面对决。塞内加尔可能是非洲最好的球队，而厄瓜多尔在南美只处于中游。好比田忌赛马，非洲的“塞牌”上马要对阵美洲的“厄牌”中马，似乎还是上马更厉害一点。看 2021 年底的国际足联排名，塞内加尔排 20 位，厄瓜多尔排第 46 位，差距巨大。但因为塞内加尔头号射手马内受伤，实力大打折扣。所以，鹿死谁手，还真不好说。

比赛的进程也相当胶着。如果说前两轮的比赛还类似春秋时的战争，破国不亡族，这一轮的比赛就是战国时期的战争，破国即亡族。或者说，前面是一审二审，这一轮则是终审。因而双方感受的压力，甚至超过第一轮。从厄瓜多尔 60 岁的老帅阿尔法罗和塞内加尔著名的辫子主帅西塞的神情就能看出，这可是玩命的时候，一不留神，就得订回程机票了。

由于实力的缘故，虽然一开场双方你来我往，在中场展开积极拼抢，但总体上还是塞内加尔占着上风。他们很快就取得前场的主动权，通过快速多变的传递数次撕开厄瓜多尔的防线，形成连续三四次位置和角度极佳的射门，可是急躁的队员们总是临门一脚欠佳，令辫子主帅西塞眉头紧锁，来回踱步，显然是对这帮弟子的射术颇有微词。幸好，在塞内加尔的大举进攻之下，厄瓜多尔疲于应付，始终也没有组织起有效的进攻。

比赛进行到 42 分钟，一直打不破的僵局终于有了转机。塞内加尔 18 号队员萨尔带球杀入禁区，厄瓜多尔的 2 号队员紧贴防守，动作中规中矩，本来没太大问题。但情急之下，前来补防的 3 号队员却鲁莽地抢前一步，将 18 号撞倒在地。这是一个毫无疑问的禁区内犯规，裁判几乎不假思索（也就是不等 VAR 的建议）地指向了点球位置。

点球是什么时候出现的？从那时起，一直到今天，关于应该不应该设立点球这样一个特殊的判罚，始终存在着大相径庭的看法。有人认为，点球是人类足球智慧的局限性造成的，对于一些尚未思考明白的问题采取武断决定，一直是人类智慧和进步的沼泽地带。但是，存在的就是合理的。足球发展到今天，关于点球的评论，马克思所言“解释世界”和“改变世界”的论断，也完全用得到。对于一个希望获胜的球队，点球无疑是一剂强心针，立刻就会驱赶疲惫，焕发巨大热情。但对于那些被判罚点球的球队，似乎就是汽车在荒野上抛了锚，立刻陷入巨大的沮丧。有些队员会跑去和裁判理论，甚至愤怒地指责裁判，但一切都无法改变。点球的本质就是把两个 11 个人的队伍之间的比赛，简化成两个人——一个进攻队员和一个守门员之间的不公平较量。按照足球理论家们的研究，严格计算踢出去的球的速度，如果守门员是等看到对方踢球的方向再作判断，他不论反应多么快，都不会赶上球的速度。也就是说，如果球是飞向左边或者右边的死角，守门员是无法扑出的。守门员要想赢得这个单人对决，只有两种可能，一种是对方的罚球队员是个菜鸟，罚球的角度不够，或者力度不够，或者两个都不够，那么，即使守门员最初错判了方向，他也完全能够及时矫正，最终扑出这个球，赢得众人英雄般的欢呼。另一种，则是他要先做一个巫师，提前焚香打卦，然后在心里预先猜测一个方向，不等对方球员开始踢球，就提前把自己抛出去。如果猜测是正确的，他就从提前启动的一刹那赢得了先机，把对方的射门扑出去，好比华容道上早已等候曹操多时的关云长。当然，如果他判断错了，就会出现颇为诡异的一幕，球踢向了左边，守门员却仿佛喝醉了一样，扑向了右边，好像对方是他的朋友一样。当然这只是罚点球的一些常规操作。随着足球运动的发展，罚球者和守门员的斗法也越来越复杂。罚球者猜到对方会提前扑出去，有时会把球踢向中路，好比一个狡猾的逃学孩子，老师提前把守了他要跳出去的墙头，他却大摇大摆地从校门口走了。这种看上去很聪明的点球叫作“勺子点球”，为什么叫这个古怪的名字，不太清楚。但守住勺子点球有一个诀窍，就是派一个笨蛋守门员去守门，因为他完全不会提前扑出去，只要你踢勺子，他往往会候个正着，好像他就是巫师本人。而这时，罚球者就像个傻瓜或者叛徒。当然，教练员的困难在于不知道什么时候对方会罚一个勺子，所以，这种傻瓜守门员至今还是找不到饭吃。

罚球者和守门员的斗法绝不止于此，他们互相促进，共同提高，已经发展成蔚为大观的罚球方法和守门技术。有的球员会选择慢跑，似乎需要好几个小时才能跑到罚球点，对方守门员慢慢变得昏昏欲睡，但等他正要睡着的时候，罚球者却变身博尔特，突然冲过去把球踢进大门，让守门员目瞪口呆。也有的罚球者给人印象是要踢向一侧，但临到射门出脚，却仿佛一个摇滚舞者那样，把屁股使劲一扭，把球踢向了另一侧，让守门员无可奈何。还有的罚球者迅速地前冲，让人以为他要大力射门，他却把球轻轻一拨，让自己的队友来踢。当然，守门员也有很多是“出身于百老汇”的，他们也会做出各种表演，诱使罚球者上当。其实，足球的这一瞬间凝聚着丰富的足球内涵，比一切运动更具有戏剧性、表演性和不确定性，这样就能够集中地展示足球中“命运在敲门”那样的悲剧美。不喜欢或者看不懂点球的球迷基本都是菜鸟级别的。

现在，塞内加尔的 18 号萨尔站到了罚球点前，准备主罚这个由他自己创造的点球。从这一点，可能会有人猜测，是否一个队的内部规则，就是谁创造了点球，就由谁来罚——篮球就是这样啊。但一般来说，教练员在部署战术的时候，都会指定本队的第一点球手乃至第二、第三点球手。不论谁创造了点球，首先要由球队的第一点球手来罚，如果第一点球手受伤或者自我感觉不好，才会由第二点球手来罚。甚至有时会出现这种情况，第一点球手没有罚进第一个点球，结果球队又获得了第二个点球结果，还是由第一点球手来罚。世界足球历史上曾经出现一个罚球手一场比赛连罚三个点球都不进的情况，按照一般的逻辑，应该吊打他，或者罚他的款，但实际上都没有。从某种意义上，罚点球是一件费力不讨好的事情。有人统计过，一般足球比赛中，罚球命中率在 70% 左右。也就是说，当你站到罚球点上，意味着你更应该罚进而不是罚不进。这样，罚进是正常的，罚不进就会令人失望。试问，谁愿意干这种干成没功劳，干不成有错误的事？所以，能够担任第一罚球手的，通常都是球队公认脚法出众、心理稳定的核心球员。由他来主罚，进球了自然是应该的，但如果他不进，大家的想法是，连他都罚不进，我们恐怕更不行啊。

我们还是回到塞内加尔和厄瓜多尔的比赛。按照前面的说法，18 号萨尔不仅仅是因为他创造了点球，而是恰好他是塞内加尔第一罚球手。只见他不紧不慢地跑向罚球点，在临起脚前有一个明显的小跳——仿佛那些需要踩步点的项目的垫步，但实际上，他是有意识地用这样一个动作来打乱守门员的节奏，然后引诱他提前移动，而他则可以在观察清楚守门员移动的方向后轻巧地把球踢向另一边。不是所有的足球运动员都善于这样罚球，如果脚法不行，那一小步就会把自己搞乱，然后把球踢到守门员怀里。但萨尔显然深谙此道。进球就是这么发生了。对一个只有赢球才能出线的球队来说，不会在意方式，进球才是硬道理。

接着便是下半场，厄瓜多尔队加强了进攻。比赛进行到 68 分钟，厄瓜多尔队获得了一个角球，埋伏在远门柱的 23 号队员抢到了中路头球争顶后的第二落点，轻巧地用右脚的脚后跟内侧将球拨进了塞内加尔的大门。而塞内加尔显然是致命地漏人了。看到这个球，我立刻有一种似曾相识之感。想了半天，才想起就昨天（28号）喀麦隆对阵塞尔维亚的比赛中，喀麦隆打入的第一球，和这个球如出一辙。唯一的区别是，喀麦隆的左侧角球攻入球门右侧。而厄瓜多尔正好相反，是右侧的角球攻入了球门左侧。

但是，塞内加尔人只让厄瓜多尔高兴了两分钟。70分钟，他们获得前场右侧任意球，球开到禁区中央，进攻球员争顶下来之后，塞内加尔3号球员库利巴利抢到第二点，右脚一脚劲射，打入了厄瓜多尔队的大门。他们又一次领先了。

接下来的比赛，双方激烈拼抢，但再无建树。最终，厄瓜多尔人等到了荷兰战胜卡塔尔的消息。这意味着A组的座次最终排定，积分最高的荷兰7分获得小组第一，塞内加尔积6分排列小组第二，厄瓜多尔和三战三负的卡塔尔双双遭淘汰。厄瓜多尔的队员们流下了遗憾的眼泪。对于全世界的球迷，淘汰者走了，但球赛还在。对于这支队伍中的许多人，这可能是他们刚刚开始又行将结束的世界杯之旅。对于那些老队员，这很可能是他们世界杯的绝唱。

34

2022 年 11 月 29 日 23：00

荷兰VS卡塔尔

海湾球场

这是一场没有悬念的比赛。强大的荷兰和弱小的卡塔尔，几乎不成比例地站到了海湾球场巨大的舞台之上。但还是有无数的卡塔尔人赶来观看他们心中的球队最后的表演。因为除了胜负，他们还能看到很多。

这一幕，也让我想起了 2001 年的五里河体育场——这座已经作古的中国足球圣地当年何等辉煌！但还是有不和谐的一幕，在中国队的倒数第二个主场对阿曼的比赛中，中国队已经提前获得了世界杯入场券。从参加竞赛的角度来看，第八场的结果已经没有意义了。它之所以存在除了规则的要求，还因为背后仍然隐藏着足球本身的意义。但是，当中国队以胜利之师、荣耀之师的面目出现在五里河体育场，等待他们的却是“门前冷落鞍马稀”。如果说中国足球像个长不大的孩子，难道家长没有一点责任吗？

卡塔尔人山呼海啸般的欢呼，可能令荷兰队也产生了一刹那的困惑，你们确定，卡塔尔是被淘汰了吗？

显然，这样盛大的场面，不仅仅是为了赢球，而是因为有机会参与这神圣的狂欢。足球是现代社会祛魅之后诞生的新宗教。不论是被基督新教统治的低地国家荷兰，还是被伊斯兰教统治的海湾国家卡塔尔，都能膜拜于足球神圣的魅力与威严。这是超越胜负的更为博大的力量。在这种力量面前，每个人（尤其包括我们中国人）都应该扪心自问：你爱足球吗？还是只爱赢？

比赛开始了。在强大的荷兰面前，卡塔尔虽非不堪一击，但毕竟明显落在下风，整场比赛都没有多少有效的进攻。但他们一直顽强应对，绝没有因为已经提前淘汰而消极比赛。上半场第 24 分钟，经过一个极小空间内的连续二过一配合，荷兰队已经三次参加世界杯的老将加克波得球沿中路偏左突破，在三人包夹的缝隙中，正脚背打中球门右侧死角。由于在上两场比赛中已经打入两粒进球，加克波成了迄今为止本届世界杯的最佳射手。

第 48 分钟，荷兰人卷土重来，在攻入中前场后，右路 45 度传入禁区，卡塔尔顶球不远，被德佩得到，起脚攻门被挡出，德容拍马赶到，近在咫尺，打入对方大门。荷兰人只用了半场比赛的时间就奠定了胜利。

卡塔尔队的门将满脸落寞地将球从球门里捡出。他抬头望着满场穿着白衣的球迷，满脸都是惭愧。

桑切斯教练平静地接受了这一结果。这位 1975 年 12 月 13 日出生于巴塞罗那的足球教练员，曾经是西班牙职业教头，他从 2006 年开始来到卡塔尔执教，他从青训入手，之后又执教了卡塔尔的 U19 和 U20 男足，执教初期一直从事卡塔尔的青训工作，这让卡塔尔在青训事业上得到了极大的发展。在 2017 年之后，桑切斯接过了卡塔尔的主教练位置，并且带领自己的西班牙团队，全心全意地执教卡塔尔这支球队，帮助卡塔尔夺得了 2019 年的亚洲杯冠军，这也是卡塔尔近些年来在亚洲杯中的最好成绩。

其实，他们真的没有什么好遗憾的。

35

2022 年 11 月 30 日　03：00

伊朗VS美国

阿图玛玛球场

在国际政治的舞台上，伊朗和美国可以说是一对死敌。十分奇妙的是，在世界杯的舞台上，它们居然分到了同一小组，这个小组中，还有在国际政治舞台上永远和美国一个鼻孔出气的英国（英格兰），以及英国的四个组成部分之一威尔士。也就是说，伊朗似乎完全坠入了美国及其盟友的包围圈中。

看前两轮的比赛，英格兰大比分战胜了伊朗，但却和美国打成了 0 ∶ 0，这就颇令人疑窦顿生。有人就怀疑：是否英格兰有意放水，送给美国队一分？

在我看来，这种怀疑基本是空穴来风。首先，美国队和英格兰队的足球实力，差距不像我们想象的那么大，在 2021 年底的国际排名中，英格兰居第 5，美国是第 15，相差很有限。第二，这是小组赛第二场，英格兰队虽然首轮大胜，但并没有铁定出线，相反，如果不慎输球，即使是第三场对相对较弱的威尔士，但谁敢保证必定赢球？

从场面上看，美国队显然认真研究了英格兰头一场对伊朗时的比赛录像，对英格兰的进攻线路、配合方式，针对性地制定了比赛对策。所以，美国能逼平英格兰，其实合情合理。

现在，两个仇怨很深的国家，球队狭路相逢，而且，基本处于谁赢谁出线的竞争格局之中。美国前两轮是两连平，此轮输球自然出不了线，而即使双方踢平，美国变成 3 分，伊朗再添 1 分，就是 4 分，英格兰已经 4 分在手，所以美国同样淘汰。伊朗呢，3 分在手，输球必然淘汰，赢球必然出线，平了也是大概率出线。所以，伊朗比美国的形势，略微好那么一点。

看国际排位，排名第 15 的美国和排名第 21 的伊朗也算是半斤八两。但比赛不仅看积分，还看队伍此时的状态以及双方技战术的控制与反控制。从比赛的进程看，整个上半场美国队完全占据了场上的主动权。他们在中前场组织起有效的进攻，频频轰击伊朗队的大门。如果不是前锋急于求成，或者过分追求角度打偏，或者过分追求力量射得太正，伊朗队早就落后了，甚至落后不止一个。

看到此时，我也曾恍惚地想，双方这样拼命地进攻，是否有政治的因素？但我看，这就是足球，大家齐心协力地进攻，目的就是赢球。具体这个赢球是否有民族大义和政治背景，也许美国队和伊朗队都会告诉你，你想多了。换任何队上来，我们都会这样踢的。

进球很快就来了。上半场第 38 分钟，美国队中路进攻，将球吊入禁区右侧，2 号德斯特看准来球顶向中路空当，7 号前锋普利希奇拍马赶到，在 3 名伊朗队员的缝隙中腾空将球钩入伊朗队的球门。守门员尽管近在咫尺，也只能眼睁睁地目送皮球入网。在这场事关双方出线前景的生死战中，美国队抢占了更为有利的形势。上半场结束前，美国队还策动过两次犀利的进攻，其中一次虽然由 21 号维阿单刀打入，但越位在先，另一个也是在门前近在咫尺的头球顶飞了。整个上半场，美国队如果运气好一点，打入 3 球也是有可能的。

下半场，伊朗队主帅显然作了战术上的调整，进攻明显改善。在足球比赛中，经常可以看到这样的情况，一个上半场既得势又得分的球队，到了下半场似乎不会踢了。其实，除了教练员的部署偏差外，运动员的心态发生变化是主要因素。上半场，大部分时间是平局，志在争胜的美国队当然气势如虹，全力出击，有此斗志助益，他们比伊朗略高一些的技战术水平就能转化成强大的战斗力，取得了进球。到了下半场，美国队在攻还是守的问题上多少有些心态的变化，攻吧，担心后防空虚，守吧，一个球的优势还不够保险。而伊朗队则面临“华山一条路”，只有全力进攻，才能扳平比分。而对他们来说，平了大概率可以出线。因而，生存还是死亡的问题，转化到伊朗队的行动上，就是能否打进一个球。双方心态的变化，带来了场上格局的变化。伊朗队贴身逼抢和凶狠铲断的特点开始渐渐转化为控球和前场进攻的优势，美国队则只能疲于奔命地防守。整个下半场，伊朗队创造了多次得分良机，几乎要洞穿美国队门将的十指关。但是，似乎受了上半场美国队的传染，伊朗的锋线队员也过于急躁，几次打偏必进之球。一直到终场，也未能敲开美国队的大门。

随着裁判员一声哨响，比赛结束了。伊朗队遗憾地输掉比赛，也输掉了进入第二阶段的机会。队员们瘫倒在场地的草坪上，面对苍天，喟然长叹。他们经历了首场大比分失败的痛苦，也显现了迅速调整状态击败对手的胜利，如果在第三场比赛中状态出得再早一点，把握机会的能力再强一点，他们或许就能走得更远。但是，和他们的前辈波斯国王居鲁士大帝一样，都取得过令人瞩目的战绩，也都败在了征服的道路上。在以往 6 次征战世界杯的历史中，伊朗队至今还没有打破从来不曾小组出线的魔咒。也许，波斯伟大的诗篇《鲁拜集》中的诗句可以安慰他们：

年老年轻一代接着一代，
代代世人接踵去来。
谁也无法永远占据这世界，
有来有去，有去又有人来。

36

2022 年 11 月 30 日　03：00

英格兰VS威尔士

艾哈迈德 · 本 · 阿里球场

这是一场没什么悬念的比赛。尽管我们看双方的国际排名，威尔士高居第 18 位，似乎与排位第 5 的英格兰差距不是非常大，但这两支同属英国的球队，至少从今天场上的表现看，实力上确实差距巨大。全场数据显示，双方控球率是 62% 对 38%，射门数是 14 对 4（其中射正是 7 对 1），角球是 6 对 1。数据上的差距也差不多就是场面上的差距。

曾经大杀四方、威风八面的贝尔再次出场，但没有任何值得称道的表现。个人的能力能够提升集体，但结果是有限的。这正应了职场上常常听到的那句话：离开了平台，你什么都不是。何况，贝尔在皇马久疏战阵，状态也没法保证。在与群星璀璨的英格兰各位大腕对阵的球场上，贝尔完全被拉什福德、凯恩、福登、贝林厄姆、马圭尔等一干明星淹没了。

英格兰的足球，以激烈对抗中的整体控制与快速传切著称，英超的每个球队，特别是曼城利物浦阿森纳曼联切尔西等豪门，都以给对手强烈的压迫著称，一个实力不济的球队与英格兰球队对峙，常常会被压迫得有剧烈窒息之感。英超的球员，抗压能力也是格外出众。当对手不能给他们一定的压力时，他们就会打出极其丝滑的配合，打出极其流畅的配合。很快，英格兰人连入 3 球，把自己的威尔士同胞送回了家。

37

2022 年 11 月 30 日　23：00

澳大利亚VS丹麦

贾努布球场

澳大利亚和丹麦之战，从最可能的意义上，是为了争夺小组的第二个出线名额而展开的。一般意义上，法国两战两胜，而突尼斯和丹麦战平，这已经不可能有两支以上球队获得 6 分或者以上，法国的出线已经确定无疑，而且大概率是小组第一。而突尼斯本来就是这个小组最弱的球队，前两战一胜一负，第三场又面临强大的法国，淘汰也在情理之中。因而，本场比赛谁胜，谁就基本上获得了小组第二。当然，在极端可能下，如果澳大利亚大胜丹麦而法国输给突尼斯，澳大利亚也可能是小组第一；另外，如果丹麦小胜澳大利亚，突尼斯大胜法国，突尼斯也可能跻身小组第二。当然，这两种可能，都只能说是理论上的可能。

就澳大利亚和丹麦队的实力而言，无论是名气、以往战绩还是国际排名，丹麦队都高于澳大利亚很多。如果买彩票的朋友要猜谁获得胜利，押丹麦自然比押澳大利亚把握更大一些。这是毫无疑问的。但本场最终是澳大利亚战胜了丹麦，力压丹麦和突尼斯，以小组第二的身份闯入了十六强，这是很多人都没有想到的。丹麦怎么啦？

两支球队球风非常接近，都是典型的传统英式打法，边路突破，下底传中或者45度斜传，禁区内头球抢点射门，或者头球摆渡下来再抢第二点。球员一般身材高大，对抗能力强，常常与对手在中场剧烈绞杀。一般也善于在禁区外远射，射门势大力沉，只要角度合适，每每百步穿杨。

开场11分钟，丹麦队7号便有一脚精彩的禁区右路大力抽射，差点攻破澳大利亚守门员的十指关，惊出全队一身冷汗。整个上半场，丹麦队控制了局面，打出了一轮又一轮潮水般的进攻，几次威胁澳大利亚队的大门，但均因临门一脚欠佳或者门将出色发挥而功亏一篑。

下半场，澳大利亚的攻势有了一些起色。虽然丹麦也曾有过精彩时刻（埃里克森一脚非常富有想象力的零角度吊门），但澳大利亚也不遑多让，进攻变得犀利。终于在60分钟，7号莱基禁区前接到队友传球，带球突入禁区，连续变线摆脱后卫防守，拔脚低射，球击中球门右下角门框内侧打入球门。全场一直相对被动的澳大利亚以1 ：0领先了！尽管丹麦队力图反扑，也创造了几次进攻的机会，但也没有能力敲开澳大利亚队的球门。最终，以一平两负的尴尬战绩，离开了世界杯的舞台。

38

2022 年 11 月 30 日　23：00

法国VS突尼斯

教育城球场

和巴西队对喀麦隆的比赛一样，这也是一场没有观赏性的比赛。法国队多名主力没有出场，前锋线上三驾马车姆巴佩、登贝莱和吉鲁均作壁上观，中场只留了一个楚阿梅尼，后卫线只留了一个科纳特，其他主力也全部作壁上观。

倒不是在无关紧要的比赛中上替补阵容不对，而是替补阵容也不该打成这个样子。巴西对喀麦隆，虽然最终输了球，但毕竟场面上明显占优，只是前锋们射术不精而已。而法国以尚有部分主力的替补阵容出战，整场下来，也就与和喀麦隆半斤八两的突尼斯堪堪打了个平手。 突尼斯虽然控球处于下风，但射门数、射正数、角球数都与法国不相上下。从制造的威胁看突尼斯还占了上风。

开场 7 分钟，突尼斯就利用定位球机会打入一球，可惜越位在先，但也让法国队惊出一身冷汗。下半场 58 分钟，突尼斯前锋 10 号哈兹里中路突破，稍加摆脱左脚射门，球正中球门右下角。突尼斯 1 ： 0 领先。

法国队并不希望输球。即使是战略上，主教练德尚可能选择放弃，因为死磕也许会带来不必要的伤病。但场上的队员有时是那些只有在这样的比赛中才能出场的替补队员，他们还是希望进球乃至赢球的。毕竟，他们的机会并不多，而这个舞台又是如此重要。但是，他们使尽浑身解数，也未能攻破突尼斯队的球门，直到比赛第 97 分钟，法国队获得主罚前场任意球机会，7 号格列茨曼在门前混战中拔脚怒射打入突尼斯球门，但裁判启动了 VAR 系统，最终判定格列茨曼越位在先，进球无效。法国队遂以 0 ： 1 负于突尼斯，但仍以小组第一出线。

而突尼斯尽管获得了胜利，但还是被淘汰。他们希望丹麦胜澳大利亚，这样，他们就能和丹麦同分，也许有比较小分的机会，但遗憾的是，丹麦输给了澳大利亚。这样，这个小组就出现了两支积 6 分的球队，澳大利亚仅仅是因为净胜球和胜负关系的缘故才排在第二位，而积 4 分的突尼斯惨遭淘汰也属于合理范畴了。

39

2022 年 12 月 1 日　03：00

波兰VS阿根廷

974 球场

这是一场球迷们期待已久的比赛。在他们看来，这场比赛的真正看点，不是阿根廷对波兰，而是梅西对莱万。

梅西和莱万都是世界顶级球星。当然，他们"顶"的程度，梅西还是比莱万强出很多。如果说梅西是足球奥林匹斯山上的宙斯，莱万最多也就是阿波罗。当然，无论是宙斯，还是阿波罗，都是令万民仰望的天神。天神的怒火，常常是一切悲剧的真正来源。

尽管梅西的球队获得了一场来之不易的胜利，但对于阿根廷的宏图霸业，一场胜利是不够的。如果想要在小组赛中取得第一，这一场必须战胜波兰。即使从出线的要求看，输球自然不能想象——那意味着淘汰，而平局也大概率是淘汰。因为假如这场打平，波兰已经 5 分，而沙特和墨西哥之战，如果前者胜，则沙特 6 分，阿根廷淘汰，如果沙墨踢平，则需要比较净胜球乃至进球数，万一都一样，胜负关系也是不利于阿根廷的。第二场战胜墨西哥，只是逃离苦海，还没有回到生天。所以，阿根廷唯一的选择，就是战胜波兰。

站在波兰的角度，他们的选择就有些耐人寻味。他们现在 4 分在手，暂列小组第一。此役赢阿根廷，就是 7 分，不仅出线无虞，而且必然是小组第一。如果平，那就是 5 分，分析本组的形势，出线也是必然的，如果另一场墨西哥胜了沙特，他们还是小组第一。如果负，那还是要希望墨西哥赢或者平，平了，他们大概率出线，赢了，出线的概率也不小，只有墨西哥输给沙特，他们才出线无望。综合起来，波兰对阿根廷，正确的选择能赢或者平更好，倘不能，别输太多，也是好的。

根据这样的分析，就很能理解波兰的战术。波兰选择了最保守的 451 阵形，把莱万一个人顶在前头，伺机反击，其他人基本上在后半场“摆大巴”，拉开了一副“人不犯我，我不犯人，人若犯我，只要不过分，我也不犯人”的架势。本来，看阿根廷和墨西哥一战，墨西哥采取高位逼抢，全线出击的战术，打得阿根廷颇为狼狈，如果不是梅西的灵光一现，鹿死谁手还不好说，但波兰坚决地放弃了逼抢，固守后防，甚至连打反击的机会也不坚决。由于防守阵形稳固，补防及时，一时间，“苍蝇不叮无缝的蛋”，以快速进攻见长的阿根廷拿他们也没什么办法。

本届世界杯迄今以来，已经完成了 39 场比赛。回顾起来，尽管因为强弱、风格、局势、情景乃至战术可能性的不同情形，各队也有选择进攻较为消极的战术的，但总的来看，潮流仍然是积极进攻，攻守平衡。一些明显实力差距很大的球队，也没有龟缩禁区，一味防守。像波兰这样几乎放弃了进攻的，不是为数不多，而是绝无仅有。

这是一种阴魂不散的足球功利主义，一种只追求胜利、不追求好看的足球，一种不以取悦球迷为目标而以取悦股东为目标的足球，一种让比赛变成股票市场中的购入和抛售行为的足球。20 世纪整个 90 年代萨基麾下坚持 1 ： 0 主义的意大利队（也包括一度的 AC 米兰），1994 年的世界杯冠军巴西队，2002 年的韩国队，也包括国内上海申花当年的抢逼围，都奉行的是这种主义。他们眼中的足球，除了胜负，还是胜负。足球不是美，不是激情，不是理想主义和浪漫主义，而是冷酷、隐忍和阴谋。当以巴萨为首的西班牙传控足球和英超曼城利物浦为代表的高位逼抢、全攻全守华丽呈现的时候，功利足球得到了暂时的压制。但由于巨大的足球物质利益从来未曾消退，功利足球也从来没有丧失它的土壤。

正是在这个意义上，我们该记住这场以功利主义为标签的世界杯小组赛。波兰人放弃了高位逼抢，放弃了中场争夺，甚至放弃了对足球的基本控制，全场只有一脚射偏了的射门，30% 的控球率。而慷慨地送给对手 70% 的控制，以及多达 20 脚射门。他们不是想赢，甚至都不指望能平，而是把所有的宝押在了少输上。只要同时开赛的墨西哥人战胜沙特而又进球不多——这应该是大概率事件，他们就有很大的可能，和刚刚击败他们的对手阿根廷携手出线。

阿根廷人拼命地进攻。由于在防守端几乎没有受到波兰人的压迫，所以他们投入了更多的进攻兵力，在梅西的策动下，向波兰队的腹地发动了一轮又一轮的进攻，但在波兰固若金汤的“马奇诺防线”面前无功而返。梅西本人也屡屡远射，以求像对付墨西哥那样，先打破僵局，再巩固成果。双方的“半场攻防演练”几乎贯穿了比赛的全过程，甚至阿根廷领先以后，还是如此。

波兰人的消极态度连裁判都看不下去了。上半场 39 分钟，在波兰门将什琴斯尼一个不太明显的犯规之后，裁判员居然判给阿根廷一个点球！当时，阿尔瓦雷斯左路传中，右路居然是梅西在争顶射门。梅西已经顶到了球，但远远高出横梁，随后，什琴斯尼扑出去的左手正好打在了梅西的脸上。这并非是一个绝对的点球，什琴斯尼不是冲着人去的，也没有破坏掉对方的进攻机会，事实上，什琴斯尼甚至都没有看见梅西，犯规发生的时候，球已经快飞出界外了。但裁判员还是毫不犹豫地判罚了点球。还是梅西主罚，但遗憾的是，射向球门的右侧半高球居然被神勇的什琴斯尼扑了出去。但看看梅西的神情就知道，他们对自己要击败波兰是充满信心的。

下半场，阿根廷孜孜不倦的进攻努力终于收到了回报。第一次进攻，麦考利斯特精准的右路射门就打入了波兰的大门。即使在落后的情况下，波兰队也依然“踩着不变的步伐”，只是利用一个前场定位、禁区内抢点头球的方式，完成了全场唯一一次射门，没有打进门框范围之内。接着，下半场 67 分钟，阿尔瓦雷斯突入禁区，在中路偏左的位置一脚劲射，又一次打入了波兰人的大门。2 ∶ 0 的比分一直保持到了终场。

而此时，墨西哥队和沙特队的比赛还在激烈进行，墨西哥人 2 ∶ 0 领先。如果这场比赛以这样的比分结束，除了阿根廷小组头名出线和沙特队小组垫底被淘汰外，墨西哥和波兰出现了只能靠抽签来决定谁出线的小概率事件。

我们正好来恶补一下，世界杯足球赛小组比赛的出线规则：

a. 积分高者排名靠前。

b. 小组中总净胜球高者排名靠前。

c. 小组中总进球数高者排名靠前。

如果按照以上规则仍有两支或两支以上的球队并列，则按以下顺序依次比较以确定排名先后：

d. 比较并列几队之间相互比赛的得分高低。如果仍然相等，则：

e. 比较并列的几队之间相互比赛的净胜球多少。如果仍然相等，则：

f. 比较并列的几队之间相互比赛的进球数多少。如果仍然相等，则：

g. 抽签。

我们会发现，如果最终墨西哥 2 ∶ 0 胜沙特，则对照出线条款，a、b、c、d、e、f 诸项双方全是一样的。也就是说，只能启动 g 条款，也就是抽签来决定最后谁出线。这样的情况，在世界杯历史上只出现过一次，就是 32 年前的 1990 年墨西哥世界杯，荷兰和爱尔兰就是通过抽签决定谁是小组第二谁是第三，但不同的是，当时参加世界杯决赛的球队是 24 支，分为 6 个小组，除了小组前两名，还有成绩较好的 4 个第三名也可以出线，而爱尔兰尽管抽到了第三名，但也幸运地出线了。

当然，本届世界杯上 B 组的比赛，最终没有出现抽签的情况。墨沙之战的最后阶段，就在墨西哥人浪费了无数脚必进球之后，沙特人依靠一个反击，攻破了墨西哥队的城池，比分改写为 2 ∶ 1。这个金子般的进球虽然对沙特队于事无补，但对波兰来说可谓天降之福。依靠这个进球，他们用净胜球的优势挤掉了倒霉的墨西哥人，跻身小组第二。

这是令我最为愤愤不平的世界杯小组赛结果：努力地拼到最后一刻的墨西哥人，最终输给了从一开始就躺平的波兰人。当我们看到墨西哥人满眼的泪水，不知道是这个世界疯了，还是我们自己老了。

无论如何，阿根廷重回轨道。尽管本场梅西不是最佳球员，但他们赢了，他们重新赢得了尊重。对于阿根廷人来说，离世界杯冠军又近了一步。

40

2022 年 12 月 1 日　03：00

沙特VS墨西哥

卢塞尔球场

就在一个星期前，当沙特人不可思议地以 2 ∶ 1 的比分战胜强大的阿根廷的时候，他们绝对没有想到，命运依然是残酷的。其情形，如同当年巴黎的无套裤汉兴高采烈地攻入巴士底狱时，也同样想不到，此后多年的巴黎，不是胜利的鲜花，而依旧是屠杀、叛变和“城头变幻大王旗”。

沙特队正是世界杯赛场上的“无套裤汉”。第二场，他们虽然殊死拼杀，依然不无遗憾地输给了并非强大到不可战胜的波兰，连一个积分也没有拿到。第三场，他们的对面，是两轮战罢，只有区区一分的红着眼的墨西哥。显然，一个血红着眼睛的墨西哥，并不比相对有些轻敌和傲慢的阿根廷更好对付。

沙特人或者打了个寒噤。他们生活的世界本来是炎热异常的阿拉伯沙漠，但看着对面冷酷的鹰隼（墨西哥队号称“墨西哥雄鹰”），他们意识到，战胜这个对手并不容易，但如果不能取胜，等待他们的，大概率是淘汰。

一个能够战胜阿根廷这样强大的对手的球队，最后居然要被淘汰吗？绝不接受！我们必须拼掉墨西哥队，战胜它，与阿根廷队携手出线，如果运气好，还可能是小组第一名。

墨西哥人也是背水一战。但他们明白，计算出线形势是没有意义的。唯一的形势，就是他们必须赢，赢得越多越彻底越好。

两虎相争，必有一伤。

比赛开始了。从场上形势看，实力法则仍在背后起着绝对的作用，技高一筹的墨西哥人占据了主动权。足球世界常常有这样的规律，冷门一般发生在不同风格的球队较量之中，尤其是技高一筹的技术型球队碰上水平一般的力量型球队，就有更大的概率爆冷——中国民间武术家有一句格言，叫作一力降十会，或者说，乱拳打死老师傅，就是这个意思。2002 年世界杯韩国连克葡萄牙、西班牙和意大利三强，尽管有明显的盘外招起作用，但“乱拳打死老师傅”的作用也不能小觑。而在沙特和墨西哥队比赛中，两队风格都是讲究个人技术、短传配合的技术流，如果讲“乱拳”的能力，墨西哥人甚至强于沙特。想当初，连中国队遇到沙特，相对于遇到韩国或者伊朗这样球风硬朗、更善于“乱拳”的亚洲球队，都表现得更不畏惧。正是因为中国队的“乱拳”，常常把沙特这样的亚洲“老师傅”打得无所适从。因而，不惯于乱战的沙特，遇上技术更加细腻、球风硬朗程度不亚于自己的墨西哥，很难占到便宜。

整个上半场，墨西哥队仍然是更为主动的一方。他们长短结合，以左路为主，频频向沙特队的腹地发起进攻，数次射门都极具威胁。如果不是射门的精度稍稍偏差，加上沙特队守门员发挥神勇，比分已经被改写了。进入下半场，刚开场墨西哥就利用一个角球战术，在禁区内抢到第二点，由 20 号突前前锋马丁将球扫入了沙特队的大门。沙特人甚至来不及清晰地感知这一变化，5 分钟后，墨西哥队又依靠 24 号查韦斯的一个前场任意球将比分扩大为 2 ∶ 0。这个任意球，无论是角度、速度和飞行的弧线，都可以媲美贝克汉姆、梅西这些任意球大师的杰作。事后，几乎所有媒体和机构评选十佳进球，都选中了这个球，足见其罚球的质量。

此后，墨西哥队攻势不减，墨沙之战的下半场，成了严格意义上的“攻防大战”，墨西哥主攻，沙特主守。没过几分钟，墨西哥人又依靠犀利的中路突破，撕开沙特防线，打入第三球，可是越位在先。接着，他们又如法炮制，依靠沙特人急于想扳平比分、整体队形前移带来的空当，频频发动致命一击，可惜都与进球失之交臂。此时，他们的教练席也恐怕知道了阿根廷和波兰的比赛状况，阿根廷２：０领先，而波兰人毫无斗志，已经躺平在这个结果上。如此，只要他们再进一球，就能把波兰人打回欧洲。墨西哥人斗志昂扬地投入进攻，进球随时都可能发生。这场比赛的最后阶段是令人窒息的，空气中都弥漫着野心勃勃的杀戮气息。墨西哥人像潮水一样涌向沙特队的滩头阵地，他们短兵相接，奋勇肉搏，勇敢地与时间赛跑。

但是，令人难以料想的是，久攻不下的墨西哥陷入焦灼，而看上去难以招架的沙特人反而在终场前一分钟进球了。和他们打入阿根廷队的两球一样，那是一个精准而简约的反击进球，三传两倒就到了禁区，然后拔脚怒射，球应声入网。沙特人扳回了无关大局却足以挽回颜面的一球，就是这一球，把整场表现优异的墨西哥人打回了遥远的中美洲。综观三场小组赛，他们比躺平的波兰人更配得上出线，他们甚至和强大的阿根廷拼到了最后一分钟，他们展现了足以载入世界杯史册的精准任意球技术，他们的勇敢、顽强和对足球艺术的孜孜不倦的追求正是足球发展更需要也更缺乏的东西，但他们还是被淘汰了。无论如何，我们要感谢墨西哥队，他们让我们领略足球之美，带给我们足球的赏心悦目，足球的跌宕起伏，乃至足球的残酷冷峻，也让我们感知那一句“最好的不一定是冠军，但冠军一定是最好的”的深刻悖论。

其实，我们也要感谢沙特队，他们尽管也同样被淘汰，但他们在本届世界杯中表现出来的技术、意识和对胜利的强烈渴望，值得我们长久记取。我们喜欢足球，不只是喜欢冠军和胜利，红毯和大力神杯，不只是喜欢英雄及其摧城拔寨的英姿，也包括悲情、失落、无奈和不屈，也包括站着死去的坚强与勇敢。对于我来说，死在冲锋线上的墨西哥和沙特，远远比靠着计谋和躺平赢得出线权的波兰更值得尊重。

41

2022 年 12 月 1 日　23：00

加拿大VS摩洛哥

阿图玛玛球场

这是一场强弱分明的比赛。加拿大两战两负，进 1 球丢 5 球，已经失去了进军淘汰赛的资格。而摩洛哥队也出人意料地战胜了在概念上更强大的比利时队，逼平了在实际上更强大的克罗地亚队，在本组出线名额的争夺战中，由于第三战的对手是实力最弱、已被淘汰的加拿大，事实上已经处于最为有利的位置。看上去，已经没有人能阻止他们出线——而且是以小组第一的身份。好比他们已经在银行里存了多年的钱，今天的比赛，只是来兑现账上已经实现了的财富。

加拿大人尽管很想为他们难得的世界杯之旅画一个较为圆满的句号，但开场后的表现，却更像是摩洛哥人的朋友。开场 4 分钟，加拿大队后卫回传守门员，力量稍小，被摩洛哥前锋紧逼，匆忙中守门员大脚出球不远，被摩洛哥前锋 7 号齐耶什截获后吊空门得手，摩洛哥获得了梦幻开局。

回传门将失误导致丢球，是足球场上颇让人叹息的一幕。在我刚刚开始看世界杯的 20 世纪 90 年代，这样的事比今天发生的要少。一旦发生，守门员或者回传失误的后卫，每每能被本队球迷的唾沫星子喷死。这几年，这样的失球变多了，但把后卫或者守门员骂个狗血喷头的，反而少了许多。而时而在足球比赛（甚至重大比赛中），见到守门员和对方前锋斗脚法的情景，遇到对方前锋上来逼抢断球，守门员不是像过去那样，匆忙将球大脚开出，而是轻轻一拨，闪过前锋，甚至连续数次，然后才将球横传给自己的边卫，这种情景，常常引来球迷喝彩。

这种变化，主要是守门员在全队战术体系中的角色发生的变化导致的。在许多球队，尤其是足球水平较高的球队，守门员不仅仅是后防的核心，也是进攻的第一个组织者。这些队伍启动进攻的方式，很少像过去那样只是简单地大脚开出，而是由守门员通过传给后卫或者手抛给后卫来发起进攻，如果对方阵形前移，采取全场紧逼的压迫式打法，守门员和后卫之间，会通过反复传递、忽左忽右的方式，打破对方的紧逼，最终使足球沿着本方熟悉的线路展开攻击。甚至在本方已经将球传递到中场，遇到对方强力阻截，本方的中场球员就会大力传回给门将，重新启动进攻。这是传控足球的一部分，从本方半场开始，就要强调对球权的绝对控制。在这一比赛技术体系中，守门员一身三任，起着本队场上队长的作用（虽然队长通常会由本队最大牌的球星担任）。这种打法的好处，一是进攻更有控制性，二是守门员发挥双重作用，等于本队增加了一名攻击性后卫。当然，由于后卫和守门员之间传球数量的增加，以及守门员控球时间的增加，失误也自然会更多。特别是对方打高位逼抢，前锋队员屡屡向前压迫后卫乃至门将的情况下，百密一疏，前锋队员就可以断球得手，然后，以迅雷不及掩耳之势将球打入空门。甚至，在门将控球的情况下，由于规则对门将手持球的时间作了限制，等他担心受罚而将球抛在场地上的一刹那，或者试图抛球发动进攻的一刹那，游弋在附近（通常在门将的盲区）的前锋就会神兵天降，将球断走，打入球门，留下门将沮丧的身影。我对这种高位逼抢印象最深的一场球，就是 2018/2019 赛季欧冠半决赛利物浦在安菲尔德球场迎战巴萨那一场经典战役。本来，一周前双方在巴萨主场进行的比赛，巴萨已经取得了 3 ∶ 0 的领先优势，半只脚已经踏入了欧冠决赛的大门。但利物浦人硬是依靠高位逼抢，打乱了巴萨的进攻节奏和出球线路，最终造就了“安菲尔德惨案”。那也是梅西经历的最为羞辱的失败之一。而前锋抢断门将最著名的案例，是皇马神锋本泽马，他屡次在关键比赛中抢断门将得手，被他抢断的著名门将包括曼城门将门迪、拜仁门将乌尔赖希和诺伊尔，以及巴黎门将多纳鲁马，而且，这些著名的案例，都发生在欧冠的关键场次比赛中，甚至是奠定胜利或者扭转乾坤的一球，成为足球的经典记忆。因此，本泽马被称为“门将杀手”，也就不令人惊讶了。

从摩洛哥与加拿大比赛的现场看，摩洛哥齐耶什能够断球并吊门成功，不是归结于他个人的技术和反应（当然这一点也非常重要），而是全队整体压上，使门将匆忙之中找不到安全的传球线路。所以，这种全队战术意志高度统一的高位逼抢，才是成功的关键。当然，高位逼抢也充满了风险，因为一旦被对方打反击，空虚的后防常常导致丢球。

开场不久就丢球，进一步打击了加拿大人的战斗意志。他们攻防体系始终组织不起来，比赛成了各自为政的乱战。反观摩洛哥，攻防体系统一有序，进攻组织有板有眼。第 23 分钟，依靠后卫精准长传找到 19 号中锋恩内西里，他娴熟接球，带球突破，将球打入了球门近角。这个球，与前几天日本队浅野拓磨打入德国队的那个进球，有异曲同工之妙。

此后不久，加拿大人依靠摩洛哥队后卫的一个失误，打入了一个乌龙球，扳回了一球。说起“乌龙球”，其实颇有趣味。在英文中，球员不小心将球碰入自家球门，叫作“OWN GOAL”，意为“自进本方球门的球”。而在中国广东乃至港澳地区，有一个古老的民间传说：久旱之时，人们祈求青龙降下甘露，以滋润万物，谁知，青龙未至，乌龙现身，反而给人们带来了灾难。类似于北方人“烧香惹来了鬼”之意。而英文 OWN GOAL，念起来颇似“乌龙球”，所以，这个典型“音译 + 意译”的词语，就不胫而走，成了足球场上的一种失球方式。在我的记忆中，最令人难以忘记的乌龙球，就是 1994 年世界杯，在与美国队的比赛中误入乌龙球的哥伦比亚后卫安德雷斯・埃斯科巴，居然在回国后被贩毒黑帮开枪打死。祈祷永远不再发生这样的事。

上半场分出胜负，下半场波澜不惊。摩洛哥人以两胜一负，铁定小组第一的战绩，率先出线，也把本组另外两支强队逼上了“自古华山一条路”的绝境。按照规则，它们之间的比赛，是和摩加之战同时开始的。最后谁能出线呢？我们换台。

42

2022 年 12 月 1 日　23：00

克罗地亚VS比利时

艾哈迈德·本·阿里球场

单从出场双方的名头，这是小组赛中为数不多的强队之间的较量。比利时是2021 年底排名世界第二的强队，而克罗地亚虽然排名靠后一些，但它是上届比赛的亚军。在本届“卡塔尔足球论剑”的华山顶上，两个绝世高手此刻遇到了真正的麻烦，一个江湖名头远逊的摩洛哥队居然连挑三员大将，将克罗地亚和比利时逼上了绝境。

当双方一脸肃然地出现在艾哈迈德·本·阿里球场的草坪上，准备仗剑相搏的时候，我们发现，用古龙的笔锋，才能描绘此刻的气氛：

残秋。 木叶萧萧，夕阳满天。

萧萧木叶下，站着两个人，就仿佛已与这大地秋色融为一体。 因为他们太安静。

因为他们太冷。

因为，片刻过后，他们只能有一人飘然离开。而另一人，则注定要剑影倏忽幻化之后，缓慢地倒向尘埃。

他的脸一定是向下的，仿佛再不愿看见这冷酷的江湖恩怨。

赛前的分析，他们自然也知道了这场决斗的残酷性。阴差阳错，摩洛哥人已经一骑绝尘而去，剩下两个大佬在风中凌乱：胜者出线，负者回家。

比利时的好消息是卢卡库伤愈复出。说卢卡库是比利时最好的球员，那些喜欢德布劳内、阿扎尔的球迷自然不能同意，但说卢卡库是世界上最好的强力中锋，争议恐怕很少。比利时前两场小胜加拿大，负于摩洛哥，表现只能用平平来形容。从宏观的层面，我们归结为队伍的老化，但大家可能都没注意，南美两强巴西和阿根廷，平均年龄都比比利时更大。但如果从微观的角度，也就是技战术角度看，中路缺少一个强力的冲击点，是问题的关键。直接地说，当德布劳内们辛辛苦苦地带球越过重重堵截传入禁区，谁来射门得分？如同古代的刺客，千难万险将宝刀带入大内，谁来完成最后一击？

现在，卢卡库复出了。这位国米“小魔兽”在上个赛季的意甲出场 36 次，打入 24 球，助攻 10 次，威风八面，被评为最佳球员。但世界杯前受伤，虽然已经痊愈，但由于状态调整的问题，主教练把他放在了替补席上。此番危急关头，他受命出征。任务很简单，就是接过德布劳内们输送的炮弹，然后将它送入克罗地亚的大门。

克罗地亚自非等闲之辈，双方的厮杀，可谓飞沙走石。前两场，双方的战绩都是一胜一平，克罗地亚也仅仅是比比利时多 3 个净胜球。但就是这 3 个净胜球，让双方投入比赛的格局乃至心态都完全不同。克罗地亚可以接受平局，但对比利时而言，平局就是出局。

比利时的进攻异常犀利，而克罗地亚人也不遑多让。双方你来我往，展开了一场十分激烈的对攻战。从控球时间，双方平分秋色，从射门数看，比利时 11 脚，克罗地亚 10 脚，各自打正 4 脚，也算不相上下。但如果观看比赛，比利时对克罗地亚球门造成的威胁更大——比赛确实在按照比利时人预定的方式发生了，德布劳内们努力地将球通过中场，传入禁区，喂饼给禁区内方位感觉依然出众的卢卡库，等他轻轻一蹴而就，射门得分。但是，卢卡库的跑位意识有多好，他的射门脚感就有多糟。4 个必进球，除了有一脚打中门柱，其他三脚都离奇地踢丢，那是踢出去比踢进去还难的超级大饼啊！这当然不是他的水平，而是久疏战阵带来的球感下降，他甚至连正赛都不能全部参加，遑论赛前热身。也许，他该康复得再快些，也许，比利时不该让他上场，也许——没有也许，比利时遗憾地与克罗地亚战成了平手，

DE BRUYNE
7

以净胜球的劣势被淘汰出局，成了本届世界杯迄今以来，国际排名最高的淘汰者。

卢卡库承担了所有。幸好，他不是生活在毒贩横行的安第斯山脉，而是社会相对安宁的尼德兰低地的比利时。否则，他恐怕连酒吧都不敢涉足了。但我们必须说，偶然性是足球的一部分，这一部分之大，超出我们在生活中能清晰感知结果的多数事物。因而，“最好的不一定是冠军，但冠军就是最好的”。有人说比利时是老迈的衰落者，但是，在对阵克罗地亚的这场球中，他们表现出了世界第二该有的进攻和防守，该有的战略和战术，可惜，“时运不济”“李广难封”，比利时人出局了。如果长后眼，其实比利时也不必太多遗憾。毕竟，这是本届世界杯最神奇的一个组。最终，克罗地亚和摩洛哥分别获得世界杯的第三和第四名。从这个意义上，这才是真正的死亡之组。

43

2022 年 12 月 2 日 03：00

德国VS哥斯达黎加

海湾球场

以这种哀兵的方式踢世界杯小组赛第三场比赛，对德国人而言，已经不是第一次了。

前事不远。2018 年俄罗斯世界杯，卫冕冠军德国与墨西哥、瑞典以及韩国被分在同一个小组，但他们的表现却出乎意料地差。小组赛首场 0 ： 1 不敌墨西哥，德国在世界杯赛场上首次负于墨西哥，第二场小组赛对阵瑞典，在上半场一球落后的情况下，下半场靠着罗伊斯以及克罗斯的进球，以 2 ： 1 逆转绝杀瑞典，保住了晋级希望。在最后一场小组赛对阵小组赛两连败的韩国，德国只要拿下胜利就能顺利出线，但全场占有 7 成控球时间的德国却始终破门乏术，补时阶段更是连丢 2 球，最终以 0 ： 2 落败。这是德国队史上首次败给亚洲球队。最终德国以 1 胜 2 负的战绩小组垫底，惨遭淘汰。

中国人喜欢的外国球队，在我青年时代的印象中，第一是巴西，第二就是德国。这两个队，也是迄今为止拿世界杯冠军最多的。巴西 5 次，德国 4 次。我前面曾经提到的足球技术风格的一条横轴，我觉得球迷可能也有这么一条横轴，一端是巴西，一端是德国，在巴西这一端的，喜欢艺术与浪漫，用尼采的分法，属于酒神；在德国这一端的，喜欢铁血与秩序，属于日神。我观察过，体制内困于秩序的，多喜欢巴西；而体制外耽于自由的，多喜欢德国。相对而言，男人喜欢巴西，女人喜欢德国。大概是缺什么想什么吧。所以，我以前说过：巴西是足球的另一个名字。这句话，以我个人的角度是对的，但就全体球迷而言，则另当别论。因为，足球不光姓巴，也姓德。两种风格，两种文化，互相砥砺，才是全部的足球。而且这几年，随着梅西的出世，巴西这种风格的代表，反而是阿根廷。而德国这种风格的代表，随着英超的崛起，反而是英格兰为代表。但无论如何，世界足球史上，巴西和德国，是双峰对峙，是“你有你的铜枝铁干，像刀，像剑，也像戟；我有我红硕的花朵，像沉重的叹息，又像英勇的火炬”（舒婷《致橡树》），都是不能忽略的存在。

唯其如此，德国的世界杯表现，牵动人心，我觉得可能仅次于梅西和他的阿根廷。

这一届世界杯，有人把德国所在的这个组称为“死亡之组”。我思考了一下，这种说法，其实有两个视角，一个是认为4个队，个个强，所以总有强队不免于死亡，其死亡较为惨烈，引人痛惜，故称“死亡之组”。这种视角，如同王国维言诗，属于“无我之境”。而另一个视角，是从某队来看，其他对手都强，自己难免一死，故曰“死亡之组”。这种视角，比照王国维言诗，是“有我之境”。看这个组，多数人是从日本队的角度，觉得组内西班牙和德国两大豪门，仿佛“华山论剑”一上台就遇上了黄老邪和洪七公，哪个也打不过。但如果这个视角成立，那相对于最弱的队，哪个组不是“死亡之组”？所以，以某队角度论“死亡之组”，逻辑上是有问题的。只有本组4队皆强，才是真正意义上的“死亡之组”。

按照这个思路，我对本届世界杯8个小组的每组4队的综合实力（即4队排位的平均数，可以称为“死亡度”），按照年底的国际积分进行了排队：

B　14.75（1）英格兰　美国　威尔士　伊朗

E　18.25（2）西班牙　德国　日本　哥斯达黎加

G　19.5（3）巴西　瑞士　塞尔维亚　喀麦隆

F　20（4）比利时　摩洛哥　克罗地亚　加拿大

C　22（5）阿根廷　波兰　墨西哥　沙特

D　22.75（6）法国　丹麦　突尼斯　澳大利亚

H　27.5（7）葡萄牙　乌拉圭　韩国　加纳

A　31.75（8）荷兰　塞内加尔　厄瓜多尔　卡塔尔

如果这个分法成立，让人大跌眼镜的是，看上去强弱分明的B组（英格兰、美国、威尔士和伊朗）反而“死亡度”最高，其次才是由西班牙、德国、日本、哥斯达黎加组成的E组。

我经常用国际排名来分析足球，有的人并不认同。但实际上这样分析，相对于个人的印象，往往最具准确性。把卡塔尔世界杯的8个小组按照国际积分排个名，处于各组第一名的8个队，有7队进入第二阶段，第二名的8个队，有5队进入第二阶段，而处于第三、第四名的，就只有3个队和1个队进入第二阶段。这个整齐的等差数列很说明问题吧？以这个视角看德国的命运，可能就更好理解一点。

我们回到比赛。如果以足球所能承载的悲剧命运来选择一场代表性的比赛，那么，大概就是这一场了。德国人在前两场比赛中只获得了1分，在他们参加世界杯的历史上，这可能是绝无仅有的。当然，问题出在他们与日本队的那场控球率70%，射门20∶7，但却1∶2失利的比赛。即便如此，他们仍然可以期待西班牙击败日本，这样只要他们自己能在本场比赛中击败哥斯达黎加，哪怕是1∶0这样最小的胜利，他们都可以凭借净胜球的优势，挤掉日本而出线。德国队的很多球员甚至给西班牙队的俱乐部队友打了电话，希望他们多多卖力，击败日本队，拉德国队一把。高傲的德国人需要以这样的方式来取得进步，这似乎已经是个莫大的讽刺。但西班牙人也需要胜利，如果他们输给日本，就会变成小组第二，甚至，如果德国人就像西班牙人几天前做到的一样“屠杀”哥斯达黎加，打出6∶0乃至更高的比分，西班牙甚至有可能被淘汰。不要认为德国人做不到，他们曾经以这样的比分赢过巴西啊。所以，即使不打电话，西班牙人也不会懈怠，踢了那么多年足球，他们会算账。

所以，对德国人而言，这场比赛需要制订一个更高的目标，不仅要赢，还要争取多进球。

和第一场比赛一样，德国人仍然是整场比赛的控制者。他们的控球率达到67%，射门数达到令人恐怖的26脚（哥斯达黎加只有7脚），角球数也达到了14

个（哥斯达黎加只有 1 个）。这些数据能令我们想象一场摧枯拉朽、砍瓜切菜般的胜利，但最善于用思想和行动诠释悲剧命运的德国人，仍然把这场看上去正常不过的胜利，演绎成了悲情的绝响。

刚开场，德国人就展开了猛攻。而且，在连续 3 次射失机会球之后，终于在开场不到 10 分钟的时候就依靠 10 号格纳布里的头球敲开了哥斯达黎加的防线。看上去，命运依然眷顾德国人。在上半场其余的时间内，场上仍然是德国人主攻、哥斯达黎加主守的格局。但是，德国前锋屡屡射丢必进球，也给球队的前景蒙上了阴影，毕竟，一球领先并不保险。

在顶住了德国人潮水般的进攻之后，哥斯达黎加人也开始反击了。上半场快结束的时候，他们就利用德国后卫的连续失误制造了杀机，可惜前卫 4 号富勒近在咫尺的射门被诺伊尔神勇扑出。但是，下半场第 57 分钟，还是富勒的横传球撕开了德国的防线，头球攻门，诺伊尔脱手，跟进的 17 号特赫达补射得手，哥斯达黎加居然扳平了比分。看上去，命运之舟已经偏离轨道，德日之战的剧本就要重演了。

果然，疯狂反扑的德国人陷入了“门柱迷思”。由于更为强大的进攻组织能力和更为精准的传球和跑位，他们有多次机会射门。但就在短短的 10 分钟内他们居然 3 次击中门框！仿佛他们不是在足球比赛，而是传统的击杆比赛。

而且，命运之神进一步考验了已经陷入焦虑的德国人，哥斯达黎加人利用前场定位球发动进攻，而他们的头球攻门居然鬼使神差地被德国门将诺伊尔碰入了自家的球门。德日之战的剧本至此被完美地复制，这已经是下半场的 73 分钟，如果哥斯达黎加人能够再坚持 20 分钟，日本人就有理由告他们抄袭了。而且，如果真的是这个结果，再加上同时开赛的日西之战是日本取得胜利，世界杯历史上就会出现一个神奇的结果，来自足球第三世界的日本和哥斯达黎加携手出线，而来自传统豪门的西班牙和德国被双双淘汰。

但是，德国人拒绝了这种仿佛是宿命的安排——尽管这种努力最终只是帮助了西班牙人。他们继续加强进攻，像不屈的战士一样，前赴后继地冲向敌军重兵防守的滩头阵地。当然，德国人真正令人敬佩的东西也在此刻得以显现，他们的铁血精神不是表现为疯狂、混乱和无目标的摧毁，而是极具整体性、简约性甚至抒情性的足球美感。华而不实的传控突然失去了踪影，手术刀般精准、流畅和自如的进攻又回来了，最后 20 分钟，我们仿佛回到了贝肯鲍尔和穆勒的时代，回到了克林斯曼、沃勒尔和利特巴尔斯基的时代，回到了施魏因施泰格、拉姆、克洛泽的时代。就我本心而言，我本来是不喜欢以德国为代表的铁血与秩序的足球，而宁可把足球之爱，投射到巴西、阿根廷那样的艺术与浪漫。但是，此刻我要庆幸自己放弃了睡眠，深更半夜爬起来欣赏这场足球。这是两届世界杯以来，德国队踢得最好的 20 分钟，这也是德国队在绝境中凤凰涅槃、大彻大悟的 20 分钟。在这段短暂的时光里，德国人突然找到了足球的灵感，放下了内心的执念，从而把铁血与艺术结合在一起。这一刻，日神和酒神完美地拥抱在了一起。

最终，德国人连入 3 球，反败为胜。但是，此刻，他们也听到了另一个赛场的不幸消息。和 9 天前的他们自己一样，西班牙人也输给了国际排名比他们低将近 20 位的日本队。这样，日本队就以积 6 分的战绩跃居小组第一，而同样只有 4 分的西班牙和德国只能屈居二、三位，而德国人因为净胜球的缘故，又一次被淘汰了。获得了大胜却遭到淘汰，连续两届世界杯小组未能出线，成了德国人最为悲情的命运。

但是，我还是要为德国人送上最为热烈的掌声和最为深切的敬意，为他们在跌宕起伏的命运颠沛中表现出来的高贵的进取精神。他们一直拼到了最后一刻，他们终于踢出了令人赏心悦目的足球，他们是带着胜利离开的。伟大的德国诗人歌德说过：凡不是就着泪水吃过面包的人是不懂得人生之味的。虽然我从来都不是德国的球迷，但此刻在我心目中，含泪离开的德国远远比平庸乏味的澳大利亚、不思进取的波兰和简单粗暴的瑞士，更配得上一个出线名额。我也大胆预言，到了 2026 年世界杯，将会有一个强大的德国队，不仅小组出线，而且争夺冠军。

44

2022 年 12 月 2 日　03：00

日本VS西班牙

哈里法国际体育场

这是一场神奇的比赛。当裁判员吹响全场比赛结束的哨声之时，西班牙队多数球员都呆呆地站在场地里，无法接受这个比赛结果。甚至我们可以想象，在世界各地，有多少西班牙的球迷，甚至，欧洲拉丁派足球的球迷，也是呆呆地站在那里，不能相信这个结果。

前几天，日本队以同样的比分战胜了 4 届世界杯冠军得主德国队。人们还愿意把它解释成一个冷门。所有人都有把一切意外情况拉入自己思维定式的倾向。冷门的说法是个很好的工具，可以避免做更多令人头疼的思考。当日本队意外地输给哥斯达黎加的时候，冷门者们松了一口气。你看，这就合理了嘛。但是，日本队又赢了西班牙。冷门说恐怕就遇到了问题：都是冷门，还能叫冷门吗？

我们应该承认，日本队已经变成了一支世界强队——尽管在 20 年前，中国队从来就不怕日本队，对日本队的胜率一直很高。但是，邻居翠花已经成了珍妮小姐，女大十八变啊。

从整场比赛看，日本队的足球技术，并不亚于以技术见长的西班牙队。仅仅是由于在整体实力上与西班牙人仍有一些差距，出于战术选择的原因，他们放弃了主动出击导致的高控球率，而是扎扎实实地打快速反击。尽管西班牙人占据了令人咋舌的 80% 的控球率，但他们在禁区内创造的机会，并不比日本队多。

值得注意的反而是，日本队小组赛的三场比赛，只有输给哥斯达黎加的那一场，控球率反而占优。这当然不是说控球越少赢球越多，但可以印证“没有致命一击的传控都是耍流氓”。

日本人防反的有力武器是精准的长传，当然，这个技术必须和前锋队员高超的接球能力相匹配。所以他们的反击非常犀利，天下武功，唯快不破。日本队的反击，恰恰用的是“快”字诀。当快速和质量发生冲突时，他们宁可放弃质量而坚决选择快速。因为他们清楚，当你拿好了球，对方也布好了阵。特别是在落后的情况下，他们往往就像围棋选手选择放出“胜负手”，通过快速传球把局面打乱，从而打对方一个措手不及。甚至就是在赌对方犯错误，因为在乱战中，没有谁可以一直清醒。

足球不是纺线，不需要精准到接好每一个断头。一场比赛，有时接住一个断头，你就赢了。有人说足球是一种机会主义的艺术，也有人说，足球就是试错。

这场比赛的结果，很大程度上挫伤了西班牙那帮天才小将的足球信念，他们可能过于迷信那种把球传到对方门里、让防守者干瞪眼接不到球的传控风格，不懂得拿破仑“欲知分晓，先投入战斗”的道理。日本人的足球逻辑是把球踢到对方的危险区域，然后去和对方拼抢，展开二次进攻。

这场比赛的一个争议点是日本队的第二个进球，肉眼看，球已经出了底线。但事实上，门线技术最终证实，球离出底线还有大约 2 毫米，可谓毫厘之间。但这正反映了日本足球的一种风格，机会都是抢出来的。

45

2022 年 12 月 2 日　23：00

加纳VS乌拉圭

贾努布球场

加纳和乌拉圭狭路相逢，对于加纳人来讲，这是仇人相见，分外眼红。

双方的仇恨，要追溯到 2010 年的南非世界杯。那一届，加纳队和乌拉圭队分别从自己所在的小组杀入淘汰赛，而就在四分之一决赛时，他们相遇了。比赛进入加时赛的最后阶段，加纳队在对方禁区内连续进攻，皮球飞向球门，眼看就要绝杀，情急之下，乌拉圭前锋苏亚雷斯在门线上用手将球拦下。主裁判立即红牌罚下，并判给加纳队点球。如果此球罚入，他们将晋级四强，但遗憾的是，命运的天平却悄然向乌拉圭这边倾斜。加纳队长吉安的点球击中横梁。苏亚雷斯立刻成了乌拉圭的民族英雄。点球大战，乌拉圭最终 4 ∶ 2 取胜，进入了四强。加纳人只能打道回府。

本届世界杯，加纳队卷土重来。在前两场小组赛上，他们一胜一负，但共同的是两场都是进球大战，这也从某种意义上彰显了加纳队的风格，进攻上敢于投入兵力，但防守上有漏洞。乌拉圭本届世界杯的旅途并不顺利。先是和韩国打了个 0 ∶ 0，又在与葡萄牙的对攻大战中 0 ∶ 2 败北，两轮比赛只得了一分。本组中，葡萄牙两战两胜，已经出线，加纳一胜一负暂居第二，而乌拉圭和韩国都是一平一负，后面的三队，将在第三轮争夺最后一个出线名额。三队中，加纳形势最好，他们胜了肯定出线，即使平，也会有很大概率出线。对乌拉圭来说，他们面临的是“自古华山一条路”，只有战胜加纳，而且希望韩国平或者输葡萄牙，才有希望出线。

由于这样特殊的背景，比赛从一开始就充满了火药味。双方都攻出来打，希望率先破门占据主动。第 15 分钟，加纳队在禁区内分球左路，9 号乔丹・阿尤切射门，门将扑球脱手，右路的 20 号库杜斯冲上去补射，被门将扑倒，幸运地获得一个点球。说幸运，是因为库杜斯实际上， 已经丧失了对球的控制，而守门员虽然扑倒了球员也很难看出是故意的。但令加纳人刻骨铭心的是，主罚点球的安德烈・阿尤罚出点球角度不够，被乌拉圭守门员扑了出去。加纳人又一次被点球绊了个跟头。

丧失机会者，必受惩罚。第 26 分钟，乌拉圭队在前场右路进攻，斜传禁区，加纳队两名防守队员都没有顶到，球被埋伏在禁区左侧的 9 号苏亚雷斯得到，他晃开一名防守队员，用右脚大力射门，一记贴地斩直奔球门右下角而去。守门员扑球脱手，被拍马赶到的 10 号队员德阿拉斯凯塔候个正着，头球点射入网。乌拉圭人领先了。10 分钟后，乌拉圭人卷土重来，刚刚打入一球的 10 号队员德阿拉斯凯塔在禁区左侧大力射门，球从守门员腋下飞入球门。乌拉圭人又扩大了领先优势。加纳队队员的脸上，已经呈现出了悲伤的表情。

双方易地再战，尽管各自都创造了一些射门得分的机会，但都没有攻破对方的球门。乌拉圭人取得了比赛的胜利，但是，令人悲伤的消息传来了。韩国队居然不可思议地逆转比分，以 2 ： 1 的比分战胜葡萄牙取得了胜利。这样，乌拉圭和韩国同积 4 分，韩国队进 4 球失 4 球，净胜球为 0，而乌拉圭进 2 球失 2 球，净胜球也是 0。但比较进球数，韩国多 2 个。这样，韩国队出线，乌拉圭遭淘汰。

对我来说，这也是一个悲伤的夜晚。因为，这也意味着我十分喜爱的乌拉圭前锋、梅西在巴萨的最佳拍档、可爱的“苏牙”苏亚雷斯只能谢幕了。也许他会再踢几年，但一定会离开最高级别的联赛。即使待在最高级别的联赛中，也会失去首发位置，甚至长期坐在替补席上。在世界足坛中看不到苏亚雷斯的神勇表现，是球迷深深的遗憾。这是足球的宿命，是比某个喜欢的球队不能夺冠更为深切的悲哀。因为冠军可以夺回，但人却不会再回来了。

再见，苏牙。

谢谢，苏牙。

46

2022 年 12 月 2 日 23：00

韩国VS葡萄牙

教育城球场

在韩国队和葡萄牙队的比赛开赛之前，没有人会觉得韩国能获得胜利。我自己预感韩国有可能爆冷，把这个猜测告诉了一个买彩票的朋友。过了几天，他沮丧地告诉我，要听你的就好了。他还是买了葡萄牙。

这场比赛前，韩国队形势恶劣。虽然首场比赛逼平了强大的乌拉圭，但在对阵本组最弱的加纳，他们居然输了球。现在，到了对阵葡萄牙的时候，惨淡的 1 分，强大的对手，前景怎么看也相当不妙。

葡萄牙则心态轻松。他们战胜了前两个对手加纳和乌拉圭，6 分在握，小组第一已是手到擒来。对韩国的比赛，甚至输了也不影响小组第一的结果。完全可以试试阵容，练练队伍，轻松迎战。

当然，细心的球迷自然也能想到两队交锋的恩怨情仇。比加纳和乌拉圭之间结下仇怨更早，韩国和葡萄牙的梁子是在 2002 年的韩日世界杯结下的。当时，韩国和葡萄牙、波兰、美国分在一个小组，韩国首战 2 ： 0 胜波兰，次战 1 ： 1 平美国，而葡萄牙首战 2 ： 3 负美国，次战 4 ： 0 胜波兰，第三轮，韩葡狭路相逢，谁胜谁出线。最终，主场作战的韩国队以 1 ： 0 击败葡萄牙队，导致非戈率领的球队只获得小组赛第三名，无缘淘汰赛。那场比赛中，裁判员无视韩国队恶劣的动作和不断的犯规，先后罚下了葡萄牙队的 2 名球员，其中一个就是韩国队大将李荣杓“跳水”动作造成的，也成了韩国获胜的“盘外招”。应该说，尽管当年韩日世界杯葡萄牙阵中的队员，没有一个在今天葡萄牙阵中，但他们大部分都在电视上收看了这场比赛，恶劣的记忆绝不会泯灭。

本届世界杯抽签结果出炉之后，韩国媒体也高度关注对阵葡萄牙的比赛，甚至还不忘在对手的伤口上撒盐，称：“面对韩国队，葡萄牙队应该有痛苦的记忆。想过关，葡萄牙队并不容易。”

由于双方在 2002 年的这一段公案，葡萄牙队在对阵韩国的战略选择上，就有两种可能。一种是尽遣主力出场，务求必胜，报 20 年前一箭之仇，另一种是不计前嫌，云淡风轻，只按照本届世界杯的目标来安排战术。但无论是从葡萄牙的出场阵容看，还是阵形安排，主教练桑托斯并没有把复仇确定为第一目标。阵形改打更为稳健的是 451，只把老将 C 罗一个人顶在前面，集重兵于中场，而主力前锋费尔南迪斯、费利克斯以及后防线上绝对主力迪亚斯、格雷罗都没有出现在首发名单中。显然，志在夺冠的葡萄牙似乎也深谙“小不忍则乱大谋”的古训，并不想与韩国争一时之短长。

开场后，葡萄牙的进攻还是占了上风。不到 5 分钟，老将佩佩从后场精准长传右路，2 号右边卫达洛特高速插上甩开韩国队后卫底线回传，21 号奥尔塔抢前点铲射破门，葡萄牙取得梦幻开局。此后，葡萄牙攻势依然不减，也创造了几次得分良机，但都遗憾地没能进球。韩国队也不甘示弱，屡次利用左路的突破制造杀机。第 21 分钟，孙兴慜将球传入禁区，3 号金珍洙混乱之中将球拨入大门，可惜越位在先。5 分钟后，孙兴慜开出左侧角球，葡萄牙队员解围球踢在了 C 罗的背上弹向球门，19 号金英权门前扫射将球打入。韩国队扳平了比分。

易边再战，葡萄牙队进攻势头依然很猛，可惜的是，顶在前面的 C 罗连续错失得分良机，比分始终不能改写。直到终场伤停补时，韩国巨星孙兴慜第一次展现了他的超级前锋风采。他在半场得球，带球高速突进，连续摆脱数名葡萄牙球员的纠缠堵截，杀入禁区，稍加停顿，看准时机，将球传给插上的 11 号队员黄喜灿，黄喜灿面对出击的门将，轻轻一拨，球应声飞入球门远角。韩国人反超了比分！

韩国队的这个绝杀球，可谓价值连城。由于这个进球，他们得以以 2 ： 1 的比分战胜 C 罗领衔的欧洲劲旅葡萄牙，全取 3 分。也由于这 3 分，他们力压南美劲旅乌拉圭，神奇地挤进了十六强。当苏亚雷斯们在相距不远的贾努布球场洒下痛苦的泪水时，孙兴慜们正在宏大的教育城球场激情狂欢。

这就是足球。

看到孙兴慜的长途奔袭，令人想起的是他在 2019 年 12 月 7 日英超第 16 轮热刺主场迎战伯恩利的比赛打入的那一粒精彩进球，那是上半场第 21 分钟，孙兴慜在本方禁区前沿得球，然后带球一路突进，在 11 秒的时间内，孙兴慜狂奔了将近 70 米，摆脱了 8 名伯恩利的防守队员，最终将球打进。这个球，也成为当年的世界最佳进球。与这个球比较，孙兴慜在对阵葡萄牙的这个球似乎稍逊一筹，跑动距离短了许多，射门也不是自己完成。但别忘了，在热刺的进球，是在球队 2 ： 0 领先的情况下完成的，比赛也仅仅是一场普通的联赛。而韩葡之战的进球，发生在比赛的伤停补时阶段，双方比分是 1 ： 1。没有这个进球，韩国的命运是淘汰，而有了这个进球，韩国的命运是晋级。何况，在高速带球进入禁区后，孙兴慜能够在一个最佳时机——早一点人未到，晚一点就越位，将球稳稳地传出，这并不比亲自射门来得容易。尼克松评论 20 世纪伟大人物，有“伟大的时代、伟大的国家和伟大的成就”三个标准，套用尼克松的观点，我认为伟大的进球也有三个标准：重要的场次、改变了结果和高超的技术含量三个标准。如果这样看，孙兴慜助攻的这个进球，可以当之无愧地进入本届世界杯的十佳进球，实至名归。

所以，韩国战胜葡萄牙，虽然令人惊讶，但并不是冷门。如果说 20 年前，韩国队战胜葡萄牙，还靠的是“三分天注定，七分靠打拼”，现在，他们可以自豪地说：我们完全凭借实力，战胜了葡萄牙。20 年世事沧桑，韩国人扎实地走在足球进步的路上，不快，但也不错。

我们自己的球队呢？不说也罢。

47

2022 年 12 月 3 日　03：00

喀麦隆VS巴西

卢塞尔球场

巴西能以 0 ： 1 的比分输给喀麦隆，这是任何一个粗通足球的人都无法想象的事。

一般的解释是，因为巴西前两战都战胜了对手。按照这个战绩，他们不仅肯定出线，也几乎肯定是小组第一，所以，第三场对他们已经没有意义了，因而，可以测试一下替补阵容，也让前两场不能上场的队员到场上适应一下，从而为第二阶段的比赛增加可能，磨合队伍，寻求变化，调整状态，等等。

这些都是对的，从迎战世界杯的需要看，是合理的，必要的，甚至是积极的。事实上，每个出线无虞的队伍，如法国，都采取了这种非重要比赛雪藏主力的情形。但是，巴西这次的做法是，他们完全地换了一套阵容，与他们首场对阵塞尔维亚的主力阵容相比，居然是 11 个人都换了。

当然，这并不能成为巴西输球的理由。原因本来很简单，巴西的第二套阵容，也就是完全替补阵容，也应该好过喀麦隆的主力阵容。

从比赛的数据看，巴西完全替补阵容的表现，也确实远远好过喀麦隆。他们与喀麦隆的控球率之比是 63 ： 37，射门之比是 17 ： 6，射正之比是 8 ： 3，角球之比是 11 ： 3，这些数据，完全是碾压式的。

但是，比赛结果是喀麦隆 1 ： 0 胜巴西。

在我看来，这个结果，对于巴西队而言，并非毫不重要。但是，很显然，巴西队的教练组并没有觉得这是一个问题。

我们要看到，巴西队踢了三场小组赛，取得两胜一负的成绩。与 3 个不能说很强的对手抗衡，巴西队完成了 42 脚射门，其中射正球门 23 脚，必进球（这是我观察的结果）至少在 10 脚以上，但是却只进了 3 个球。

这种进球转化率，在所有参加世界杯的球队中，即使不是倒数，也绝对不是优异的成绩。要知道，小组赛毕竟对手很弱，可以创造很多得分良机，但到了淘汰赛乃至四分之一及二分之一的比赛，随着对手愈加强大，哪里会有一场比赛有三五脚得分机会这样的好事？所以，巴西的隐忧是，尽管他们可以依靠娴熟的个人技术和出神入化的配合和跑位能力，比其他球队创造出更多射门良机，但却没有能力把机会抓住，使之变成得分。而且，不仅是替补前锋如此，主力前锋同样如此。第一场对塞尔维亚，他们有 19 脚射门，8 次射正，5 次得分良机，但只进了 2 个球。当然，这还是他们的锋线迄今为止表现最好的一次。

之所以出现这种情况，我个人觉得和他们优秀前锋太多有关。由于 9 名世界级前锋加盟，彼此之间的竞争非常激烈，这些各自俱乐部的绝对主力回到巴西，主力位置并不保险，所以，他们都憋足了劲要射门进球，这反而会导致技术动作的变形、射门时机的错失，甚至出现该传不传的情况。一个旁证是，只有内马尔在该传则传上表现正常，因为他的主力位置只有伤病才能动摇。

当然，比赛态度的松散，也恐怕是另一个原因。巴西人过于迷信自己的技术实力，因而未必愿意像阿根廷的后两场比赛那样，兢兢业业把自己置于弱队的位置上，一个球一个球地拼对方，锱铢必较，寸土必争。这看上去不够风流倜傥，但却是世界杯这样的铁血大赛所必需的。这一点，不仅是本届巴西的隐忧，也是历届巴西的痼疾。

这场以巴西人狂攻、喀麦隆死守为基本特征的比赛最终却以喀麦隆人的胜利而告终，这确实出乎很多人的意料，这也让打入一球的喀麦隆 10 号队长阿布巴卡尔一时间成了英雄。有点戏剧性的是，进球之后，他立刻脱掉上衣，满场狂奔，庆祝这一击败五星巴西的时刻。按照足球规则，对于进球后脱衣庆祝的运动员，要给予黄牌警告。我查了查，国际足联制定这一规则的缘由是担心运动员在脱衣后身上露出不该露出的政治标语、未经允许的广告和“少儿不宜”的文身之类的内容。在我看来，国际足联的这一规定虽然有点不近人情，但至少有理可循。我不太明白的是运动员庆祝的时候为什么一定要不惜以领一张黄牌为代价而脱掉上衣？有的人解释说足球进球不容易，所以要脱衣，但我仍然搭不上两者之间的逻辑链条。还有人解释说，运动员进了球就意味着比赛赢了，所以要脱了衣服，表示今天不干了。这听起来更不合情理。因为除非过去的金球制胜，其他情况下进球只是对胜利有利，还不是胜利本身。我怀疑这和人的原始本能有关，但没有证据，查资料也没查到令人信服的答案。或许可以就此受教于方家，望不吝赐教。

喀麦隆此战的功臣阿布巴卡尔这一次脱衣庆祝却承担了更大的损失。他在进球之前的比赛中已经得了一张黄牌，加上脱衣庆祝这一张，就两黄变一红，直接罚下去了。我们看到裁判员相当人性化，罚下他之前，还先祝贺了他。阿布巴卡尔显然知道他要被罚下，但他毫不在乎，我想喀麦隆也不在乎。能打入巴西一粒进球并且战胜这个强大的对手，他们估计全部被罚下也在所不惜。要知道，20 年前我们只是在一场大败中打中了巴西的门柱，就吹了好几年。按照这个格式，喀麦隆人可以吹到下个世纪。

48

2022 年 12 月 3 日　03：00

塞尔维亚VS瑞士

974 球场

对塞尔维亚和瑞士双方来说，这场比赛都显得十分关键。前两轮，塞尔维亚一平一负，只得了可怜的 1 分；瑞士情况稍好，一胜一负，3 分在握。由于小组的另两个对手喀麦隆和巴西的巨大差距，一般意义上认为，前两轮和塞尔维亚一样只积 1 分的喀麦隆形势最差，基本上是被淘汰了。所以，本场比赛成了小组第二名之争，谁胜谁出线。如果打平，则瑞士出线。

欧洲足球一直有北欧力量派和南欧拉丁派之别，地处南欧的塞尔维亚自然属于拉丁派，从他们的前身南斯拉夫队开始，他们闻名于世界足坛的，就是流畅的配合和细腻的技术，比起巴西也不遑多让。而瑞士虽然地处欧洲中部，但足球风格一直是北欧力量型的路数。在这样一场事关双方出线前景的较量中，势大力沉的降龙十八掌厉害，还是轻盈灵动的峨眉剑法高明，球迷自然拭目以待。

综观全场比赛，双方表现出来的技战术风格，竟然出奇地相似，看不出谁更峨眉，谁更丐帮。如果把双方的队名搞错了，不仔细看，也发现不了区别。其实，不仅这场比赛的两支队伍如此，所有本来处于足球风格轴线两端的队伍，都有向中点靠拢的倾向。你会发现，原先在前场总是45度传中的队伍，反而在禁区前穿插配合起来。而习惯于中路短传渗透的队伍，底线传中也绝不新鲜。足球开始流行中性美、混搭风。男孩要阴柔，女孩要阳刚，世界变得不一样了。

在博弈论中，有一种经典理论，叫作纳什均衡，在一个博弈过程中，如果任意一名参与者在其他所有参与者策略确定的情况下，其选择的策略是最优的，那么这个组合就被定义为纳什均衡。经济学术语有些复杂，其实还原到生活中，若出现两强相争的现象，纳什均衡就是双方经营性策略无限接近的过程。好比一条巷子里有两个小卖部，如果选址是无限可能的，双方一定都选择把自己的店铺开在巷子中间，紧邻在一起，而不是各把一头。这差不多就说明了何以力量派和拉丁派会逐渐靠拢。当然，纳什均衡只能说明竞争各方高度同质化的情况，如果有一方大胆创新，战术打法出现革命性变化，那就好比其中一家店铺突然打五折销售，他就会吸引整个巷子的买家，另一家如果不跟着变，那就一件东西也卖不出去了。

本来，瑞士是欧洲力量型球队的代表。但是，由于纳什均衡的作用，许多欧洲力量型的球队都逐步向拉丁型靠拢，瑞士队在这场比赛中，打得几乎和素以拉丁型打法著称的塞尔维亚一样“拉丁”，也说明纳什均衡的作用。总体看实力稍胜一筹的瑞士占据了全场的主动。整个上半场，瑞士队攻势很猛，他们在开场的第一次进攻就上演了连续三脚射门的进攻狂潮。而塞尔维亚也还以颜色，一脚射门击中了左侧立柱，惊出瑞士队一身冷汗。进行到20分钟，瑞士队20号沙奇里大力射门，球碰到对方后卫腿部后变线飞入了球门。比分改写为1 ∶ 0。但塞尔维亚人立刻还以颜色，左路进攻，一记比较典型的45度长传精准吊入禁区，埋伏在禁区的9号亚历山大・米特罗维奇甩头攻门扳平了比分。接着，塞尔维亚18号弗拉霍维奇又在禁区内抓住对方后卫的失误打入一球，塞尔维亚反而领先了。接着，瑞士队大举反攻，又分别在上半场结束前和下半场刚开场连入两球，再次反超了比分。此后，双方虽然互有攻守，但都没有能力改变结果。有趣的是，双方来来往往5个进球，都是上半场第20分钟到下半场开场，不到30分钟的时间内打进去的。

最终，瑞士队战胜了塞尔维亚，与巴西队一起挺进了十六强。

49

2022 年 12 月 3 日　23：00

荷兰VS美国

哈里法国际体育场

从这一场开始，卡塔尔世界杯开启了第二阶段的赛程，也就是淘汰赛阶段。从体育竞赛的本质看，淘汰才是硬道理。所谓竞赛，最终极的意义，就是将除了冠军之外的所有参加者淘汰出局。

从这个意义上，淘汰也是一切艺术的硬道理。所谓雕塑，就是把除了成品之外的其他部分淘汰出去。

淘汰是残酷的，但如果没有淘汰，足球就失去了意义，一切竞技体育都失去了意义。我们热爱体育，就必须理解淘汰、顺应淘汰，乃至赞美淘汰。

12 月 3 日，哈里法国际体育场草坪上的竞争双方，美国和荷兰，注定要有一个离开卡塔尔世界杯，和在他们之前已经淘汰的 16 支队伍一样。余下的 16 支球队，曾经激情欢呼并且庆祝自己的胜利。现在，淘汰的命运也悄然临近了，仿佛有一个声音在天空回响：丧钟为谁而鸣？

这是两支年轻的队伍。按照参赛的 32 支球队的平均年龄排位，荷兰队 26.6 岁，排第 21 位，美国队 25.2 岁，排第 31 位。年轻而蓬勃的生命交响，能够激起怎样的乐章？

荷兰是一个少年英雄辈出的国度。早年的克鲁伊夫，后来的三剑客，博格坎普，乃至今天队中的德佩、德容，都是少年成名，不到 20 岁便鲜衣怒马，驰骋疆场。

美国队虽然没有荷兰这样的大腕，但三场比赛下来，仍然有几张年轻而充满朝气的脸庞被我们熟知。身轻如燕的切尔西前锋普利西奇，强悍的年轻小将雷纳，只有 19 岁的右后卫耶德林，尤文图斯中场麦肯尼，巴萨小将德斯特等，都给我们留下了深刻的印象。可以预料，这样一支年轻的美国队，假以时日，必将成为一支世界足球劲旅，或者，在下届世界杯上可以走得更远。

整场比赛波澜不惊。荷兰队表现出了一种简练而不失华彩的足球风格，进攻套路如出一辙，中路渗透，分边后通过前锋和前卫的配合寻找空当，伺机传出威胁球，中路多点包抄，特别是多用如排球般的后排插上完成致命一击。他们在开场不久和上半场终场前连入两球，都是这个套路。如同武侠小说中的绝顶高手，明明告诉对手自己要这样进攻，对手就是防不住。其原因，就是出色的脚下控球技术、准确的横传和回传、多点进攻以及鬼魅般跑位的结合。美国队试图通过把节奏提起来，依靠快速跑动令荷兰的防线出现漏洞，也收到了一定的成效。但总体实力的差距显现无疑，荷兰队，确实是那个更配得上八强的球队。如果机缘凑巧，他们甚至可以走得更远。

下半场的荷兰队更加势不可当，他们几乎在每个 5 分钟的时段里都能创造出一次有效的进攻，几次攻门也都是差之毫厘。美国人虽然在防守荷兰上吃尽了苦头，但也制造了几次杀机。但他们攻入荷兰队的那一球却多少有些意外。下半场 67 分钟，美国队沿左路进攻，10 号普利希奇将球传入小禁区，埋伏在禁区内的 19 号赖特将球用脚外侧轻轻一挑，只见飞向空中的皮球画出一条诡异的弧线，不偏不倚地落入了球门的左上角。美国队扳回一球。

这场比赛结束后，我反复在录像里观看这个进球，就是想搞清楚下半场替补出场的赖特在挑球的时候，是无意中碰出了那样的角度，还是有意为之。我记得梅西在一次足球比赛中也曾经有那样一脚射门，球诡异地飞入了球网，但由于他越位在先，这个球被判无效。而且，能形成这个射门，原因恰恰是他听到了裁判的哨声，所以想轻轻一拨将球还给对手，不意竟有那样的美妙。美国队赖特这个进球，如果他确实是有意为之，那应该是一个足以进入十佳进球的好球，如果是无意中碰进去的，那就只能说他们运气不错了。我看了好几遍，确实很难判断。

美国队刚刚燃起的扳平希望很快就被浇灭了。第 81 分钟，布林德左路精确制导，急于扳平比分的美国人禁区内漏人在右路被无人盯防的邓弗里斯候个正着，一脚劲射打入远角，美国队基本失去了扳平的希望。

荷兰队取得了第一个八强席位。他们下一场的对手，将是阿根廷和澳大利亚之间的胜者。按照正常实力，澳大利亚应该阻挡不了阿根廷前进的步伐。也就是说，我们能够有机会在淘汰赛阶段看到的第一场强强对话，应该是阿根廷和荷兰之战。当年，肯佩斯带领他的队友们，正是在如日中天的克鲁伊夫手里，夺取了阿根廷历史上的第一座大力神杯。如今，如果他们的后辈再度相逢，会有怎样的表现呢？

50

2022 年 12 月 4 日　03：00

阿根廷VS澳大利亚

艾哈迈德·本·阿里球场

看到阿根廷在八分之一比赛中的对手是澳大利亚，我都替他们松了一口气。在打入本届世界杯决赛的32强中，澳大利亚按照国际排名排第28位，离倒数第一不远。如果按照 16 强来看，它就是倒数第一。因为排在它后面的厄瓜多尔、沙特、卡塔尔和加纳都已经淘汰了。即使让阿根廷自由挑选对手，它恐怕也只会选澳大利亚。

进了淘汰赛，阿根廷夺冠又旧事重提，已经知道了它八分之一的对手是澳大利亚，如果获胜，下一个对手是荷兰。看上去，荷兰才是阿根廷真正的考验。

历史上，阿根廷与澳大利亚共交手 7 次，阿根廷 5 胜 1 平 1 负。唯一的一次失利发生在 1988 年 7 月的庆祝澳大利亚建国 200 周年金杯赛上，澳大利亚居然 4 ∶ 1 大胜阿根廷。不过，那是一次表演赛，阿根廷的主力也没有全上。当然，阿根廷和澳大利亚已经有 15 年没有对阵过了，历史的数据即使说明问题，参考价值也不大。真正有意义的参考还是两队的国际排名，阿根廷排世界第 4，澳大利亚是第 42。这当然是一个巨大的差距。

这场比赛是梅西职业生涯的第 1000 场比赛，这也让这场比赛更加具有里程碑的意义。根据统计资料，当今世界比梅西出场次数多的球员，只有 C 罗和阿尔维斯。39 岁的阿尔维斯基本已经退出足坛 ，目前正应付关于性侵的官司，梅西超越他只是时间问题。但 C 罗还比梅西多 141 场，以一年踢 50 ～ 60 场的速度，追上需要 3 年。但问题是 C 罗目前还没有退役的意思，他的纪录还在继续增加。所以，这个纪录最终将在梅西和 C 罗中间产生，最终是谁，那就不好说了。

对梅西来说，带领阿根廷夺得大力神杯，是比创纪录远为重要的事情。尽管澳大利亚实力有限，但既然能打入世界杯的第二阶段，那就不能以弱旅视之。何况，阿根廷还有首战败于沙特的惨痛经历，要想不重蹈覆辙，自然要在今后的每一场比赛中打起十二万分的精神。

比赛如约而至。阿根廷基本沿用了对阵波兰时的主力阵容，一种更加突出进攻的 433 阵形。从采用这一阵形的两场比赛看，效果明显好于前两场采用的 442。除了个别位置上针对队员状态和对手特点而作出的人员调整，新阵形最大的特点就是最大限度地解放梅西。梅西看上去是中锋，但到了场上他可以是左边锋、右边锋、中锋和左前卫、右前卫、中前卫，当然，由于他更为出色的左脚，他更多地还是在右路活动，以便伺机左脚射门或者传球。可以说，在球场的右前方四分之一区域内，梅西有绝对球权，可以和区域内的任何一名队友配合，或者短传渗透、撞墙配合或者二过一，或者独自持球突破到任何一个对方的腹地，或者横向或者斜向传到两个边路，都取决于梅西在那一瞬间的感觉——他的感觉是超于思维的。这一套打法制造了阿根廷 90% 以上的威胁球，几乎令澳大利亚防守球员崩溃。第 34 分钟梅西策动并亲自操刀完成的进球也完全是这个套路。梅西主罚右路差不多和大禁区平行位置的任意球，吊入门前被澳大利亚后卫顶出，阿根廷队员得球又传向右路。这时梅西的角色就是左边锋，然后，他带球沿禁区肋部突进，传球到外线，由 20 号麦卡利斯特直传入禁区，9 号阿尔瓦雷斯心领神会地停球到梅西的突进线路上，此时，梅西就像一个标准的中锋，左脚推射，从长人林立的澳大利亚后防线的长腿森林中，瞅准缝隙打入球门死角。这是一个精彩绝伦的进球，完全体现了阿根廷新阵形的追求，还梅西以自由，激发他无限的创造力，从而让澳大利亚混凝土式坚硬而顽强的后防线顷刻间土崩瓦解。这是梅西在世界杯淘汰赛阶段打入的第一个进球，创造了新的历史。

平心而论，与澳大利亚已经参加的三场小组赛相比，这场球他们踢出了高水平。尽管看控球率、射门次数、射正次数等基本数据，他们与阿根廷还有不小的差距。但他们在防守上采取的梯次布防、中场凶悍、前锋回防的措施，也确实收到了积极的效果。由于前场抢断有力，统计攻入对方前场的次数，澳大利亚并不落后，他们只是差在前场组织有效进攻的能力实在跟不上阿根廷人的布防。斯卡洛尼的阿根廷也并非简单的技术流，他们中场的强度、硬度和韧度，与任何一个力量型的球队相比都毫不逊色。这正是我前面所说，力量型和技术型都在向横轴中心移动的道理所在。在这样一个强大中场的支撑下，阿根廷前场队员变得更加自信。率先取得进球之后，他们没有简单地把新的策略转化为稳固后方、伺机反击。他们知道，打进对方一球以后如何巩固胜利，答案不仅仅是不让对方进球，也包括自己再进一球。所以，到了下半场第 56 分钟，由于阿尔瓦雷斯和德保罗的积极拼抢，导致对方门将出球失误，被阿尔瓦雷斯偷袭得手，阿根廷人巩固了胜利成果。

但是，阵形改成 433，有一个明显的弱点，就是后防线上多多少少削弱了。很多人评论阿根廷的后防线，总喜欢说某个队员的问题，其实，阿根廷整条后防线，要论个人能力，都能够配得上这支球队的荣誉。问题在于，足球是一项典型的机会主义运动，所有的进攻和防守，实质上都是在按照自己的理解，去做最大可能性的尝试，打的是概率，抓的是机会，赢的是成功率。后卫的能力，不是单个球的防守能力，而是对方反复攻击之后的抗压能力。阿根廷改变阵形后，前场的攻击性大大加强，但后防线上承受的压力就明显增加了。这就是阿根廷总是在最后 10 分钟出现问题的原因。这一场，由于澳大利亚顽强的反扑，阿根廷队忙中出错，丢掉了一个球。当然，由于大马丁内斯的神勇，又化解了澳大利亚几次极具威胁的进攻，这才将胜利的成果，牢牢地抓在了自己手中。

51

2022 年 12 月 4 日　23：00

法国VS波兰

阿图玛玛球场

这是一场没有悬念的比赛。

在小组赛中，法国队已经显现了他们强大的攻击力。倒不完全是他们打入 6 球丢 3 球这样一个不算过于惊艳的成绩单，而是由姆巴佩、大吉鲁、登贝莱、格列茨曼等世界顶级攻击球员组成的进攻阵容，在我们关于足球的思想实验中，找不到哪一条后防线的盾能抵挡这样锐利的矛。而波兰尽管有世界顶级前锋莱万压阵，但毕竟整体实力远逊，在强手如云的法国队面前，似乎能够做的就是避免一场屠杀。

由于在对阵阿根廷队时的怯懦表现，我对波兰队十分不看好。莱万并没有拿出最好的状态，整个队伍实力平平，也没有多少进取精神。唯一的亮点就是他们的门将什琴斯尼。在小组赛上，他在对阵沙特和阿根廷的两场比赛中，都扑出了对方的点球，事实上，如果这两个点球有一个扑不出来，那么，现在对阵法国的就不是波兰，而是各方面表现更为优秀的墨西哥。

但比赛开始之后，波兰队表现出了令人眼前一亮的技战术水平。他们的后防线仍然十分富有层次，但进攻却完全不是对阵阿根廷时缩手缩脚的感觉，而是积极主动，敢于向前，进攻组合方式也颇为丰富。波兰队一度把法国打得甚是狼狈。莱万在进攻串联中的作用也更为突出，他不是像在拜仁或者巴萨那样，只想着把队友输送的炮弹送入网窝，而是积极地回撤拿球，寻求与队友连线，为队友制造杀机。他的一脚势大力沉的远射也差点洞穿了洛里的十指关。

莫非，此波兰并非彼波兰？

我突然意识到，星星还是那个星星，月亮还是那个月亮，关键看是在白天还是晚上。对阵阿根廷的时候，守平就有很大的希望出线，所以，致力于防守，不主动变阵，是最佳选择。而今天，面对法国强大的攻击力，守是守不住的，所以，不如主动打出去，如果能率先进球，就可以稳守反击，以待冷门。古人所谓“攻守之势异也”，也正是这个道理。

当然，这场比赛最终的结果，并没有按照波兰希望的走向发生。波兰人主动打出去，并没有收获进球。而法国强大的攻击力，特别是姆巴佩和登贝莱占据的两个边路，波兰人领受了令人绝望的冲击。波兰队如果不是临门一脚欠佳，以及门将什琴斯尼的出色发挥，就不可能在上半场大部分时间里力保球门不失。这种几乎整个半场的平分秋色，其实也反映了波兰战术的成功。我们看历史，虽然要“努力地回到历史现场”，但其实，即使专家也总不免犯“归果为因”的错误，即不是有其因必有其果，而是有其果必有其因。顺着历史事件的结果，总结几条规律，以为这就是历史的必然。殊不知，败者自有败者的道理，他的选择，虽然没有导致最终的胜利，但是，在特定历史背景下，那就是最好的选择。

姆巴佩和大吉鲁在上半场结束前的一个天才连线，消解了波兰的智慧努力。而下半场，姆巴佩又贡献了两脚出神入化的个人射门表演。一度，我曾经认为姆巴佩速度快突破能力强也有之，精准的脚法则无之，看来，我还是低估了这个已经被无数人膜拜甚至封神的年轻人。他在禁区左路右脚兜射，打出的弧线，比内马尔、库蒂尼奥有过之而无不及，堪比梅西在对称位置的成就。就是他在几乎同一位置的两脚脚法控制一流的射门，彻底打消了波兰人创造奇迹的念想。平心而论，他们应该输得心服口服。

当然，在临近结束的时候，世界杯之神显现了它温馨的一面。差不多最后一分钟，波兰人下底传中，球碰到了一名法国球员的手臂，裁判员毫不犹豫地判罚了点球。其实，看重放的慢镜头，这个点球可判可不判，当然，也完全可能是这次引入的 VAR 作出了判罚。总之，莱万站到了点球点前，他在踢球前的一刹那有一个明显的停顿，其实就是想提前诱使守门员移动。而门将的确先动了，但遗憾的是，球没有进，被法国守门员洛里神奇地扑住了。但是，裁判员毫不犹豫地将手再次指向了点球点，因为洛里提前移动了。重罚，球射向了另一端，进了。这次，洛里仍然提前移动了，但裁判毫无表示，示意进球有效，比赛就此结束。莱万，这个伟大的球星踢完了他参加世界杯的最后一脚射门，球进了。或许，这就是这个裁判员最善良的期许。

终归，如果不是内心深处的那一丝浪漫情怀，我们为什么要喜欢足球？

52

2022 年 12 月 5 日 03：00

英格兰VS塞内加尔

海湾球场

从某种意义上讲，这场比赛是英格兰一队对英格兰二队的比赛。看塞内加尔的主力阵容，一多半队员都在英超效力，如果加上因伤不能出战的前曼城主力前锋马内，塞内加尔的英超气息就更浓了。所以，如果你没有倾向性，那么就把这场球当成一场英超的比赛来欣赏吧。比如利物浦对曼城，或者阿森纳对曼联，抑或是热刺对莱斯特城，均无不可。

英超是世界上最好的足球联赛，也许有人会说是西甲，我觉得他说得也对。其余的欧洲联赛，如意甲、德甲和法甲，就“略输文采”，别的国家的就“稍逊风骚”。其他大洲的联赛，那就更是“只识弯弓射大雕”了。

在我看来，英超体现了现代足球最完整和真实的样貌，无论是对足球技术精益求精的追求，还是对战术打法日益的丰富和完善，尤其是在快速传递和激烈拼抢之间微妙的平衡，都体现了一种最为先进的足球理念。我们说，五大联赛各有千秋，但英超的风格可以涵盖西甲、德甲、意甲和法甲。30 年前，我们迷恋意甲，后来德甲也曾占据过我们短暂的关注（不过，那很难说是因为足球本身还是杨晨）；20 年前，我们开始迷恋西甲，那里有皇马和巴萨，有齐达内、贝克汉姆、小罗乃至梅西、小白哈维，等等；但 10 年前，我们就开始迷恋英超了。在一个球迷聚会的场合，如果对英超不甚了了，那是要被驱逐出场的。

吊诡的是，英超虽然独步江湖，但英格兰在世界杯上却始终不温不火。自从 1966 年英格兰队在本土夺得世界杯，他们就好像心满意足地退居二线了，从那以后的 13 届世界杯，英格兰队 3 次预选赛就被淘汰，2 次小组未出线，2 次八分之一淘汰，4 次四分之一淘汰，只有 2 次打入半决赛，但从未再进过决赛。其他三个兄弟，苏格兰、北爱尔兰和威尔士，成绩就更差。在这段时间，欧洲诸强如德国、意大利、西班牙、法国、荷兰等，战绩都好于英格兰。有人说英国分成四个协会参赛分散实力影响了英国的战绩，但荷兰的国土面积和人口都比英格兰小，但成绩却比英国要好，至少进过决赛。所以，分散说不太成立。

那么，为什么英格兰有世界上最好的联赛，却不能取得世界杯最好的成绩呢？

我的答案是，回顾 30 多年来足球的历史，凡是一个国家有最好的联赛，它就会有最好的世界杯成绩。所以，当我们最欣赏意甲的时候，意大利国家队也是世界上最好的球队。当我们开始转向德甲的时候，德国国家队也就成了世界上最好的国家队。后来，随着西甲和法甲的崛起，西班牙和法国也相继获得了世界杯。因而，尽管英格兰本届没有取得冠军，甚至被法国阻挡在了四强之外，但假以时日，他们一定会取得更为理想的战绩，甚至重新夺取世界杯冠军——也许就是下届。

简单地说，我的观点就是，一个国家想要有好的世界杯成绩，就该有一个好的国内联赛。国内联赛水平越高，国家队成绩也越好。当然，两者可能不是同步的，但必然是严格意义上正相关的。

这个道理也可以解释亚洲的事情。韩国、日本乃至沙特、伊朗为什么世界杯上不断进步，根本原因是国内联赛水平越来越高。而反过来，中国足球为什么水平始终上不去，就是因为我们的联赛搞得支离破碎。

不说中国了。回到球场，我们开始欣赏这场世界杯层次上的英超大战。

正因为塞内加尔球员基本都有以英超为主的欧洲联赛经验，当他们与以英超球员为主体组建起来的英格兰交锋的时候，既不是“非我族类其心必异”，也不是“虎

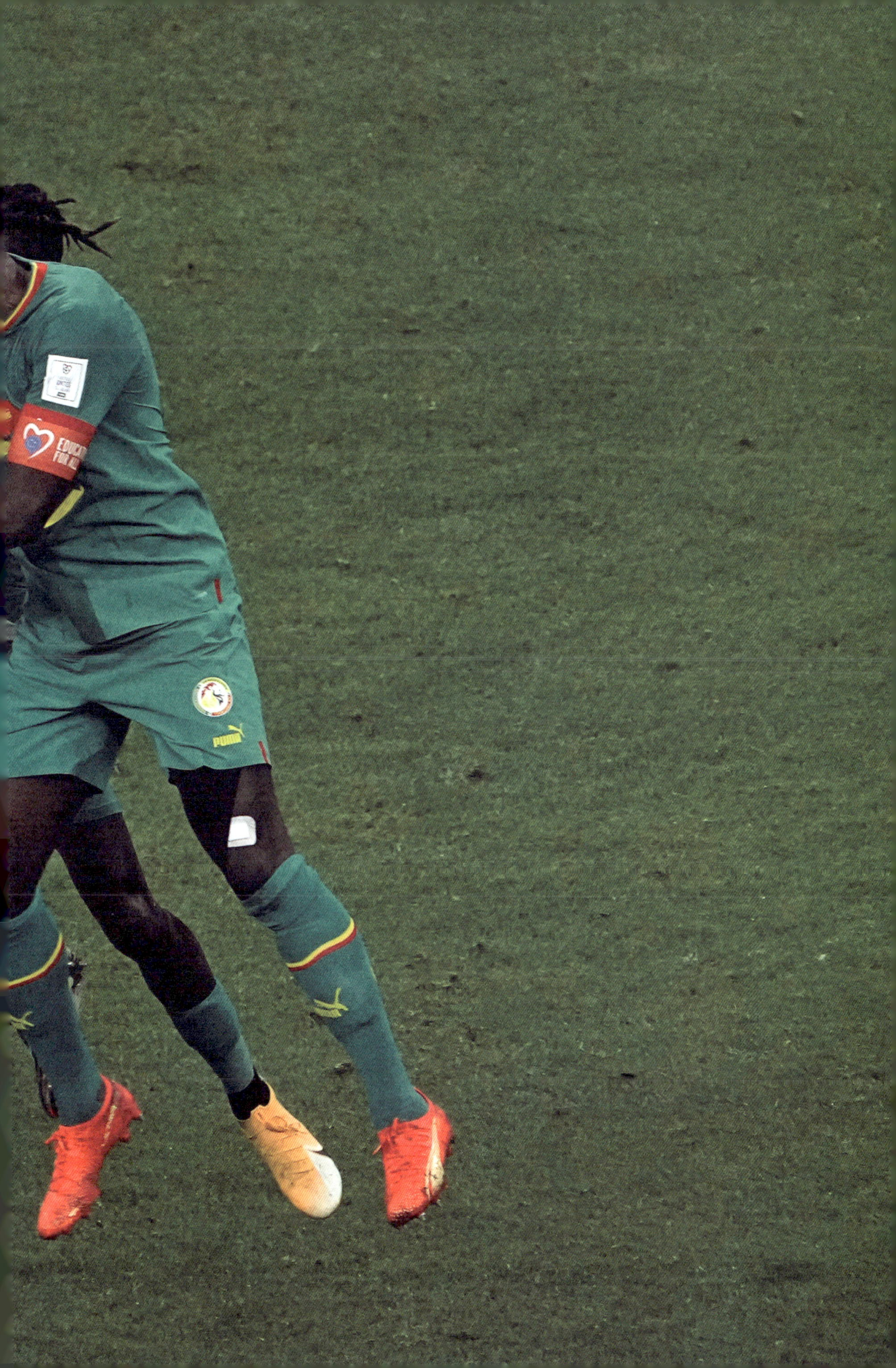
PUMA

见之，庞然大物也”。在塞内加尔球员看来，英格兰固然实力不凡，但毕竟也在一个联赛中摸爬滚打多年，谁也知道谁的底细，谁也不会被谁吓到。因而，他们甫一交手，便真刀真枪地干了起来。双方皆有不少黑人球员，厮杀在一起，技术类似，肤色相近，连进攻套路也颇为眼熟。一时间，竟分不清谁是英格兰，谁是塞内加尔，仿佛孙猴子碰上了六耳猕猴。

当然，毕竟英格兰久经沙场，在顶住了开场半个小时塞内加尔潮水般的进攻之后，他们的英式打法开始显出威力。这里所说的英式打法，并非传统意义上的长传冲吊，而是集精准长传、短传渗透、边路下底、中路突破、快速防反、肋部穿插、高位逼抢等技战术风格为一体的全攻全守，是建立在个人技术和团队配合高度默契基础上的流畅进攻和立体防守。在所有参加世界杯的 32 支队伍中，英格兰队的技术和意识是最全面的。我甚至相信，如果把队员的个人能力和团队的配合意识进行专家打分，排名第一的队伍一定是英格兰队。实际上，他们也是最具冠军相的球队。

进球终于来了。上半场 38 分钟，经过左路连续数脚一脚出球的短传配合，由 22 号贝林厄姆在防守队员的人缝中精准传球，9 号亨德森拍马赶到，右脚将球射入球门。英格兰取得了来之不易的领先。接着，在上半场的伤停补时阶段， 英格兰又利用塞内加尔急于扳平比分大举压上的状况，又是 22 号贝林厄姆断球后迅速带球疾进，连过 3 名防守队员后将球分给左路跟进的 20 号福登，福登一脚出球传给右路跑出空当的 9 号凯恩，凯恩看准空当，拔脚劲射打入了第二球。整个反击用时不到 10 秒，参与接球者也就 3 个人，就以迅雷不及掩耳之势取得了进球。

这个进球，从断球到反击，从突破到分球，从横传到射门，几乎涵盖了现代足球所要求的一切技术、战术和意识，反映了英格兰队全面完整的个人能力和团队意识。

下半场比赛稍显平淡，塞内加尔两球落后，想攻则忌惮英格兰的反击，想守又必输无疑，全队的攻防体系出现了某些混乱，进攻不够坚决，也就没能像上半场那样创造出较高的得分机会。英格兰也不紧不慢，在又一次左路的突破后，由 20 号福登肋部突进传中，小将萨卡抢在后卫之前左脚射门，将球打入球门远角。3 ： 0。英格兰只用了不到 60 分钟就锁定了胜局。剩下的时间，虽说双方来来往往，但胜利的天平已经明显倾斜，纵使塞内加尔使尽浑身解数，也不能动摇半分了。

看对阵表，英格兰和法国将在四分之一的比赛中对阵。如果说这场比赛是提前上演的冠亚军决赛，也绝不夸张。再联想起中世纪漫长的英法百年大战，突然就对这场比赛充满了期待。在中国，英格兰和法兰西都有不少球迷，现在，他们狭路相逢，无论如何有一支球队要离开，这就不由得让人酸楚起来。有时候，世界杯就是一场盛大的烟花表演，每支队伍都蹿上天空，燃烧自己，点亮我们，构筑美好到令人叹息的一瞬。然后，就消失在黑沉沉的夜空之中。念头及此，心中一时竟有些伤感。

其实，即使是想到刚刚被淘汰的塞内加尔，也是一样的感慨啊。

53

2022 年 12 月 5 日 23：00

日本VS克罗地亚

贾努布球场

日本队以点球决胜失败的方式离开世界杯，是他们最体面的方式。假如他们走得更远，也不会有人再说他们是黑马了。正如我们现在再不会说，克罗地亚是黑马。而当上一届世界杯克罗地亚一路狂奔打入决赛的时候，确实有人把他们称为“最黑的黑马”。

在世界杯的历史上，有过非欧美球队战胜豪门国家球队的历史，但还从来没有一个国家的球队，在一届比赛中连胜两大豪门。这个冷门太冷，或许该叫作“寒门”。这匹黑马太黑，或许该叫作“黑洞”。

但他们又输给了远远算不上豪门的突尼斯，仿佛他们不是来比赛的，而是来编撰离奇故事的。

所以，这场比赛可以被恰当地描述为“新老黑马之争”。八分之一并非日本人心中的终点，他们渴望继续前进。克罗地亚呢，也许他们在梦想着夺冠。上届就是亚军，你觉得他们的标尺应该定在哪里？

从小组赛表现的实力看，双方基本在一个水平线上。日本队 2021 年底的国际排名排第 23 位，克罗地亚在第 16 位，差距并不大。

整个上半场，日本队多少占据了一点主动。这得益于，比起克罗地亚，日本人速度更快。对足球比赛有所了解的人都明白，速度是足球比赛的重要制胜因素，水平越高的球队，速度越快。一般而言，所有的球队都希望打快，即使有些拉丁派的球队，如巴西，在前场倒脚，速度似乎不快，但一旦发现空当，就会立刻提速，所谓“静如处子，动如脱兔”是也。当然，足球比赛不是田径比赛，速度不是想快就快得起来。有的人不带球百米可以跑 11 秒，但带上球，速度就起不来，或者一快就丢球。同样，打传切配合，能不能快更是不取决于跑的速度，而是传球的准确性和跑位的合理性。许多强队可以多次一脚传球，皆能准确到位，正是快速的缘由。我们看着眼花缭乱的配合，其实核心就是运动员在对抗状态下的传接球和带球跑能力。日本队之所以能把速度提起来，不是领导动员大家群情激愤热血沸腾的缘故，而是他们具备在比赛需要的前提下提速的技战术能力。这非一口之功，而是多年来在联赛的激烈对抗中形成的。我们看日本队比赛，常常感觉场面混乱，或长或短，或前或后，或左或右，猜不到他的路数，其实他们乱虽然乱，确有出色的技术和意识作保证，所以每每有出奇之处，正是古人言“法无定法”之训。

上半场临近结束，日本队率先进球。这个球，是一个典型的禁区内抢第二点破门的范例。日本队开出战术角球，经过右路几脚传递，由 8 号堂安律传入禁区，日本队 22 号吉田在双人包夹中非常机敏地抢到落点横传给中锋 25 号前田大然，后者近距离劲射，洞穿了克罗地亚的球门。这一系列的配合之中，最为困难的是吉田的横传，他是在对方的强力防守中依靠出色的技术抢到了这个落点，可以说是表现了世界级的水平。

这是他们本届世界杯以来，第一次先进球。按照本届世界杯日本人的参赛规律，他们一直是丢球以后组织反击的局面，现在很早就领先，反而乱了方寸，这次不是天下大乱达到天下大治，而是真乱了。很多队伍都是领先了不会踢，心理状态是想赢怕输，根子还是不自信。倘是真正的强队，进了头一个，第一反应是还要进第二个，诉诸行动，必然是原来怎么踢，现在还怎么踢。但如果对自己信心不足，落后可还好说，拼就是了，领先了，就如穷人突然有了很多银子，不知道该怎么花，又怕别人偷了去，所以反而缩手缩脚起来。

大约也是因为失球在先，反而心无顾忌的原因，克罗地亚在下半场逐步占据了主动。他们不仅通过 55 分钟佩里西奇的一记刁钻的头球扳平了比分，也在整个下半场对日本队的球门形成了有力威胁。直到进入加时赛，日本队才如梦初醒地投入进攻，但由于双方在常规时间体力消耗较大，谁也没有再次改变比分。这也成就了本届世界杯的第一场点球大战。

从场上表现看，日本队球员的个人能力，丝毫不亚于克罗地亚。但令人惊讶的是，日本队前两个点球，居然都没有罚进，而与之相反，克罗地亚的前两个球，都顺利罚入。虽然日本队罚入了第三球，克罗地亚第三球未能罚入，但日本第四球又罚丢，而克罗地亚罚入。这样，比赛就此结束。克罗地亚成了继荷兰、阿根廷、法国、英格兰之外，第五支进入四分之一决赛的球队，日本队则遗憾地告别了世界杯的舞台。

日本队三个点球都没有罚进，原因是多方面的，克罗地亚超级门神利瓦科维奇的精彩表现是重要因素。但是，日本队的三脚罚球，或者角度太正，或者缺乏隐蔽性，也是罚球不进的原因。从中可以看出，日本队员在罚球时，心理负担明显重于克罗地亚队员。此前的世界杯舞台上，日本队曾经 6 次进入决赛阶段，其中 3 次淘汰，3 次进入十六强，但从未进过八强。这次以小组头名闯入第二阶段，遇到的是相对而言实力不强的克罗地亚，他们便有了创造历史的信念。正因为背上了这个沉重的包袱，他们到了点球大战便不免心存渴念。这也导致了技术动作完全受到抑制，最终导致了失败。其实，单看球员个人能力，日本队已经有了和任何强队相抗衡的资本。但由于入行尚晚，底蕴不足，他们通向足球更高山峰的道路，依然“道阻且长”。

但无论如何，日本已经走到了我们望尘莫及的绝远之地，是临渊羡鱼，还是退而结网，留给我们的时间好像也不多了。

54

2022 年 12 月 6 日　03：00

巴西VS韩国

974 球场

兵不血刃的巴西，又继续前行了一步。这一次，成为巴西背景板的，是韩国。

韩国一直是亚洲足球力量型的代表，球风硬朗，对抗激烈，整体性强。如果把所有的历史成绩都算上，韩国毫无疑问是亚洲的老大，无论是参加世界杯的次数，还是取得的最好成绩，都傲视亚洲群雄。尽管他们在 2002 年世界杯上取得的最佳战绩有些猫腻，但毕竟球还是一场一场踢出来的，别人骂归骂，谁也没说不算。上一届世界杯，他们未能小组出线，但在最后一场战胜了欲图卫冕的德国队，也算一战而惊天下。毕竟，德国在拿 2014 年巴西世界杯冠军的时候，是 7 ∶ 1 血洗东道主巴西，又战胜了梅西领衔的阿根廷，才夺了冠军的，可谓当时的江湖第一高手。本届世界杯，韩国队又在最后一战中战胜了 C 罗压阵、强将如云的葡萄牙，也算兵势正盛。

但遗憾的是，韩国遇上了巴西。其实，从头一场平乌拉圭，第二场输加纳，他们最好的结果也就是小组第二，而且，这也是个小概率事件。如果以实力评定，我宁可希望拥有苏亚雷斯、卡瓦尼等超级巨星的乌拉圭出线。但韩国顽强地击败葡萄

17
KFA

牙，生生把自己从死人堆里拉了回来。如果他们在前两场能胜一场，夺得小组头名，就会碰上更好打的瑞士，没准还能再往前走一步。

而虽然碰上实力远逊的韩国，巴西也是尽遣主力出线。毕竟，这是淘汰赛。一旦有所闪失，那就万劫不复。

韩国队依然是以凶狠的逼抢来限制巴西的进攻，这是他们最为熟悉的战术。我第一次听到韩国的这一战术是 1986 年的墨西哥世界杯，那时我还是一名大学生，学校没有电视可看，我们只能结伙去学校对面的一个工地，那里的工友有一台电视机，但他们要看《射雕英雄传》，不同意我们换台。后来我们凑钱买了两包良友牌香烟送给工头，他们才勉强同意我们看看足球。当时，解说足球的央视主持人是宋世雄老师，我能记住他不止一次说的一句话是：南朝鲜队的队员像伐大树一样把马拉多纳伐倒在地。所以，我那时就知道南朝鲜（后来叫韩国）的足球风格是极为凶悍的。由于对马拉多纳近乎崇拜的喜欢，南朝鲜这种凶悍在我看来就是野蛮和无耻。当然，我今天不这么看足球了，但这并不代表我对球风粗暴的球队有多少喜爱。

巴西人技术能力之所以出众，就是他们有办法对付这种凶悍的逼抢，说来也简单，可能其他技术型球队也是如此，那就是快速腾挪，快速转移，让那些逼抢、铲断、冲撞乃至拉扯、绊腿都慢半拍。巴西乃至阿根廷的那些超级球星都有这样的闪躲能力，虽然不是次次成功，但至少能够保证高成功率。巴西队的第一个进球正是如此，还不到 7 分钟，拉菲尼亚就在右路闪开韩国后卫的凶狠逼抢，完成了传中，球被分到右路，还不到 20 岁的皇马前锋维尼修斯无人防守，接球后冷静施射，球画出一道弧线飞入了韩国的网窝。巴西队进的其他几个球也差不多是如法炮制，他们在韩国的禁区前沿辗转腾挪，一次次地过人和短传渗透，令稍显笨拙的韩国人疲于奔命。尤其是里沙利松打入的第三球，几乎和他在对阵塞尔维亚的时候打入的倒钩射门同样精彩，因为这个球几乎具备了精彩入球的一切美好：漂亮的头顶颠球过人，巧妙的传切配合，致命一击式的直传，以及闪开门将的单刀。动作有些僵硬的韩国人无法依靠防守阻止巴西人进球，又不能依靠进攻促使他们减少进攻的压力，只能一次次地从自家的球门里捡出皮球。上半场还未终场，他们已经 4 球落后。看来，一场屠杀即将发生。

对韩国人来说，值得庆幸的是，巴西人觉得进球已经足够，他们可能已经开始想下一场如何对付克罗地亚人了。而下半场，被按在水中几乎窒息身亡的韩国人好像突然被放开，他们浮出水面大口大口地呼吸，恢复了体能和智慧。不再快速进攻的巴西虚与委蛇，连续换人，似乎只想维持目前的结果，终于，韩国利用远射的机会打入了扳回颜面的一球——这是非常漂亮的一个世界波，和巴西人本场攻入的第一球、第三球一样，有资格参与本届世界杯十佳进球的评选。

2022 年 6 月，巴西和韩国还进行过一场友谊赛，结果是巴西 5 ∶ 1 获胜。当时，估计巴西人和韩国人都没想到双方会在八分之一决赛中相遇，也许，虽然想到了，但拗不过资本的力量。无论如何，两场比赛的结果，都反映了韩国和巴西存在的巨大差距。我感觉到，这种差距，不完全是实力的差距，而更像是相生相克那样技术风格之间的差距，换言之，可能韩国这样硬朗而略显僵硬的球队，最怕的就是巴西这样随性写意的风格。这一点，其实值得足球理论家们关注。

随着韩国的出局，亚洲球队（也包括澳大利亚）就全部走完了自己的世界杯之旅。最终，亚洲球队的答卷是：6 队参赛，共计踢了 21 场比赛，取得了 6 胜 3 平 12 负（日本和克罗地亚的八分之一赛按照平局计算）的成绩，日本、澳大利亚和韩国打入淘汰赛阶段，但也皆是一轮游。与其他大洲相比，应该是比欧洲和南美差，与非洲大致相当，而略强于北美的格局，相比之下，由于战胜德国、西班牙、葡萄牙三大高手，亚洲的球队在本届世界杯上获得了惊人的成就，也充分地表现了自己的进步。从中，我们也看出了中国足球的巨大差距，不是对欧美，而是对亚洲。可以料想，如果没有大的作为，中国足球在下一届世界杯上也难有作为，即使世界杯再次扩军也是如此。用 10 年甚至更长的时间，谦虚地向韩国、日本学习，正视差距，找准目标，杜绝毕其功于一役的短期行为，尽量避免来自非足球专业的干扰，扎扎实实做好联赛，多选派年轻人到欧洲闯荡，或者才是中国足球的自新之道。

55

2022 年 12 月 6 日　23：00

摩洛哥VS西班牙

教育城球场

这场比赛的结果，是八分之一决赛 8 场比赛中唯一的冷门。但细细地想，其实也不能算是冷门。

西班牙与摩洛哥对阵，很多人认为是一个阴谋的结果。世界上有一种源远流长的社会现象，总是认定重大事件背后一定有不可告人之阴谋诡计。对西班牙队的阴谋论断，源于他们输给日本的这场比赛。人们推断，西班牙的实力远在日本之上，而之所以输给日本，是因为他们认为获得小组第二要比获得小组第一更加有利。因为按照赛程，他们所在的 E 组，在淘汰赛中将与 F 组的前两名交叉对阵，而早于他们一天，F 组的头两名已经产生，普遍认为实力处于比利时和克罗地亚之下的非洲球队摩洛哥非常意外地夺得了小组头名，克罗地亚位居次席，而公认实力最强的比利时反而被淘汰。这样的情况下西班牙就可能控制自己在 E 组的名次，或者战胜日本夺取小组第一去对阵克罗地亚，或者输给日本夺取小组第二去对阵摩洛哥。显然，阴谋论者扬扬得意地认为，西班牙队选择了后者，把日本队推上小组第一去打更不好对付的上届亚军克罗地亚，自己则去对阵地中海一水之隔、更容易对付的摩洛哥，这样做还有一个好处就是顺手把有可能对自己冲击冠军形成威胁的德国队送回老家。而更大的利益，则是八分之一比赛胜利以后的对手，赢得小组第一，即使赢了克罗地亚，下一场也是虎视眈眈的头号冠军赔率巴西队，获得小组第二，赢了更容易对付的摩洛哥，下一个对手也极有可能是伊比利亚半岛的邻居，比巴西好打得多的葡萄牙。

据社会学理论，一个典型意义上的阴谋论一般都有三个特点：一是“损人利己”，二是“故意欺骗”，三是“合谋操纵”。必须同时满足三个条件才符合阴谋论的观点。对西班牙想象中的阴谋，显然符合这三条中的第一条和第二条，第三条虽然有些牵强，但阴谋论者通常具有武断和独断的非凡气质，他们说有合谋，那就可以断定，日本和西班牙的比赛，一定是商量好的结果。

其实，在本届世界杯上，随着比赛的进程，阴谋论从来就不曾缺席。揭幕战取消厄瓜多尔的进球，是阴谋。阿根廷几乎每场都有一个点球，是阴谋。连有些球员对卡塔尔劳工问题的抗议和伊朗球员对国内女性权利的维护，也是阴谋。在阴谋论者看来，这个世界抛开表象，全是阴谋。

从本质上讲，阴谋论是一种不科学的认知方式，这一点不因其具有广泛的传播性和吸引力而有所改变。从传播的角度来说，一个好的阴谋论，一般具有以下优秀素质：一是拥有一个抓人眼球的基础设定：最常见的是“未知”和“神秘”以及它们带来的“恐惧”。二是给“相关势力”一个有力的动机。三是必须有一个神秘组织。四是利用部分事实作为材料的组成部分。五是要有“坏人”，“坏人”总是与大多数人的立场相悖。你看，关于世界杯上的情况，完全符合阴谋论的经典定义。

事实上，阴谋论之所以言之不成理，不仅因为其通常与事实相悖，也每每不合逻辑。就拿西班牙与日本的比赛来说，西班牙要放水日本，或者与日本打默契球，还存在着出不了线的隐患。他们大胜喀麦隆，平德国，净胜球是 7 个，输给日本，净胜球变成了 6 个，德国呢，首场负日本，第二场平西班牙净胜球是负一，但是，谁能保证德国不以 8 球甚至以上的结果战胜喀麦隆？他们可是 7 ： 1 赢过巴西的球队啊。如果真的这样发生，那西班牙不是成了千夫所指的蠢货？

所以，阴谋论之不靠谱，由此可知。在波谲云诡、枝节横生的世界杯出线格局中，没有谁能“密谋于暗室，点火于基层”，做整个小组乃至整个赛事的操盘手。这件事，一个球队做不到，国际足联也做不到。

至于西班牙更喜欢打摩洛哥还是克罗地亚，这个问题恐怕只有西班牙队自己，在特定背景下客观分析才能知道。论综合实力，无论摩洛哥还是克罗地亚，都在西班牙之下。即使西班牙在此之前输给了日本，也绝不意味着西班牙整体实力在日本之下。如果有可能，让同样的阵容连赛 10 场，恐怕还是西班牙要多胜几场。为什么全世界每个国家最高水平的赛事都是联赛而不是效率更高、过程更刺激的杯赛，正是因为这种连续作战、两两交手的赛制，更公平，更合理，也更能检验球队整体的实力。世界杯第二阶段以淘汰为赛制的基本特征，一方面是为了提供更具刺激的观赏效果，另一方面也是不得已而为之，因为如果 32 个队大循环，那两年时间也比不完。比到最后，球员累死，观众烦死。因而，世界杯必有偶然，必有意外，必有冷门，也必有黑马。

在摩洛哥更为细腻的防守体系和技术之下，西班牙那支能够连打喀麦隆 7 个球的锋线，在本场比赛中彻底哑火。可能的因素还包括，他们输给日本队而形成的怨气急于排遣，在对摩洛哥的比赛中过于急躁，丧失了一些本来可以处理得更加细腻和准确的机会。也许，与摩洛哥这个地中海对岸的小兄弟打成平手，让这个老大帝国心态失去了平衡，以致在急需要稳定和安静的点球大战中屡屡犯错，输掉比赛。尽管我们也遗憾地认为西班牙的衰落是长期以来雄霸足坛的传控足球的衰落，但就这场球而言，只是一场球而已，不管它有多么重要，它也只是一场球。既不是西班牙从此衰落的风向标，也不是摩洛哥从此跃居西班牙之上的里程碑。我们看到，以加维、佩德里为代表的一批年轻人不仅正在成长，而且已经挑起大梁，假以时日，有加维佩德里们在，西班牙仍是世界强队。

56

2022 年 12 月 7 日　03：00

葡萄牙VS瑞士

卢塞尔球场

葡萄牙和瑞士的比赛，最后定格在 6 ∶ 1。淘汰赛阶段的比赛，打出如此高的比分，几十年来的世界杯上，大约也只有 2014 年巴西世界杯东道主输给德国队的 7 ∶ 1 可比。看国际排名，葡萄牙排第 8 位，瑞士排第 14 位，差距绝非悬殊。但何以比分差距竟然如此之大?

近些年，在若干次重大国际比赛中，也经常会出现这种实力水平相当的球队，意外地打出高比分，且一方碾压另一方的情况。在俱乐部比赛中，过去经常打出高比分的球队是巴萨，在西甲联赛中经常出现 4 ∶ 0、5 ∶ 0 乃至 5 ∶ 1、6 ∶ 1 这样令人咋舌的高比分，在欧冠赛场上，他们也曾赢巴黎 6 ∶ 1，但也曾经客场输巴黎 0 ∶ 4，输拜仁 2 ∶ 8，输利物浦 0 ∶ 4。似乎巴萨总是带有一种“不上天堂，便下地狱”的决绝气质，与 1 ∶ 0 主义格格不入。观察这些高比分，一般来说有两个特点：输球一方，通常都是客场；比赛双方，技术风格往往差别很大。如果稍微研究得细致一点，通常是力量型的球队，在同等条件下能抑制住技术型球队的发挥，因为技术型球队在遇到特别强烈的拼抢对抗时，往往会因技术动作变形，导致传切配合打不出来，技术就失去了意义。巴萨常常输拜仁，就是这个道理。联想起苏联在 1990 年打喀麦隆 6 ∶ 0，俄罗斯在 2018 年赢沙特 5 ∶ 0，也是这个原因。当然，反过来看，如果一个技术流球队由于战术打法的合理配置，从而形成了特别流畅自如的战术组合，打出如“万花丛中过，片叶不沾身”式的进攻组合，那样，力量型球队相对笨拙、僵硬、缓慢的毛病就会暴露无遗，这样，技术型球队也完全可能对力量型球队形成碾压，从而形成高比分。

本届世界杯上，先后出现了 4 场高比分。先是英格兰以 6 ∶ 2 战胜伊朗，接着，是塞尔维亚平喀麦隆的 3 ∶ 3，再就是西班牙赢哥斯达黎加的 7 ∶ 0，以及本场葡萄牙胜瑞士的 6 ∶ 1。其中英格兰胜伊朗，有技术流胜力量型的因素，但总体上看还是实力差距使然。西班牙胜哥斯达黎加，恐怕也是实力的因素占主导。塞尔维亚和喀麦隆，虽是高比分，并没有形成碾压，这是另外的特征。只有葡萄牙和瑞士这场比赛，是典型力量型和技术型之间的较量，也是技术型通过流畅配合碾压力量型的经典一战。而处于对面的，正是 2014 年世界杯德国在巴西战胜东道主的 7 ∶ 1。

说这场球经典，是因为葡萄牙打出了极其流畅的前场组合，正好克制了瑞士队后卫线个子高但转身慢的特点。由于 C 罗没有首发出场，球队的前锋乃至前卫线减轻了要为巨星传球或者围绕 C 罗来组织战术的压力，可以自如地边路突破，突破后传中，反切或者自己射门，都没有太多的顾忌。这样这批个人技术出众的球星反而呈现出一种自由奔放的气质，屡屡以良好的个人控球技术和短传渗透打瑞士队的身后，甚至在三人包夹中也敢于从容起脚，从而很快就打开了局面。比赛中，连 39 岁的老将佩佩也冲到对方禁区头球抢点（那可是 C 罗的拿手好戏），创造了本届世界杯最高龄得分运动员的纪录。最具说服力的是年轻小将拉莫斯，前三场只获得了不到 10 分钟的上场时间，而本场比赛首发出场，连中三元，实现了本届世界杯的第一个帽子戏法。这是葡萄牙踢得水平最高、场面最好看、进攻最流畅的比赛，恰恰是第一个 C 罗没有首发的比赛。当然，我不是说，C 罗已经成为全队的累赘，而是说，他的状态已经严重下滑，但 C 罗自己似乎并没有意识到这一点。整个葡萄牙，阵容齐整，高手云集，但缺少一个如何调适 C 罗和全队前锋线、前卫线配合问题的方案。C 罗在场上，一切的技战术安排就要围绕他的风格来展开，在他的鼎盛时期，这确实是葡萄牙大杀四方的利器，横扫一切的打神鞭，但随着 C 罗状态的下滑，他的速度变慢，他的过人能力下降，他的单刀能力和原来独步天下的头球技术，也有了很大的下降，导致突破受到很大局限，丢球会使得球队瞬间失去重心。也就是说，C 罗作为葡萄牙队原先十分有力的禁区中央的支点作用已经严重下降了，对于需要更多的中前场战术选择，这是 C 罗力所不能及的。而这批已经相当成熟的球员完全可以在没有 C 罗的情况下挑起大梁，其效果，甚至好于 C 罗在场上。说这场球是 C 罗不出场导致的胜利，未免有些过分，但说这个原因导致了大比分，恐怕争议会小一些。

瑞士走完了它的世界杯之旅。说实话，我从来没有喜欢过这个球队，那种“在空中飞来飞去的足球”（贝肯鲍尔形容 30 年前的英国足球）实在不符合我们对足球起码的认知。所以，当瑞士要告别的时候，我们只能感谢他们以这样的方式为一个最好的葡萄牙充当了背景板。每一个优秀的球队都需要背景板，就好比关公需要那五关的六将，诸葛亮需要司马懿，老黄忠需要夏侯渊，乃至孙悟空需要白骨精。说实话，如果送走的是悲情的塞尔维亚，那我的悲伤会多出许多。

57

2022年12月9日 23:00

克罗地亚VS巴西

教育城球场

没人想到克罗地亚最终能淘汰巴西。甚至巴西自己，也没有想到自己不能在90分钟内结束战斗，乃至120分钟仍然不能结束战斗。

巴西在世界杯的历史上，多次遇到过点球决胜，他们通常都能赢得比赛，很简单，因为他们脚法出众。但今天他们输了点球决赛的根本原因，是他们压根儿没想到需要罚点球。

克罗地亚能走到四分之一，多少有点偶然。小组赛，他们取得了一胜二平的战绩，一胜胜的是小组最弱的加拿大，一口气进了4个，两平分别平了摩洛哥和比利时，全是0∶0。后来的淘汰赛，他们在先丢一球的情况下顽强扳平比分，最后靠点球战胜了磨刀霍霍的日本。从这些战绩看，他们进攻不是特别出色，但防守异常顽强。4场球进了5个，不多，但只丢了2个，更少。这是克罗地亚的真正可怕之处。看比赛就知道，之所以丢球少，并非他们的防守无懈可击，而是他们有一个异常强大的门将利瓦科维奇。看克罗地亚比赛转播，解说员喊他的名字最多，因为每场比赛他都会做出难以置信的扑救，令队友钦佩，令对手绝望。比利时人、摩洛哥人、加拿大人乃至日本人，都深受利瓦科维奇神扑之害。世界杯结束以后，很多机构都把利瓦科维奇而不是阿根廷守门员马丁内斯评为本届世界杯的最佳守门员，也是这个原因。在与日本队的点球决胜中，利瓦科维奇扑出了日本队前 4 个点球中的 3 个，成为全队淘汰日本的头号功臣。

巴西在前 4 场比赛中进了 7 个球，丢了 2 个球，看数据自然好于克罗地亚。但巴西还输了一场球，虽说从出线目标看无关宏旨，但即便是非主力出战，巴西也不该输给国际排名远逊于自己的喀麦隆。这也从一个侧面反映了巴西的问题所在，一旦对手防守顽强，就会焦躁甚至失误。这多少成了巴西的软肋。

这两支队都有不错的人气。当然，就绝对数量而言，肯定是巴西的粉丝要远远多于克罗地亚。但由于莫德里奇，克罗地亚也有很高的知名度。这位年满 37 岁的皇马中场在前 4 场比赛中都几乎踢满了全场，可谓克罗地亚队的中流砥柱，也是球迷最爱的球星之一。对很多球迷而言，巴西自然是足球的化身，但克罗地亚更具有某种草根的性质，越是身处生活底层、为世事纷扰而烦恼的草根球迷，越能在克罗地亚身上找到慰藉和激励。因而，很多球迷欣赏这场比赛其实有相当纠结的心理，淘汰哪一个都舍不得。

从全场比赛看，巴西队是具有统治力的一方，他们虽然不像欧洲拉丁派的法国、西班牙和葡萄牙一样总是打出高控球率，但几乎所有的进攻性指标，都是碾压克罗地亚的。巴西队全场贡献了 14 脚射门，居然有 11 脚射在了球门范围之内，从中你也能想象利瓦科维奇承受了多大的压力——他至少扑出了 11 个必进球，这还不包括那些传入禁区被挡没有形成射门的威胁球。同样的数据，克罗地亚只有 6 脚射门，射正 3 次。当然，数据永远无法代替感受。当巴西一次次将球射向球门，如果换个普通门将，巴西甚至在上半场就应该 3 ∶ 0 领先，而全场，比分最后变成 5 ∶ 1 也毫不稀奇。但是，巴西队直到加时赛的上半场，才靠了内马尔的绝世武功打破了克罗地亚的大门，那是一个无论怎么吹嘘都不夸张的进球，足以与里沙利松的倒钩球相提并论。这是内马尔在本届世界杯的第二个进球（第一个是点球）。我们想到，上帝还是公平的，如果内马尔不打出一个像这样精彩绝伦的进球，他们即使拿了冠军，也还是有不少遗憾的。因为内马尔在足球江湖的地位，不只是冠军、胜利，也

14
HNS

是华丽足球技术的承载者。

但是，当巴西人千辛万苦地攻破利瓦科维奇的花岗岩堡垒，他们和全世界观看比赛的球迷一样，都相信赛前的预言最终发生了。他们肯定能赢——只是艰难了些。毕竟，这已经是加时赛上半场的最后阶段。虽然巴西人在整个常规赛时间里未能攻破克罗地亚的城池，但克罗地亚也没给巴西队造成什么威胁。现在，巴西取得了领先，又只剩下十几分钟的时间，进攻上并无任何优势的克罗地亚人恐怕回天乏术，只能暗淡地退场了。

但需要注意的是，克罗地亚人并不同意这一说法，他们在莫德里奇的组织下全力投入进攻，这位老将居然和年轻人一起一直奋战到了最后一刻。加时赛下半场，他们抓住了一个不是机会的机会，边路得球，带入禁区后传中，中路抢点射门得手，居然扳平了比分！那一瞬间，几个拦截不及的巴西后卫，全都沮丧地趴在了草地上。再有5分钟，他们就要庆贺一场来之不易的胜利，却被克罗地亚人偷袭得手，让一切功败垂成。

这时，双方的命运再次由那个叫利瓦科维奇的人来决定。或许是慑于这位超级门神的威名，素以脚法出众著称的巴西队第一个点球就没有罚进，而克罗地亚和上一次对日本队一样，没有罚丢一个点球。最后，他们不可思议地淘汰了五星巴西，那个代表足球最高成就的巴西，作为足球代言人的巴西，取得过最为长久的辉煌的巴西，悲情时刻最多的巴西。

内马尔伤心地哭了。他也许是为自己不够勇敢而哭泣，因为，作为一个球队的精神领袖和带头大哥，他居然没有敢于走上点球点，像梅西那样无论如何都挺身而出，而是选择了沉默。而这可能是他最大的遗憾。

没有巴西的世界杯，是残缺的世界杯。

但残缺，不正是世界的常态吗？

58

2022 年 12 月 10 日　03：00

荷兰VS阿根廷

卢塞尔球场

两支都很有冠军相的球队，终于在四分之一决赛的舞台上相遇了。

这是两队在世界杯决赛阶段的第四次相遇。最近的一次是 2014 年巴西世界杯的半决赛，双方战成 0 ： 0，最后阿根廷依靠点球大战淘汰了荷兰队。而之前的 1998 年，双方如今天一样在四分之一决赛中相遇，最终荷兰以 2 ： 1 淘汰了阿根廷。这两场球，我都收看了实况转播，感受过当时那种令人窒息的气氛。1998 年我还是荷兰队的球迷，沉浸在对三剑客的美妙追忆，痴迷博格坎普的悲情气质，对阿根廷的淘汰并无怀矜。而 2014 年虽然感慨荷兰命运多舛，但毕竟内心是希望梅西夺冠，“无为在歧路，儿女共沾巾”，自然是不会的。其实双方最伟大的碰撞是 1978 年的世界杯决赛，当时双方还都没有拿过世界杯冠军，如同我们熟悉的 2010 年南非世界杯，无论谁赢，都会产生一个新的世界杯冠军得主。但遗憾的是，虽然两次决赛都有荷兰参加，但他们两次都输给了对手，让肯佩斯的阿根廷和伊涅斯塔的西班牙成就了梦想。但 1978 年肯佩斯的阿根廷和克鲁伊夫的荷兰之间的对决更具有经典气质，那时电视虽然不普及，但人们直到今天仍在议论这场球，仿佛他们亲眼所

CBF
BRASIL
10

ar2022

POWERA

见一样。

这次荷兰和阿根廷的相遇，对荷兰而言，又是一个悲情时刻。因为此时的阿根廷有全世界最受欢迎的巨星梅西。有人说：你要问世界上第二伟大的科学家是谁，那我可不好说。但你要问最伟大的是谁，那肯定是牛顿。这句话的逻辑正可以套用在本届世界杯，你要问第二伟大的足球运动员是谁，还真不好说，但最伟大的肯定是梅西。荷兰和梅西相遇，如果真的胜利了，那绝对不免被球迷唾骂。我疑心荷兰人曾经因为什么得罪过上帝，否则，为什么他们总是像约伯一样倒霉。

当然，昨晚选择看球（而不是睡觉）是幸福的。分享阿根廷跌宕起伏的胜利，感觉很难用语言形容。荷兰是值得尊重的对手，他们令人耳目一新的意志力使比赛由精彩变成伟大。毕竟，只有少数人能成为英雄，其中一个苛刻的条件，就是英雄必须要战胜强大对手，九死而一生。

从本届世界杯开赛以来的表现看，两支球队都有冠军相，即使阿根廷输掉了首场比赛，他们的夺冠赔率也从来没有跌落到五名之外，荷兰在赔率榜上稍逊风骚，但也绝对在十名之内。两支球队共同的特点，是他们能把天才的伟大球星和出色的战术纪律巧妙地熔为一炉，这可能是一切事物取得最终胜利的法宝。

比赛刚刚开始的时候，我们会期待一场精彩绝伦的搏杀和鲜血淋漓的胜利。但从场上实际发生的情况看，前 20 分钟，双方都很谨慎，谁也不敢贸然进攻而被对方打反击。阿根廷有过一两脚试探式的射门，没有太大的威胁。荷兰也像宣示主权一样打了一脚远射。双方看上去都颇似以武会友的太极高手，出掌护住门户，踏着稳健的步伐，寻找对方的破绽。

比赛进行到 34 分钟，阿根廷率先得分了。那是一个精妙到我们重看录像都不能立即明白的精彩传球，梅西在前场右路，拿球沿横向疾进，电光火石之间，他用左脚传出一记直塞球到禁区，此刻，荷兰严密到滴水不漏的后防线突然门户大开，心领神会的后卫球员莫雷纳形成了单刀，在荷兰后卫重新封堵之前的一脚捅射，将球打入了荷兰队大门。场上比分改写为 1 ： 0。

这是一个走在时间前面的传球。梅西甚至没有向他要传球的那个方向瞄一眼，而即使他瞄了，那条线路也不存在。因为需要再等一下，也许只有零点几秒，那个缝隙才会随着球员的跑动而出现。梅西是怎么知道零点几秒之后的事情的？难道他开了天眼？或者，是冥冥中有所启发？当然，一个更唯物主义的解释是长期积累的经验形成的顿悟，从而使行动跑到了思想的前面。马克思说，哲学家们总是以不同的方式解释世界，而问题在于改变世界。梅西就是那个超越了哲学的人，在历史的、思想的或者现世尘埃的一团乱麻中，一道行动主义的光芒穿透一切——包括荷兰人固若金汤的防线。这是本届世界杯的最佳助攻，没有之一，也不接受反驳。

从此开始，阿根廷和荷兰的真实实力才得以全部显现。在此之前，他们都没有遇到真正的高手，对阿根廷来说，墨西哥、波兰、澳大利亚也好，沙特也罢，都只能说是对手，却不是真正的敌手，对荷兰而言，塞内加尔、厄瓜多尔和卡塔尔，甚至国际排名相当靠前的美国，都只能说是“过尽千帆皆不是，斜晖脉脉水悠悠”，是路过的风景，不是寻仇的山寨。而如今两个绝世剑客狭路相逢，这才是真正的江湖恩仇。也正是从这一刻起，阿根廷的杀气与剑刃，才真正显示出锋芒。比起荷兰的简约、快速和流畅的配合，阿根廷的战术意识、进攻套路的丰富性以及中前场极其稳定的串联能力，都高出荷兰一筹。尽管比赛最终打平，阿根廷的数据对荷兰而言，仍是碾压式的。当然，根本的区别在于，阿根廷有梅西，而荷兰没有。

阿根廷在下半场72分钟获得了第二个进球。阿库尼亚在左路禁区边缘带球下底，他将球一扣，进入禁区，轻松地过掉盯防他的荷兰邓普利斯，邓普利斯情急之下，伸脚钩倒了阿库尼亚。裁判员给了点球。也许有些球迷——特别是“梅黑”，认为这个点球又是来自某种阴谋，但只要认真看一遍录像就能明白，那是一个货真价实的禁区内犯规。梅西轻松地将球打进，对方的守门员甚至没有做出扑救动作。此刻我们越发明白，这一届的阿根廷是真的强大，不是因为我们喜欢梅西而把阿根廷想象得强大了。

接下来的比赛仍然是阿根廷主导的，尽管没有获得进球，但梅西依然依靠出色的中前场串联制造了几次得分机会，只是临门一脚欠佳而已。但是，荷兰也及时地甚至是致命地改变了打法，他们祭起了欧洲力量型球队最为传统的45度长传冲吊，作为在紧急状态下应对危局的胜负手。老帅范加尔毕竟老谋深算，虽然这一打法并非荷兰所擅长，但在紧急关头却是毫无疑问地抓住了阿根廷的弱点——后卫线，甚至整个球队，平均身高较低，防空能力不足。第 82 分钟，荷兰队右路 45 度传中，埋伏在禁区内的韦霍斯特高高跃起，顶出了一个反弹球，马丁内斯扑救不及，球进了。荷兰人将比分扳成了 1 ： 2。他们重新看到了胜利的希望。

一时间，阿根廷陷入了慌乱。这是人性的弱点，面对突如其来的变局，一时难以有效应对。比赛的补时长达 12 分钟，换言之，荷兰人改写比分之后，还有差不多20分钟的时间继续扩大战果。而阿根廷则只能相对被动地在自己的半场拼命防守。荷兰人石破天惊的一击出现了。如果让我来评选，这是本届世界杯迄今以来所出现的最佳进球，甚至比起巴西队里沙利松对塞尔维亚的惊天倒钩、内马尔对克罗地亚的巧妙突破，乃至梅西对墨西哥的贴地斩，都毫不逊色，甚至等而上之。因为，所有的球都是精彩再现的美好，只有这个球是灵光一现的创造。

当时的情形是，荷兰队在比赛的最后时刻，获得了一个前场中路位置极佳的任意球。正常情况下，他们会选择直接射门，或者吊入禁区寻求头球，这都是实现得分的有效手段。但荷兰人选择了一个向人墙方向的直塞传球，埋伏在阿根廷人墙一侧的 19 号韦霍斯特得球后转身就射，居然就这样轻松而巧妙地穿透了阿根廷坚固的地面防线，打入了扳平的一球。这就是那种创造性成就带给我们的感受，没有发生的时候，你打破脑袋也想不出该怎么办，但一旦别人做出来，立刻会觉得本来就该如此，天然如此。总之，荷兰人陷入了狂欢，而阿根廷人则变得不知所措。令人感慨的是，同样的任意球战术，阿根廷曾经在 1998 年的世界杯上使用过，当时，他们用这个套路打入英格兰队一球。真是风水轮流转啊。

但是，这支阿根廷队的伟大之处，正在于逆境面前他们比以往任何一支阿根廷队，也比本届世界杯所有的参赛球队，都更坚强，更稳定和更善于从逆境中奋起。整个加时赛，仿佛就是把钟表重新拨回了本场比赛开场的时候，所有的比分都没有发生，阿根廷人又开始自信而从容地展开进攻，多次创造有效得分机会，只是运气稍差而已。反观荷兰队，似乎被突如其来的喜悦打蒙了，仿佛他们这个加时赛是偷来的，他们变得缩手缩脚，不敢投入兵力展开进攻。最终，双方加时赛仍然踢成了 0 ： 0，只能面对残酷的点球大战。

接下来的事情，我们都已经知道了结果。神勇无比的“圣马丁内斯”连续扑出荷兰队的点球，帮助阿根廷取得了最后的胜利。尽管如此，仍然有两个细节值得一提：一个是，梅西第一个站在了点球点前，替全队扛下了这个巨大的压力，而且，他成功地骗过门将打入了关键的第一球。另一个，则是一直状态不佳、屡屡丢失良机的劳塔罗居然承担了最后一个点球手的重任，他成功地罚入，在帮助阿根廷取得胜利的同时，自己也得到了救赎。

比赛结束了。

如果在某个时候想到梅西很快要退役的现实，心情就很糟。你可以拥有很多，但有些美好的东西将最终失去，永不回来，且无可替代。

管他的，从观赏者的角度，至少还有两场。

59

2022 年 12 月 10 日　23：00

摩洛哥VS葡萄牙

阿图玛玛球场

这是一场一言难尽的比赛。

摩洛哥队最后以 1 ： 0 的比分淘汰了葡萄牙队，或许我们只能说，在一场势均力敌的比赛中，谁胜都是正常的。大家觉得这场比赛的结果不正常，并不是认为这场球葡萄牙没有发挥水平，或者说，摩洛哥发挥了高水平，或者说，有一些盘外的因素左右了比赛，而是认为，C 罗不该被淘汰。因为我们还想看他和梅西在决赛中相遇呢。生活中常见的思维陷阱，其中一个叫作以愿望代替思考。说的就是这种情况。

近几届世界杯，甚至可以说得再久一些，非洲球队有了很大的进步。从喀麦隆到尼日利亚再到埃及、南非、摩洛哥、阿尔及利亚乃至突尼斯、塞内加尔、科特迪瓦、加纳，几乎每一届世界杯，都有一支或两支非洲球队大放异彩，令人瞩目。而且，我在前几天的文章里也说过，这些足球相对发达的国家，基本上都是地理上靠近欧洲的国家。当然，大放异彩的球队，经常会发生变化，可谓“乱哄哄你方唱罢我登场”，各领风骚三五年。之所以出现这种皇帝轮流坐的局面，一方面是选拔赛竞争的结果，非洲各国的足球机制不健全，足球之所以强，主要还是依靠送出留洋选手在欧洲高级别俱乐部培养和成才的加持，单靠自己国内的球员，即使有比赛的能力，也缺少大赛历练，在残酷的预选淘汰制中，总有一些足球水平很高的国家被淘汰，比如本次世界杯中的埃及和尼日利亚。另一方面，留洋水平高，也未必符合一个国家足球人才的系统性需求，毕竟，可能出现的情况是，把欧洲留洋的队员全部请回来，也不可能正好满足国家队的需要，或者前锋多后卫少，或者队员状态不能保证，甚至有伤在身。而且，由于他们长期在外，队伍的磨合可能存在问题。这样，问题多的队伍，战绩就差；问题少的，战绩就好。这样，东方不亮西方亮，每次总有一两支球队能够取得优异成绩，也就不奇怪了。

摩洛哥正是非洲球队在本届世界杯的代表。其实，突尼斯、喀麦隆、加纳、塞内加尔这几支队伍，总体的表现也都不错。但要说备战充分，以及队伍相对比较整齐，还数摩洛哥。所以他们在对阵欧洲强队的时候，能够信心十足。他们敢于和比利时、西班牙乃至葡萄牙这样的球队打对攻，也敢于在对方高位逼抢的情况下在禁区内拿球。他们在进攻的时候，长短结合的特征也非常明显，既可以打精准长传，也可以打十分熟练的三角短传。从中看得出，他们的基本技术和战术非常成熟，在单兵作战能力上，也不亚于欧洲的强队。

这一届世界杯，摩洛哥已经打了 5 场比赛。他们首战逼平了强大的克罗地亚，第二场又令人难以置信地击败了更为强大的比利时，第三场则兵不血刃地击败了加拿大，以不败战绩取得小组第一。在所有 8 个小组中，只有他们和英格兰、荷兰 3 个队做到了不败，可见其实力。进入淘汰赛，他们又以 0 ： 0 逼平了强大的西班牙，然后，在点球大战中战胜对方，进入了八强。这样，他们迎头遇上了刚刚大比分战胜了瑞士的葡萄牙。

有人把葡萄牙的失利归咎于主教练没有派 C 罗首发，这恐怕有点牵强。一方面，C 罗在对瑞士那一场也没有首发，结果球队取得了大胜，而瑞士的国际积分，比摩洛哥整整靠前 10 位；另一方面，C 罗其实也出场了，他在下半场 51 分钟就替换上场，整整踢了 47 分钟，但也没有改写比分。进入淘汰赛以来，葡萄牙主教练开始安排 C 罗替补出场，我觉得与 C 罗自身状态的下滑和体能不足有关。由于他赛前和曼联的口水战及其他原因，C 罗的赛前训练并不充分，加上他已经 37 岁，在赛制

ZIGI
1

密集的世界杯，很难保证每场都有打满全场的状态。主教练这样使用他，无可厚非。葡萄牙自己丧失了不少机会，包括C罗本人也有丧失必进球的失误，这是失败的主要原因。

C罗是足球史上无法绕开的现象级球星。他和梅西共同创造的历史，不仅成就辉煌，而且历时甚久。在高度维度和时间维度上，梅罗传奇都是前无古人，怕是后也难有来者。有人以梅贬罗，也有人以罗贬梅，如果不是心理上的问题导致的不正常需要，怕就是足球欣赏能力的缺失。

我个人的观点，梅西毫无疑问是世界足球史上最伟大的球星，可以比肩贝利、马拉多纳甚至略有超越，这是梅西的历史地位。而C罗虽然从足球技术、艺术、成就和影响力上略略逊于梅西，没有超越贝利、马拉多纳，也很难说是超越了大罗、贝肯鲍尔和齐达内之类的巨星，但在长达十数年的时间里，他和梅西对足球最重要的贡献，是他们奉行了一个职业球员的职业规范，严格要求自己，认真训练，认真参赛，完全把自己献给了足球。有人说，他们这样长期的努力，目的是为了金钱，但即使他们的足球生涯只保持现在一半的时间，能赚到的金钱也足够他们终身享受，毕竟，随着他们的成功，对于他们的享受而言，最重要的不是钱，而是时间。因而，他们能够把主要精力放在训练和比赛，而不是像许多前辈那样放在泡妞、夜店和无数的场外绯闻上，恐怕对足球发自内心的热爱才是最重要的。试想，如果不是梅罗这样联袂的努力，我们要损失多少来自足球的欢乐和享受。今天，C罗踢完了他世界杯征程上的最后一场比赛，悲情谢幕。从这一刻起，突然意识到，多么美好的梅罗时代，就要从这一刻结束了。C罗已经退出世界足球的核心区域，到较低水平的沙特去淘金；梅西尽管还身处世界之巅，但是，能够料想的是，时间也不会太久了。所以，我们能做的，就是且行且珍惜。

60

2022 年 12 月 11 日　03：00

英格兰VS法国

海湾球场

凌晨 3 点，法国和英格兰的比赛开始了。我的观点，这是本届世界杯迄今为止技术含量最高的一场比赛。

我们恐怕都同意，欧洲足球代表了当今世界足球项目发展的最高成就，那么，作为传统欧洲足球两大风格流派的代表国家，英国和法国，联袂上演了一场生动的足球风格课。这是教科书般的比赛，也是展示足球发展成就和特征的比赛。这不仅是给球迷观看的最佳赛事，也是供足球专家研究足球技战术风格的最佳案例。

欧洲足球历来有力量型和技术型两大流派，前者一般都是北欧国家，崇尚力量，高举高打，长传冲吊，头球、远射俱佳，最具代表性的国家是德国、英国、瑞典、丹麦等；后者一般是南欧国家，崇尚技术，短传渗透，地面为主，禁区内的射门是主要得分手段，最具代表性的国家是西班牙、葡萄牙、意大利和法国。随着足球运动的发展和技战术风格的演进，进入 20 世纪末期乃至 21 世纪初，两种流派的风格逐步趋于接近，形成了你中有我、我中有你的局面。德国和英国也开始打出高质量的地面短传配合，而法国、意大利的精准长传也开始常用常新。我在前面的文章里

FRANCE
10.12.22

10

也介绍过，如果把两种截然不同的技术风格比喻成一条横轴的两端，本来，秉持两种不同风格的球队每每处于两端，截然不同，泾渭分明，而如今，他们也开始渐渐朝着中点移动，逐步形成了那种皆有多种打法、运用之妙存乎一心的新格局。为了便于说明问题，我把由力量派演进而来的新打法称为新力量派，从足球的实践观察，最具代表性的是英国；而把由技术派演进而来的新打法称为新技术派，从足球的实践观察，最具代表性的是法国。现在，英格兰和法国在世界杯四分之一决赛中狭路相逢，正好给了我们观察这两种打法最佳的时机。

两队都是大牌云集，从英格兰看，前场的萨卡、凯恩、福登，中场的亨德森、赖斯、贝林厄姆和后场的沃克、斯通斯、马圭尔、肖乃至门将皮克福德皆一时之选，而法国队更是猛将云集，前场的吉鲁、姆巴佩、登贝莱，中场的拉比奥、格里茨曼、楚阿梅尼和后场的埃尔南德斯、乌帕梅卡诺、瓦拉内、昆代以及门将洛里，更是熠熠生辉。看这些球员的共同特点，一是全部都有出色的个人技术，过去曾经有过的那些力量充足、体格高大、冲撞力强但技术粗糙的球员绝不可能出现在这个阵容之中，也不会坐在替补席里——他们根本不会出现在球队的报名名单中。二是各有技术特点，有的速度奇快，有的禁区内拿球能力强，有的善于抢断，有的30米长传准确性好，有的突破能力强，等等。这些球员的技战术特点，支撑了球队的技战术设计和应用，使球队的战术更加多变。三是他们基本都是五大联赛中各队的主力球员，常年保持每年50场以上的出勤率，经历过不同压力值的大赛考验。每遇重要比赛，能够迅速调整自我，进入状态。四是两队的阵容在过去3年内保持了基本稳定，主力阵容相对固定，相互之间熟悉，配合默契，技术打法、进攻套路和防守阵形都烂熟于心。这4个特点，保证了这场巅峰对决的高质量。当然，对参加世界杯32强而言，其实多数的队伍也具备这样的特点，只是程度不同罢了。因此我们可以说，世界足球的发展趋势，其实正体现在这种特点之中。

在前面的4场比赛中，英格兰和法国队都表现出了强大的进攻力。英格兰总共打进了12个进球，是所有参赛队伍中进球队员最多的，而这12个球由8名球员打进，也是所有队伍中最多的。这种进球分布的广泛性，其实正反映了英格兰进攻套路多样化、球员技术全面的特点。对他们的对手而言，这是一种无法用人盯人防守——

通常只能盯住重点队员——来解决的问题。这会给法国队的防守带来困难。反观法国队，他们 4 场比赛打入了 9 球，进球数在所有球队中也位居前列，而这 9 个球，分别是由姆巴佩（5 球）、吉鲁（3 球）和拉比奥（1 球）3 人打进的，相对而言火力比较集中，但因为姆巴佩技术特点非常鲜明，脚下技术好，速度奇快，爆发力十足，属于那种想防而防不住的队员，所以，如果集中重兵去防姆巴佩，就可能带来防守其他进攻队员的疏漏。这是英格兰防守的隐忧。事实上，他们被法国人打入的第一球，虽然有楚阿梅尼射术精湛的因素，但英格兰防守的顾此失彼也是重要原因。

比赛一开始，两队就展开了激烈对决。由于双方非常熟悉，所以几乎没有试探性进攻，直接地就展开了针对突前队员的长传，力图打对方一个措手不及。这一追求，在法国人似乎更积极一些，他们明白，对于英格兰这种“霰弹枪”，一味地“重点防范”是防不住的，反而那句“最好的防守是进攻”可能事半功倍，所以，他们采取了“全面进攻”的方式，中前场高位逼抢，拿到球就立即向前传递，中前场通过左路、右路的反复转移——甚至连姆巴佩和登贝莱也在换位——来制造英格兰的防守空当。上半场第 21 分钟，姆巴佩沿自己喜欢的左路向前推进，他带球到中路，传给右路的登贝莱，两人迅速换位，姆巴佩潜入对方禁区左路，吸引防守重心，而登贝莱横向带球瞅准空当传给插上的格里茨曼，格里茨曼又瞅准时机传给楚阿梅尼。这时，英格兰显然没有意识到楚阿梅尼居然不是寻求传入禁区找已经潜伏在此的姆巴佩和大吉鲁，而是闪开角度打了一脚右脚的贴地斩。球像流星一样划破英格兰禁区黑沉沉的夜空，在守门员猝不及防的情形下飞入了球门的左下角。这个球，与梅西在小组赛中打入墨西哥队的那一个进球异曲同工。说同工，是因为都是贴地斩远射，都射入球门死角。说异曲，是因为射门脚、射入球门的方向，都正好相反。这两个球，可以称为卡塔尔世界杯贴地远射的双璧，值得我们永久地回忆。而英格兰防守的顾此失彼，和墨西哥人防守的大意失荆州，也是我们记忆的一部分。

从整场比赛的场面看，英格兰无论进攻还是防守，都不逊于法国，甚至在进攻组织的有效性上，英格兰还高出一筹。全场控球时间，英格兰略占上风，而射门数量（11 ∶ 7）乃至射正数量（7 ∶ 4），英格兰都好于法国。法国队率先破门得分后，英格兰的进攻变得更加积极，而且富有成效，整个上半场的后半段，乃至下半场开场，英格兰队的进攻制造了更多的威胁，几次都与射门得分差之毫厘。到了下半场第51分钟，英格兰队右边锋萨卡带球沿禁区内侧横向移动，被对方直接放倒。裁判员判罚了点球，凯恩一蹴而就，英格兰扳平了比分。

这场球，我是押英格兰胜利的。等英格兰扳平比分，我觉得也许自己的预测要实现了。因为，我个人的判断，英格兰的整体实力是略强于法国的——比赛的数据也证明了这一点。但是，在相对差距不大、势均力敌的比赛中，谁赢谁输，往往也就是电光火石的一瞬。下半场后半段，法国队采取了更为简明的打法，频频从左路45度向禁区内传球，找吉鲁的头球破门。与以往传统力量型球队的传中相比，这种传球弧线较平、速度较快，而且，通常都是明确地找点，或者直接传向中锋本人，或者传向远点，寻找二次进攻的机会。在错失了一次必进球机会之后，格里茨曼的传中终于准确地传到了吉鲁的头顶，尽管吉鲁所在位置的前后左右有3名英格兰球员包夹，但这个传球仿佛精确制导，吉鲁轻轻一蹭，球就飞入英格兰的大门。法国人再次领先了。

英格兰自然不甘心命运的安排，他们竭力加强进攻，力图挽回败局。在下半场比赛的最后阶段，他们在法国人的禁区附近进行了极其有效的进攻尝试。终于，他们得到了扳平比分的最佳机会。英格兰通过中场附近一脚精准的长传，找到了禁区内埋伏的前锋19号芒特，情急之下，法国队后卫22号特奥·埃尔南德斯推倒了芒特。经过与VAR裁判的协商（甚至亲自看录像），当值主裁再次判罚了点球。但是，素以射门冷静精准著称的凯恩却遗憾地将球打飞，丧失了最后时刻扳平比分的希望。英格兰人的士气再没有振作起来，终场哨响，他们很遗憾地以1∶2的比分败北，目送法国人走向了半决赛。

在参加决赛的32支队伍中，英格兰和法国都算是比较年轻的队伍。英格兰平均年龄26.4岁，排所有球队第23位，法国平均年龄26.2岁，排所有球队第27位。这两支年轻的球队，代表了足球发展技战术风格的新成就，这让我们对足球的未来多了几分期待。他们都该走得更远，但却只能有一队继续前行。无论如何，这场精彩而充满技术含量的比赛该被我们永久地回味，直到他们在世界杯的赛场上——甚至是冠亚军决赛的赛场上再度相逢。

61

2022 年 12 月 14 日　03：00

阿根廷VS克罗地亚

卢塞尔球场

英雄总是狭路相逢。

阿根廷和克罗地亚，两个当今世界各怀绝世武功的武林高手，又一次相遇在赛场上。他们大概都不会忘记，上一届世界杯，梅西领衔的阿根廷队在小组赛第二场遭遇克罗地亚，居然以 0 ： 3 输了个干干净净。由于这场失利，本来志在冲冠的阿根廷仅仅靠第三轮 2 ： 1 战胜尼日利亚，才勉强以小组第二出线。而且，在八分之一淘汰赛上，遇到了当时如日中天的法国队，最终以 3 ： 4 败北，失去了夺取冠军的希望。关于上届阿根廷对克罗地亚的比赛，我当时曾经写了如下文字：

在首战被冰岛逼平的情况下，阿根廷队以 0 ： 3 的比分输给了克罗地亚，在感情上真的很难接受。

多年来，我一直是阿根廷的忠实球迷。阿根廷队作为上届世界杯的亚军，实力强劲，又拥有世界最优秀的天才球员梅西。原本希望梅西能在世界杯上证明自己，进而获得金球奖，可对比 C 罗精彩绝伦的表现，内心真是感慨万千。

回顾比赛场面，实际上结果对于双方来说都很合理。赛前，阿根廷全队就表情紧绷，面色落寞，看得出压力非常大。高压之下，阿根廷也并未将其转换成动力。上半场，阿根廷就浪费了一个绝佳机会，面对空门，恩佐·佩雷斯禁区射门竟然偏出。第53分钟，门将卡巴列罗又解围失误，由克罗地亚打入了全场首个进球。种种因素点点累积，终于压垮了阿根廷队。

尽管感情上希望阿根廷能赢，但赛前对他们的实力也并不看好。目前球队中场不够强悍，后防脆弱，毫无冠军气质，无非是因为梅西的存在，渴望凭他一己之力扭转局势，现在想来也确实太过理想化。

不少人都把梅西比作是新球王，可实际上，他擅长在体系内踢完美足球，像在巴萨，他可以轻松做好自己，只要多进球就好。你得承认，他是一个非常优秀的球员，但他不具备领袖气质，相比之下，我认为他更像巴乔，而不是马拉多纳。

在我看来，足球艺术有两个标准，一个是美感，梅西就可以把足球踢得很美很艺术；另一个是拼杀，临危受命的C罗完成漂亮的绝地反击，像拯救世界的绝望斗士，这是另一种强大。电视里有个梅西的广告，“我不是天生强大，我只是天生要强”，我认为并不恰当。梅西的足球天赋是娘胎里带来的，是天生的，而C罗才是天生要强，像苦行僧般的热爱足球，继而厚积薄发。

梅西和C罗就像是李白和杜甫，一个是天生的才华横溢，一个是中规中矩的勤奋努力。C罗最近为啥这么火？是因为C罗的努力值得各个领域的人借鉴。

可如果把输球归咎于梅西抗压能力差，并不公平。这不仅仅是梅西的失败，球队的失败，也从这个角度反映出南美足球的衰落。曾几何时，南美足球是世界足球的一支强大的力量，然而本届世界杯智利、乌拉圭、阿根廷都表现不佳，现在只剩下巴西，但也很难说他们会走多远。这种现象可以看作是南美古典浪漫主义足球的衰落，欧洲实用现实主义足球的胜利。这是一种不可避免的趋势。也正因其不可避免，才让人心生悲哀，唏嘘惋叹。

如今的克罗地亚队正如同4年前的阿根廷队，都是以上届亚军的身份参赛，小组赛跌跌撞撞，也是以小组第二的身份闯入第二阶段。在淘汰赛中，他们先后与两个对手打成平手，最终连续两场靠点球决胜淘汰对手，让亚洲冠军日本和足球王者巴西饮恨卡塔尔——这个历程，又使他们很像 1990 年的阿根廷。半决赛，他们遇到了初遇挫折、渐入佳境的阿根廷。应该说，对于这场极为重要的比赛的结果，大家都不是很有底。

阿根廷连胜澳大利亚和荷兰，尤其是经历了第二场比赛的心理考验，精神上已经非常强大。回忆他们走过的路程，自从输了沙特，几乎场场都是决战。战墨西哥，输了就回家，上半场一塌糊涂，下半场靠梅西的灵光一现才涉险过关。再战波兰，虽然对方欲望不强，但顽强的防守也差点让阿根廷遭遇麻烦。淘汰赛第一场，本来顺风顺水的一场球，让澳大利亚下半场扳回一球以后，一直到终场都充满了紧张。而打荷兰，更是在终场前让对手绝平，靠点球大战才涉险过关。综观进入四强的 4 支队伍，没有一个像阿根廷一样，回回关键，场场决战。到了战克罗地亚，阿根廷人的心理已经变得非常强大，技战术磨合也已经十分到位。一支稳定而成熟的阿根廷队，足以成为任何球队的噩梦。

从纸面实力分析，阿根廷队应该强于克罗地亚不少。克罗地亚队基本还是 4 年前俄罗斯世界杯的班底，比起上届，实力其实有所下降。他们能走到四强，很大程度上还是精神因素使然，是以莫德里奇为核心的一个团队整体的胜利，甚至可以说是意志力的胜利。作为一支平均年龄偏大的队伍，连续两个 120 分钟，加上两个点球大战，他们的体能经历了巨大的考验。尽管他们比有些焦躁的日本和有些松散的巴西都更加注重整体性，因而能够在 120 分钟的比赛中支撑到最后一刻，但此时，他们遇到的阿根廷是完全不同的一支队伍。这支队伍同仇敌忾、众志成城，又经历了血与火的淬炼，变得坚强、自信、冷酷甚至阴险，不惜以任何方式去争取胜利。

因而，观看了这场比赛就能知道，这反而是阿根廷迄今为止最轻松的一场胜利，整整 100 分钟，克罗地亚几乎没有任何进球机会，阿根廷取得了碾压式的成效。从战术打法上，阿根廷最值得注意的一点，是这个南美洲传控足球的楷模，居然在对阵克罗地亚的比赛中放弃了传控。看上去，似乎由主动变成了被动，但这样一来，反而让克罗地亚很难受。克罗地亚也是欧洲以传控见长的队伍，但在比赛中，和德国、西班牙碰上多层次立体式防守的球队一样，虽然在外线倒来倒去，消磨了不少时间，但很少能够依靠犀利的直传打到要害。当他们失去耐心决定冒险传一脚威胁球的时候，噩梦反而开始，因为对方往往会断球，然后以极其简明的方式打起反击，三传两倒，球就到了自家的门前。阿根廷进的前两个球，都是这种情况。

这两个球相距大概只有七八分钟。第一个是阿尔瓦雷斯接后场精准长传形成了单刀，克罗地亚守门员利瓦科维奇无奈之下只好扑倒了阿尔瓦雷斯，裁判员判罚点球，梅西十分冷静地罚了一个右上角。从力学原理看，只要能罚出这个点，守门员是无从防范的，因为那是距离守门员扑救范围最远的两个点（左上角和右上角）之一。但为什么几乎所有的罚球者都不这样踢？因为脚法太难以控制，一不小心就会踢飞，这就需要罚球者具有精湛的脚法和超稳的心理素质。从梅西这个罚球也可以看出，经历了 5 场生死搏杀的梅西和阿根廷队，已经具备了何等强悍的心理素质。

而第二个球几乎可以称之为最简约的防反。克罗地亚在前场发动进攻，阿根廷断球发动反击，总共只有两脚传球，阿尔瓦雷斯就带球长驱直入到了克罗地亚的禁区。由于速度奇快，克罗地亚完全组织不起防守体系，只能靠本能反应去简单应对，阿尔瓦雷斯一路狂奔，居然过掉了包括门将在内的全部防守球员，直接将球挑入球门。这个球的射入，多少有些偶然性，但偶然性之外的必然性在于，这是一个走在时间前面的进球，没有人能防范这样的进球。阿根廷人的防反速度，可谓独步天下。

下半场，克罗地亚人显然备受打击，组织不起太多有效的进攻。相反，梅西却再一次获得了一个足以证明他在 35 岁年龄不亚于全世界任何一名球员的机会。他得球沿右路边线疾进，克罗地亚年轻但优秀的中后卫格瓦迪奥尔——因为本届世界杯的前面几场的优异表现，他的身价涨了好几倍——一直紧紧地贴身盯防，但是，梅西一直控球，硬是从底线附近挤了进去，临近球门一脚斜传，拍马赶到的阿尔瓦雷斯射门得分。这个球，梅西个人的能力得到了充分的展现。要知道，防守梅西的格瓦迪奥尔足足有 185 厘米高，年龄也比梅西小 15 岁，可谓身强力壮，但就是无法阻止梅西从一个几乎不可能的角度切入禁区，助攻得分。

最终，阿根廷以 3 ： 0 的比分完胜克罗地亚。具有戏剧性的是，克罗地亚队刚过 80 分钟就换下了他们的头号球星，和梅西同为 10 号的莫德里奇，显然，老谋深算的达利奇教练已经开始考虑三四名决赛了。而梅西的队伍继 2014 年巴西世界杯之后，又一次挺进了世界杯的决赛。他们的对手将是法国队和摩洛哥队之间的胜者，无论如何，梅西已经离大力神杯咫尺之遥。

这一次，他会面临一个什么样的决赛呢？

62

2022 年 12 月 15 日　03：00

法国VS摩洛哥

海湾球场

在这场比赛之前，摩洛哥队已经创造了历史。他们的球队是历史上第一个打入世界杯四强的非洲球队。这是整个非洲一个光荣的时刻。如果我们了解 30 年来非洲足球参加世界杯的历史，我们就会想到，为什么这一战果要到今天才来？早在 30 多前，非洲离四强就一步之遥了。

但是，不论我们如何从理论上构架五大洲足球版图的分布，从中替非洲描绘出更多的成果，毕竟球是要踢出来，而不是说出来。从这个意义上，摩洛哥人不仅创造了历史，也打破了魔咒。在世界杯八进四的征程上，已经有许多非洲球队折戟沉沙了。

看了本场比赛就知道，他们本来应该期待一个更好的结果，比如，进一球，甚至，打成 2 ： 2 平，从而将比赛拖入点球大战，更进一步，以 2 ： 1 或者 3 ： 2 的比分，战胜法国队，闯入决赛，就像克罗地亚上一届所做的那样。毕竟，在本届世界杯上，已经有 3 个欧洲豪门被他们斩于马下，毕竟，他们在本场比赛中有 61% 的控球率，有惊人的 13 脚射门，而且有 6 脚射在了门框范围内，为什么不能期望更多？事实上，如果他们的运气能有法国队的一半那么好，他们就完全可能把第 4 支欧洲豪门斩于马下。

本场比赛，摩洛哥队最大的对手其实是自己的体能和伤病。和法国队相对顺利的晋级之路相比，他们场场都是硬仗。不仅对手实力强，而且还踢过加时赛和点球大战，这样一场场比赛消耗下来，他们队员的体能和伤病问题逐一出现。在这场比赛中，虽然主力左后卫马兹拉维终于复出，另一名主力中卫、队长塞斯带伤继续首发，但赛前被列入首发名单的主力中卫阿盖尔德还是在开赛前被调整，替补中卫德里临危受命进入首发，与塞斯、亚米克搭档三中卫。对此，球队主帅雷格拉吉透露，伤病的影响是他决定在对阵法国队时改打三中卫阵形的原因："这样他们就可以不用跑动太多。"但是，第 21 分钟，队长赛斯因伤无法坚持，只好替换下场。由于无人可替，摩洛哥队不得不放弃三中卫打法，变阵 433。如果他们能以全部主力，特别是一条完整的主力后防线迎战法国，结果会不会有所不同呢？

后防线的不稳固，导致摩洛哥人在开场仅仅 5 分钟就遭遇了失球。法国人急风暴雨式的进攻令摩洛哥脆弱的后防线风雨飘零，他们只能像战士堵枪眼那样奋不顾身地拦截和搏杀，使得禁区内的比赛看上去像一场乡邻间的械斗。但是法国人还是抓住一个左路的空当，由左后卫 22 号特奥・埃尔南德斯打入一球。我们知道，像法国这样技术全面而又坚持打防守反击的球队，一旦让它先得分，对于它的对手是灾难性的。因为你只能攻出去，一旦在进攻中丢球，法国左路和右路各有一匹速度惊人的快马，数秒之内就会大举反击兵临城下，如同老黄忠斩杀夏侯渊一样猝不及防。这正是阿根廷和法国这样的球队最可怕的武器。现在，摩洛哥人甫一参赛就丢球，似乎失败的命运也就注定了。

即使如此，摩洛哥队仍然表现出惊人的意志力和可贵的创造力。他们一方面以全队不惜力的奔跑来巩固后防，即使在后场也不屈服于法国人的压迫，坚持在控球的基础上用自己更擅长的短传渗透来挑战法国人的防线，表现可圈可点。半场结束前，球队后卫亚米克利用角球机会，踢出一记精彩的倒钩射门，球速虽然不快，但角度极刁，可惜被门柱挡住，丧失了一次扳平比分的机会。易边再战，后卫阿什拉夫与边锋齐耶赫的"右路连线"频频威胁法国队球门，下半场的前 30 分钟，几乎

Orange
FFF

是压着法国在打，如果不是临门一脚欠佳乃至运气不够好，法国队的球门可能不止一次失守。但是，命运女神在最后时刻还是垂青了法国人——也许因为她最好的塑像是在卢浮宫吧，第 79 分钟，法国队发动进攻，姆巴佩在禁区精彩过人，射门被阻挡后，来到后点的穆阿尼脚下，后者轻松推射破门，2 ：0！法国队锁定胜局。

终场哨声响起，一度被对手压制的“高卢雄鸡”惊险过关。自 2018 年后再度闯入世界杯决赛，法国队有望成为 1962 年的巴西队之后第一支卫冕世界杯的球队。摩洛哥队虽然止步半决赛，但作为本届杯赛的最大“黑马”，作为史上第一支晋级世界杯四强的非洲球队，他们让外界看到了非洲足球的无限可能，赢得了所有人的尊重。

北京时间 18 日晚 11 点，法国队将和阿根廷队争夺冠军，是“潘帕斯雄鹰”如愿以偿，还是“高卢雄鸡”连续登顶，本届杯赛的最大悬念即将揭晓。

阿根廷和法国，谁将率先在球衣上添上第三颗星？我们一起期待！

63

2022 年 12 月 17 日　23：00

克罗地亚VS摩洛哥

哈里法国际体育场

三四名决赛十分尴尬。历史上，不止一次有人提议，取消世界杯的三四名决赛。据说，国际足联也仅仅是因为赞助商赞成多一场比赛，所以才一直保留下来。

当然，就这一届而言，我觉得克罗地亚和摩洛哥两队还是希望有这样一场比赛的。毕竟，在现代体育竞技的大语境中，前三名具有特殊的意义。在奥林匹克运动会上，只有前三名才可以登上领奖台，第四名虽然和第三名只差一个名次，但只需派个人去后台领获奖证书，既没有仪式，也没有奖牌。在许多国家的奥运奖励政策中，前三名可以领取高额奖金，第四名只能和其他前八名一样，领取很少的安慰金。鉴于此，有些项目的主管官员往往能理解参赛队伍获取成绩的愿望，他们取消了三四名决赛，让他们并列第三名。这样，许多项目的铜牌就比金牌或者银牌多了一倍，各个国家负责发奖金的官员也每每大摇其头。

有趣的是，这两支参加三四名决赛的球队，居然来自同一个小组。所以，32 支参赛队伍，只有这两支队伍需要在一个月的时间内连续比赛两场。从理论上讲，即使所有机缘巧合，每届世界杯也只能是冠亚军或者三四名出自同一小组，也就是说，

只有两对队伍可以比赛两次。2002 年中国队参加世界杯，同组的巴西和土耳其都进了四强，不过，是一个第一、一个第三，相互之间没有遇上。

克罗地亚希望赢，从他们对阵阿根廷 80 分钟时将莫德里奇换下就可以看出。莫德里奇不仅是球队的技术核心，也是精神领袖。既然在半决赛中无法取胜，那就不如退而求其次，争取获得第三名。而摩洛哥当然也不希望放弃这样一个继续前进的机会。从他们全场比赛中的积极态度就能看出。他们在小组赛上打成了 0 ∶ 0，没有分出胜负，现在，命运给了他们一个一决雌雄的机会。

双方尽遣主力出场。有的绝对主力不能出场，那绝不是埋伏，而是伤病困扰。虽然是看电视转播，我还是注意了一下观众席，全场座无虚席，人山人海，也反映了观众对这场比赛的态度。开场刚刚 6 分钟，摩洛哥人又一次重蹈覆辙。克罗地亚人获得前场任意球，他们打出了一个极其精妙的战术组合，莫德里奇看上去要主罚，当他跑向皮球的时候，又迅速跑向右侧，而由藏在他身后的另一名队员将球吊向禁区左侧。由于莫德里奇无球跑动的拉扯，摩洛哥队的防线出线了一瞬间的混乱，此时，埋伏在禁区左侧的 4 号佩里西奇用头球将球顶向中路，20 号面具侠格瓦迪奥尔奋力冲顶，将球顶向了球门左侧的死角。1 ∶ 0，克罗地亚人领先了。有趣的是，上一场对阵阿根廷，正是 20 号格瓦迪奥尔没有封住梅西的带球线路，才使得阿根廷打入第三球。这一次，他用进球证明了自己。

摩洛哥人很快就还以颜色。仅仅 2 分钟后，他们也利用一次前场定位球的机会，由摩洛哥队 9 号达里门前头球抢点破门，将比分改写成了 1 ∶ 1。素以防守阵形严密著称的克罗地亚人居然在禁区最中央的危险地带漏人，令人难以置信。

失球后，克罗地亚展开了潮水般的进攻。伤病满营、疲态尽显的摩洛哥虽然打起精神迎战，但毕竟力不从心，失误连连。如果不是门将步努高接低挡，恐怕不到上半场 30 分钟就会再度失球。但进球还是来了，第 42 分钟，克罗地亚人在摩洛哥的禁区内展开了一连串急风暴雨般的进攻，最终由 16 号佩特科维奇在左路用一脚十分精妙的吊射，皮球画出一道平滑的弧线，飞跃守门员高举的手臂，直接砸向远门柱弹入球门。脚法的应用，力度的掌握，时机的选择，进球的线路，都堪比梅西 2019 年射入皇家贝蒂斯、入选当年普什卡什奖提名的那一脚吊射。这个球几乎宣示了三四名决赛的合法性，如果取消三四名决赛，我们如何能看到如此精彩绝伦的进球？

三个进球都发生在上半场。下半场，双方踢了激烈但不精彩的半场球。显然，能够打进奥尔希奇那样进球的球队是应该胜利的，似乎连摩洛哥队也不再反对。最终，双方就以 2 ： 1 的比分结束了比赛。对于莫德里奇来说，也意味着结束了自己的世界杯生涯。伟大事物的极致必然是悲情的。但我们还来不及感慨，因为还有决赛。伟大的梅西和正在伟大起来的姆巴佩，该有怎样一场终极的对决呢？

明晚不见不散。

64

2022 年 12 月 18 日 23：00

阿根廷VS法国

卢塞尔球场

这几天，本城的新冠肺炎疫情传染率惊人，身边的人陆陆续续在感染。我这几天最为担心的就是自己过早感染，怕症状严重而影响欣赏世界杯的比赛。然而不偏不倚，正好就是 18 日的晚上，我还是被新冠病毒侵袭，所有的症状都出现了。到了晚上 9 点多，开始发烧，最高到了 39.3℃，人逐渐软弱无力，昏昏沉沉。我计划先休息，等晚上 12 点前再醒来看球，但躺到床上，却并没有那么容易入睡。

人到中年，四十不惑，五十而知天命，一个很重要的心理变化，就是不太相信奇迹。虽说人还是要有些梦想的，万一实现了呢？但实际上“不怕一万，就怕万一”，在期待奇迹这个问题上，我碰上的基本是一万，偶尔才有万一。而且往往，没有万一还好，真有了万一，通常也未必真是好事。本届世界杯，对我来说最大的期望，就是梅西能率领阿根廷夺取世界杯，从而圆天下梅西球迷一个梦。但内心深处，其实颇不自信。

客观地说，梅西率领的阿根廷队，并非 32 强中最强的球队。法国、巴西、英格兰、西班牙 4 支球队，纸面实力都在阿根廷之上。其他如德国、比利时、葡萄牙、克罗地亚、荷兰等球队，也并不比这几支一流球队差多少，因此，阿根廷这一路走来，步步惊心，关关险要。

如果和过去的阿根廷比较，公道地讲，从梅西参加世界杯以来的5届，最强的阿根廷队其实是2006年梅西第一次参加世界杯时的那一支，那个阵容中，马斯切拉诺、里克尔梅、罗德里格斯、萨维奥拉、克雷斯波、特维斯，都是声震江湖的名将，梅西也当礼让三分。但可惜的是，将帅不和，球员离心，虽说小组赛顺利出线，但四分之一决赛中点球负于德国，未能进入四强。后来，2010年南非世界杯的阿根廷队，也算诸强之一，在主帅马拉多纳的率领下，虽然战绩尚可，但颇有些高开低走的意味，小组赛上，他们1∶0胜尼日利亚，4∶1胜韩国，2∶0胜希腊，三战三捷获得小组第一，八分之一决赛，又以3∶1胜墨西哥，但在四分之一决赛中，居然以0∶4的比分被德国队血洗。到了2014年巴西世界杯，梅西已经成为绝对主力的阿根廷差点实现了他们夺得大力神杯的梦想，小组赛上，他们2∶1胜波黑，1∶0胜伊朗，3∶2胜尼日利亚，全取9分进入淘汰赛阶段，接着在八分之一决赛中以1∶0战胜瑞士，四分之一决赛1∶0战胜比利时，半决赛又点球淘汰荷兰，但在决赛中，0∶1输给德国，最终获得了亚军。令人难以置信的是，阿根廷连续三届世界杯倒在通向冠军的道路上，居然是输给了同一个对手——德国。由此，德国也成为阿根廷最大的苦主。尤其是2014年决赛后，梅西虽然获得了金球奖（最佳运动员），但在领取亚军奖牌时眼睛直勾勾盯着大力神杯的画面，成了打动梅西球迷最深情的“催泪弹”。而2018年，阿根廷队似乎从一开始就是一支平庸的队伍，小组赛先是1∶1被冰岛逼平，又以0∶3的比分输给了克罗地亚，最后关头2∶1战胜尼日利亚，勉强以小组第二出线，但在八分之一决赛中遭遇最后夺得冠军的法国队，以3∶4的高比分败下阵来。

与梅西参赛以来的前面4届阿根廷队相比，今天的这一支阿根廷队，看纸面实力，大约也只能说比上一届的那支队伍稍好。但论真正意义上的整体实力，却可能是历届战队中最好的。这个好，不是好在技战术水平，而是好在战斗意志的高度统一。甚至可以说，就是以梅西为核心的攻防体系得以全面、完整确立的最佳阵容。全队的进攻，就是围绕梅西的技战术特点展开，433阵形中的前场6人中，只有梅西不受位置的限制，可以出现在中前场的任意位置，与任意前场队员交叉换位，或者带球突破到禁区内的任意空间，尽管战术组织的套路已经烂熟于心，但梅西在前场的瞬间感觉才是真正的套路。全队的防守，基本上可以说是围绕着梅西不参与防守展开的，考虑到梅西毕竟已经 35 岁高龄，体能储备自然不能与 30 岁以下的年青一代相抗衡，所以，保证梅西把所有的足球才华都用于进攻串联和突破得分，防守的重任则完全不用梅西劬劳。梅西在前几场比赛中，每场的跑动距离一般不会高于 7000 米，与现代足球一个前场队员动辄 10000 米以上有不小的差距，正说明了这一点。而在现代足球的全攻全守体系中，一般而言，没有谁可以不参与防守，在法国队中，姆巴佩、登贝莱乃至吉鲁，全有防守之责，但阿根廷的梅西却是重要的例外。有些“梅黑”攻击梅西这一点，殊不知，这正是阿根廷的过人之处。阿根廷后卫线并非世界最佳，个人防守能力绝非冠军水平，平均身高不足也是巨大隐忧，但他们有一种精心设计的整体防守构架，再加上同仇敌忾众志成城的战斗意志，确实缓解了不少防守的压力。当然，尽管如此，作为一支志在夺冠的球队，在前面 6 场比赛中，阿根廷的失球达到了 5 个，并非无懈可击。而这场对阵法国决赛，居然在下半场最后 20 分钟连丢 2 球，加时赛快结束又丢 1 球，也反映了这一问题。但斯卡洛尼显然对此了然于胸。他的策略，就是用解放梅西释放出的巨大进攻动能，去弥补梅西不参与防守造成的后防损失。这一策略，虽然不免“杀敌一千，自损八百”，但显然好于“攻不能克，守不能固”。阿根廷在前面 6 场比赛中，总共打入 12 粒进球，丢了 5 个球，净胜球 7 个，进球远多于进入四强的克罗地亚和摩洛哥，但失球差不多，也说明了这一问题。这是阿根廷队不同于 2006 年以来任何一支阿根廷队的独特之处，也是他们最终能够打入冠亚军决赛的关键。

同样，在前面的 6 场比赛中，法国队展示了强大的实力，总共打入 13 粒进球，在所有球队中排名第一，丢了 5 粒，共 8 个净胜球，也是所有球队中的第一。这就充分说明了法国队令人生畏的攻防能力。这样，和以往任何一届世界杯的决赛不同的是，以往的决赛，每每不是看谁的矛利，而要看谁的盾坚，而本届恰恰相反的是，不是看谁的盾坚——看上去多少都有些问题，而是看谁的矛利。两队都有极为出色的进攻能力，决赛中，比的是谁有本领将更多的进球打入对方的球门。相比之下，巴西个人能力出众却没有形成进攻体系，英格兰和荷兰进攻体系有些单薄，而克罗地亚和摩洛哥，乃至其他球队，进攻球员的个人能力就稍逊风骚了。

决赛开始了。本来，最大的悬念是双方对进攻的态度，或者说，国家一个维度，攻与守一个维度，两相博弈，便有四种可能：阿根廷主攻，法国主守；法国主攻，而阿根廷主守；两者皆攻；两者皆守。在以往的世界杯决赛上，一般而言是两者皆守，都伺机而动，后发制人，所以，回顾最近几届世界杯决赛，除了上届世界杯打出４：２这样的高比分，其他几届基本都是１：０或者１：１这样的低进球。但本届所不同的是，两队——尤其是阿根廷，都是以进攻见长、靠进攻打天下的风格，不攻无以守，不进无以存。当然，法国之进，可以表现在吸引对方火力，然后去主动打防反上。但阿根廷也是必然要攻出去的。所以，所谓两个维度、四种可能，可以简化为两者皆攻或者阿根廷主攻法国主守两种可能。

看比赛，前 20 分钟，甚至整个上半场，完全是阿根廷主攻而法国主守的局面。当然，尽管这种理论上的分析有其充足的道理，但法国队的“守”也还是让人大生疑窦。守是可以的，而且，在阿根廷犀利的进攻面前，打防反应该是法国人最好的选择。只有防反，才能为姆巴佩为核心的进攻线提供足够的前沿开阔地，让他们冲起来。但是，看比赛就觉得奇怪，法国人守也不是这么个守法啊！对于阿根廷沿着两个边路的快速进攻，法国人防得极其被动，阿根廷人其实已经不在乎控球权，为了追求进攻的快速和效率，他们并不以短传渗透为主要进攻手段，事实上打了很多长传，前场球权经常反复交换，法国人完全有机会得球后立刻打出有力反击。这可是他们最擅长的看家本领。但是，法国人不仅前场屡屡被阿根廷反抢，即使组织起防反，线路也充满了混乱，或者传给姆巴佩一个人强攻频频丢球外，或者干脆一个大脚开到前面听天由命，看不出有什么套路。我猜想，法国队在半决赛之后的几天内，内部一定出了一些问题，多数球员状态很差，除姆巴佩外，其他几名在前几场表现优异的进攻队员，包括格里茨曼、登贝莱和大吉鲁，似乎都在梦游。

很快，法国人的茫然无措便受到了惩罚。阿根廷斜传左路底线附近，号称决赛大师的天使迪马利亚带球沿底线向内侧移动，他扣过前来防守的登贝莱进入禁区，却被登贝莱轻率地在后面绊倒，裁判员吹了点球！

赛后，有很多人质疑这个点球的合理性。但只要大家认真看回放录像，登贝莱上面推人虽然不明显，但脚下明显有一个绊人的动作，虽然只是钩了一下脚，但已经足以让迪马利亚摔倒在禁区内。梅西以一种令人生畏的自信走到了球前。前面几个点球，除了对波兰的那一个（其实水平也不错，只是什琴斯尼扑得更精彩），其他都是攻防俱佳，感觉十分惊险。而今天这个，他轻松地骗过了洛里，不经意就改写了比分。

赛前我曾经判断，阿根廷和法国之战，谁先进球，谁就是胜利者。虽然看比赛进程，这个逻辑后来并不成立。但随着梅西的进球，胜利的天平倾向于阿根廷，这是当时比赛中传递出来的最清晰不过的信息。

法国人继续梦游，整个进攻组织完全没有章法，防守也是本能大于体系。阿根廷则打出了比前几场更为坚决的防守反击——本来是应该法国人打阿根廷的防反，但随着阿根廷率先进球，法国人被动地被拖上了战场。阿根廷则愉快地打起了他们本来就非常熟悉的防反。他们的第二个进球很快就来了。法国人盲目长传，被阿根廷人在禁区前得球发动反击，几乎是连续 5 脚一脚传球，就形成了迪马利亚的左路单刀。迪马利亚不负众望，冷静地从出击的洛里腋下将球打入空门。2 ∶ 0，阿根廷人不到 40 分钟便以两球领先，看上去，他们夺取冠军只是个时间问题了。

但是，我们当时谁也无法料想的是，这个看上去已经足够伟大的上半场仅仅只是一部超级大戏的序幕，最多也不过是第一乐章。从阿根廷人庆祝迪马利亚打入一球开始，我们毫不夸张地可以称为“史上最强世界杯决赛”的这场比赛，好戏还在后头。

德尚已经忍无可忍。从他焦急的表情中我们能够看到，他对场上的一切，法国队的每个人、每脚球，都充满了愤怒。我猜想法国队一定在赛前的训练和生活中出了一些问题，什么问题？不得而知。

法国队自然是有问题的，而且，我们可以稍稍开个玩笑说，没有问题就不是法国人了。赛前，本泽马退出了国家队，理由是伤病，但本泽马本人却否认不能参加比赛是因自己伤病严重。人们猜得到，伤病未必重要，本泽马和德尚十分紧张的私人关系——涉及许多复杂的恩恩怨怨或许才是主因。在这种情况下，是否是本泽马在遥远的巴黎影响了球队的士气或者信心？

一切都不得而知，但法国队这样踢下去，他们的决赛也就结束了。德尚终于下了决心，把形同梦游的中锋吉鲁和右边锋登贝莱换下，要知道，这是离中场休息仅仅几分钟的时候。一般而言，即使队员上半场发挥严重失常，也多是在中场休息时将他换掉。为什么德尚连这区区的几分钟都等不了。我想，他是要给全队一个强烈的信号。希望给大家当头棒喝，振作起来。现在，对于法国队而言，精神因素远远大于技战术因素。因为，所有的技战术因素都不能解释，为什么法国队整个上半场，没有一脚射门，没有一次禁区内传球？

下半场刚开始，法国人的进攻也没有多少起色。阿根廷继续在防守反击的道路上载歌载舞，如果不是对方守门员洛里的拼死防卫，加上阿根廷队员多多少少的漫不经心（他们一直有这个问题），比分将会被再次改写。也许会出现他们战胜克罗地亚的3 ∶ 0，抑或是2010年德国人战胜他们时的4 ∶ 0。但是，到了下半场78分钟，一个细节改变了比赛的进程。上半场最后时刻被换上场的替补前锋科洛·穆阿尼接到队友传球，沿左路突入阿根廷禁区，防守中稍有大意的19号奥塔门迪情急之下拉倒了对方，被裁判员处以极刑：点球。姆巴佩主罚，尽管神勇无比的马丁内斯猜对了方向，而且以惊人的反应速度几乎扑到了球，但姆巴佩罚出的球无论角度力度都是完美的，球还是进了。比分改写为1 ∶ 2。正如现场解说的贺炜所说：悬念又回来了。

令人意想不到的是，法国人在2分钟以后就扳平了比分。本来，梅西在左路拿球，被下半场上场的法国前锋科芒断球成功——这个球科芒应该有推人犯规，但裁判员没有吹——迅速发动长传反击，经过左路姆巴佩与图拉姆的空中接力撞墙式配合，由姆巴佩以一个高难度的侧身扫射打入了球门的死角，马丁内斯鞭长莫及。法国人扳平了比分。

这是可以载入世界杯史册的不可思议的两分钟。法国人在过去的差不多60分钟在梦游，几乎没有射门，也没有组织起多么像模像样的进攻，他们正在输掉一场似乎已经毫无悬念的比赛，但就是这短短的两分钟，依靠一两个球员的灵光一现，在球队整体表现未见变化的情况下，法国队奇迹般扳平了比分。

在我的记忆中，领先两球又扳平的比赛，在 1986 年世界杯决赛阿根廷对德国的比赛中曾经出现过，马拉多纳率领的球队也是先以 2 ： 0 领先，又被顽强的德国人扳成了 2 ： 2。其中为德国队打入关键一球的，就是后来成为拜仁俱乐部主席的鲁梅尼格。2018 年我去拜仁访问，和鲁梅尼格聊起这个进球，引得他开怀大笑，还特地给了我一个拥抱。当阿根廷和法国的比赛也打出了 2 ： 2 时，我突然想到，难到梅西要重复 1986 年的神迹，最后也以 3 ： 2 的比分获得大力神杯？

这似乎是在说玄机，但细察整个比赛的进程，玄机几乎无处不在。在这场比赛之前，梅西和姆巴佩都进了 5 个球，这场比赛双方各自的进球数，将决定谁将获得金靴奖，这也是一个极为重要的个人荣誉。上半场，梅西先入一球，压倒了姆巴佩。但下半场临近结束，姆巴佩居然连进两球，又反超了梅西。大家都同意，梅西是现在的球王，而如果不出大的意外，姆巴佩将是下一位球王的有力争夺者。看来，新老球王之争，已经到了白热化的地步。

接下来的比赛，法国人如梦初醒，突然表现得像一支真正的卫冕冠军。他们不仅防反坚定自信，阵地进攻也有声有色。在最后 10 多分钟的比赛时间里，法国人掌控了局面。阿根廷人则在突如其来的打击中蒙了，完全不知所措地被动应付。看上去，无论如何也不像老球王灵魂附体的样子，倒像是上一届世界杯法国人逆转击败阿根廷的比赛要再一次上演了。

幸好，比赛时间到了。裁判员吹停了比赛，也给了阿根廷人一个冷静调整的机会。阿根廷毕竟是一支经验丰富、作风顽强的球队，梅西在此时的领袖气质也表现无遗。等加时赛上半场开始，阿根廷人已经迅速地稳定了心态，调整了打法，重新掌握了主动权。从这一段比赛的情况看，过去认为阿根廷队的整体实力小于法国队，其实这是一个错误的认识。加时赛上半场，阿根廷的进攻打得有声有色，不仅能够连续组织起有效的进攻射门，而且在一次犀利的长传进攻中，在禁区前通过细腻的短传渗透打穿了法国队的防线，并由劳塔罗射门，梅西补射入网，再次反超了比分。而且，梅西的进球数，又一次追上了姆巴佩。如果他们都不再进球，梅西将凭借助攻多的优势，夺取金靴。

但是，命运之舟在加时赛的下半场又一次反转。本来，阿根廷队在领先以后，仍然创造了至少两次必进球的机会，只要劳塔罗能够打入其中任何一个，或者梅西的射门准头更足一点，阿根廷队就足以杀死比赛。但是，法国人又抓住了一个不是机会的机会。他们开出角球，被阿根廷后卫顶出，二次进攻时，姆巴佩在禁区左侧一脚远射，球打在了阿根廷后卫 4 号蒙铁尔稍稍伸开的胳膊上。裁判员毫不犹豫地判罚了点球。已经坐在替补席上的迪马利亚用球衣遮住了自己的眼睛，不敢看即将发生的一切。在他看来，这几乎就是煮熟的鸭子怕是要飞了。

点球还是由姆巴佩主罚，这一次，他用假动作骗过了马丁内斯，轻松地将球打进。法国队再一次扳平了比分。姆巴佩在世界杯决赛中完成了帽子戏法。这个只有 23 岁的年轻人，在 4 年前便随队闯入了世界杯的决赛，并且以自己出色的表现赢得了最佳新人奖。这一次，在法国队几乎遭遇灭顶之灾的时刻，姆巴佩站了出来，以独中三元的绝佳表现，用一己之力将法国队拉上了岸。他是足球给我们最充足的保证，不论多少英雄老去江湖，总有少年英雄让我们重拾信心。

此刻，姆巴佩在金靴奖的争夺战中又一次领先了梅西。新老球王以这样近乎戏剧化的方式展示足球的魅力，带给我们的已经是一种悲剧的甚至宗教般的情感冲击。而这种连续的反转，在世界杯决赛历史上可能绝无仅有。因而，说这场决赛是世界杯历史上最伟大的比赛，恐怕不会有太大的争议。

富有戏剧性的还在于，就在法国人扳平比分以后短短的几分钟，阿根廷和法国还各自创造了一个可以改变比分的机会。尤其是法国队后场一脚精准长传，插上的 12 号科洛获得了单刀的机会，被马丁内斯奋勇化解。那几乎是一个令人绝望的瞬间，阿根廷球迷全都窒息了。而随后，阿根廷的劳塔罗也获得了一个近在咫尺的头球攻门机会，他居然顶偏了。

随后，双方再无建树。比赛经过 4 次反转以后，终于定格在 3 ∶ 3 平局上，双方进入了点球大战。第一个出场的，正是双方的主将姆巴佩和梅西，他们不负众望出色地攻入了球门。而此时，被球迷称为“圣马丁内斯”的阿根廷门将站了出来，他扑出了法国队科芒的点球，第三轮，法国队楚阿梅尼的点球也没有射中。而阿根廷前 4 轮罚球全部命中，这样，阿根廷就在点球大战中取得了最后的胜利。继 1978 年和 1986 年之后，他们第三次获得了世界杯冠军。梅西也在第五次参加世界杯的时候，才终于圆了自己的世界杯冠军之梦。几乎所有的球迷都认为，梅西离球王之冠，只差一个世界杯冠军。如今他已经实现了。

他就是球王。继贝利和马拉多纳之后的第三个球王。球王马拉多纳已经离开了人世，而在此届世界杯之后不久，球王贝利也因病逝世。这是一个令人惊悸的巧合，仿佛在说，贝利已经看到了新球王的加冕，于是放心地回到上帝那里了。

除了颁发冠军的奖杯和奖牌，国际足联也颁发了一系列奖项。梅西荣膺最佳球员称号，这也是他在 2014 年荣获这一荣誉后，再次成为世界杯的金球奖得主。姆巴佩荣膺金靴奖。由于他的祖国未能获得冠军，他成了一个落落寡合的年轻人。“圣马丁内斯”毫无意外地获得了金手套奖，当然，本届世界杯上，也有好几位门将，虽然没有获奖，也同样让人印象深刻，包括克罗地亚门将利瓦科维奇、波兰门将什琴斯尼、摩洛哥门将布努乃至墨西哥门将奥乔亚。获得最佳新人奖的是阿根廷球员恩佐，已经有人说他像是梅西的接班人。

可惜的是，由于新冠病毒带来的巨大痛苦，我在电视机前只收看了比赛的过程，已经无力观看后面的颁奖仪式了。当然，对我来说，没有在第一时间倾听《早安隆回》美妙的旋律，没有目睹梅西身披黑袍走向领奖台的动人景象，乃至没有分享阿根廷球迷在看台上激情的呐喊，并没有多大遗憾。世界上许多美好的事物，我们分享一个过程已经足矣，但就梅西角逐世界杯而言，我们期待的只能是一个结果，也必须是一个结果。不管我们内心多少次坚定地说，梅西就是球王，不论他有没有世界杯加冕，但静心而论，对于我们这些连续看球将近 40 年的老球迷而言，一个结果，一个确认，一个如天神降临般的时刻，是无比重要的。我的一个信佛的朋友，第二天就飞到峨眉山去还愿。我们虽然不信佛，但都能体会他的这份执念。其实，对于许多球迷，特别是梅西的球迷而言，这个冠军如此重要，是因为他们内心在饱受人世间沧桑变换、是非无常之后，还相信“最好的应该是最高的”这样一个顽强而朴素的信念。但事实上，我们见惯了“黄钟毁弃，瓦釜雷鸣”，默许了“冯唐易老，李广难封”，体会着“高岸为谷，深谷为陵”，也承认“天若有情天亦老，人间正道是沧桑”。虽如此，但像梅西这样球技完美、成绩完美、人格完美的英雄，居然始终不能获得世界杯冠军，其实还是我们每个真正热爱足球的人心中的一道坎。今天所有的人都该长吁一口气，因为，这个世界还是温暖的。我们不该那么绝望。你看，梅西不是夺冠了吗！

第二天，我的新冠病毒居然不翼而飞。没有头疼，没有发烧，没有刀片嗓，只有些许像拼命奔跑停下来以后短暂的虚脱感。我知道，世界其实没什么不同，我们的心灵安好如初。

就在那个早晨，重看了比赛的录像，看了一些人的评论，发了一条朋友圈，作为当时的记忆，罗列于此：

看决赛，说一些冷静的不带感情色彩的评论。第一，从纯技术的角度，阿根廷配得上这冠军。至少，阿根廷进的后两个球，都是精妙配合的结果，这是我们想要的足球。法国也打出了几次配合，比如姆巴佩进的第二球，但总的看，法国没有打出自己的个性。第二，法国有 60 分钟是在梦游。一个世界顶级球队，前 60 分钟，既没有像样的配合，也没有一脚射门，甚至都没有禁区内触球，这样的状态打决赛——很像 1998 年决赛的巴西——输是正常的，赢是运气好。我猜想，法国在半决赛到决赛这几天内，出了些问题，是流感，还是内讧，或者别的什么，有待于下一步媒体的披露。第三，法国之所以在阿根廷掌控比赛的情况下顽强扳平比分，甚至在加时赛下半场再次落后再次扳平，主要还是姆巴佩的个人发挥。当然，德尚及时换下状态犹如梦游的吉鲁和登拜莱，换上两匹快马，也算是为姆巴佩的发挥埋了个伏笔。这也是一个重要的足球经验，足球是 90 分钟的运动，甚至是 120 分钟的运动，不是 45 分钟，也不是 70 分钟。运动员在全场专注于比赛的能力，教练员为此的临场调度，十分关键。阿根廷这一点是有问题的，但他们有梅西，所以总是能先进球，所以这方面接受的心理考验要小。第四，有人说，阿根廷得到了照顾，每场一个点球。我的看法，这种照顾，可能有，但一定在规则的自由考量范围内，就是说，判给阿根廷的点球，一定是该判的，但有时该判给其他队的，就没有判。有点像交警，抓住你，你肯定违章了，但是不是所有的违章都能抓住，肯定不是。有人把阿根廷得到的这种“照顾”，视为阴谋论，我觉得想多了。阿根廷在国际足联地位一般，国际足联敢不敢乱来是一方面，如果即便敢，凭什么不是地位更高、国

11

际事务发言权更多的法国？我觉得，阿根廷得到的这种规则范围内的“照顾”，其实来源于梅西的魅力，大家都希望梅西能圆梦，这已经达成一个心照不宣的共识，所以，在规则范围内，给阿根廷一点“照顾”。但别忘了，法国昨天是两个点球，第一个，和登贝莱那个是同样的情况，说明裁判并没有偏袒。第二个，如果裁判迅速做出手势，比赛继续，这个点球就过去了，但我们看，裁判迅速做出了点球判决。第五，阿根廷之所以能夺冠，我觉得最重要的就是战术意志的高度统一。综观 7 场比赛，阿根廷的战术风格，一直非常清晰，稳固整体防守，进攻通过中路分边，再打对方肋部，当然也下底三角回传。比进攻思路清晰，阿根廷也是冠军。第六，论纸面实力，阿根廷和巴西、英格兰、法国相比，其实是有差距的。梅西的能力，和 4 年前 8 年前相比，下滑很多，很多对抗都不占上风。昨天姆巴佩进的第二球，就是梅西的丢球，让法国打了反击。但梅西的串联能力和关键时候一锤定音的能力，特别是激发斗志，是无可替代的。这次的梅西，更老到，更淡定，甚至如德尚在决赛后新闻发布会上的说法，更狡猾。这是阿根廷能登顶的重要因素。

附录：

FIFA World Cup

2006 年世界杯乱弹

其一，寂静与狂欢

人总是沐浴在自己的想象里。想象让人超越尘世，诗意地生活，变得圣洁和崇高。

太阳升起的时候，黑夜停止
爱情袭来的时候，呼吸停止
死神光顾的时候，生命停止
足球开始的时候，世界停止

世界杯前夕，夜晚的窗前，看万家灯火，心里突然涌出这样的字。一个一个，像孤独的舞者，旋转到台前。很简约的语言，说出内心的某些想象。也许还应该加上艺术，但艺术是超越，阳光、爱情、死亡，以及足球都是具体的。

先是阳光。原始人在黑夜里充满了恐惧，因之渴望阳光。古埃及的神话，宇宙是黑暗的深渊，称为努特，努特生出拉。拉成了埃及的主神，就是太阳神。拉造天地，又造诸神，每天都要引导太阳神横越天际，万民仰望并狂欢。

接着是爱情。爱情是火焰。看过原始的岩画，男人女人抽象成线条，在风中舞蹈。赤裸的躯体，奔逐在旷野，用赤色涂在岩石上，痕迹依旧狂放。当爱情袭来，人会灼热，会窒息，会渴望，会无端地兴奋。

还有死亡。灵魂升起在夜色中，宁静而庄严，死亡是湖水漫过，是无解的禅机，是最深的叹息。

人无法逃离阳光、爱情和死亡，如影随形。

什么样的事物，能够让人同时感受阳光、爱情和死亡？

足球。

太阳是圆轮，爱情是圆满，死亡是圆寂，而足球的魂是圆的。圆是抽象，足球是圆的具象。两只奔逐的脚，一个旋转的圆，构成一个狂欢的世界。

世界杯，狂欢之节。涛声如鼓，潮起潮落，无边的蓝，无边的壮丽。众生裸露了身体，沐浴感性的阳光，感觉金丝万缕柔软地洒下，抚摩你的每一个感官。在欲望的边缘，心神迷离，眼波闪烁，无法逃避诱惑，你会渴望爱情，渴望征服、呐喊、沉醉和迷茫。直到曲终人散，归于寂静，世界变得空茫无比。凝视夜空，寂寞如水，春梦无痕。如此轮回反复，寂静而狂欢，狂欢而寂静。东方泛白，晨光熹微，风轻浮地掠过原野，又一轮狂欢开始酝酿。苍生不老，朝朝暮暮。

6 月 9 日，新的狂欢节开始。让我们重新感受一次，感受足球，感受阳光，爱情，和死亡。

其二，改改世界杯的竞赛办法好吗？

世界杯一直是这样比赛的：国际足联确定决赛名额，现在是 32 个。然后根据以往的战绩，把这些名额分配给各大洲，各大洲分别预选，32 强全部产生后，分到

8个小组，每个小组的前两名共16个队进入淘汰赛。连续比赛4轮，直至决出冠军。最近看了"超级女声"和“梦想中国”的竞赛后，突然觉得这种竞赛办法应该改改了。

“超女”也罢，“梦想”也好，核心是草根们的颠覆运动。以往的文艺和世界杯一样，尽管熙熙攘攘你方唱罢我登场，但到了压台的时候，总是那么几个“精英”。现在很好啊，一个昨天还普普通通，走到大街上一抓一堆的小姑娘，转眼就成了明星，万众瞩目，众星捧月般，想不红都不行。此情此景，让所有的草根们心热眼红起来，突然眼前出现了幻景，没准“皇帝轮流坐，明天到我家”呢。

世界杯没有这样，问题出在竞赛办法上。乍一看，办法好像差不多，都是先海选，后PK。足球是国家（地区）队海选，争出线权，然后一路PK下去，最后整出冠军；超女是全体愿者上钩的女孩子海选，发通行证，最后逐一PK，也整出冠军。但细细一琢磨，还是不一样。足球场上经常观众爆棚，虽然也倾向明显，呐喊从美声一路到摇滚，但再忙乎，对比赛结果影响不大，决定结果的是实力；超女可不同，粉丝爆棚，短信发得不亦乐乎，尽管专家也和裁判一样忙乎，其实对结果影响不大，决定结果的是人气。

看得出，竞赛办法是个现象，根子是思维方式。我们知道，国际足联一直是欧美人把持的。亚洲人在里头的发言权不大，特别是我们中国人几乎没有发言权。这种比赛办法反映了欧洲人的思维，规矩刻板，但缺乏想象力。特别是那么多足球观众，似乎没有什么参与感，只能听任比赛的安排，发挥不了主动性。回忆起上一届韩国人郑梦准稍稍玩了一把，立刻就有了意大利、西班牙两大传统强队意外被韩国队PK掉，因为什么呢？韩国人气旺啊。所以，尽管亚洲人目前对世界足球技术的贡献不大，但从管理角度，按照东方人更为灵活的思维方式来确定世界杯的竞赛办法，看来很有必要。

所以，强烈建议国际足联修改竞赛办法。具体实施意见是：

第一，先全球海选。由国际足联指定3个评委，而且按照“梦想中国”的模式，2个裁判，1个主持人（不一定懂足球），共同决定哪个队能参加决赛。海选也可以分几个区，但一定要短信竞猜，每条1美元。短信收入所得由国际足联和通信公司七三分成。实现利润后，用其中的十万分之零点八八，安排粉丝拥有量月冠军的罗纳尔迪尼奥去医院，慰问一个身患重病仍然坚持做足球粉丝、发信不止的小女孩。

第二，决赛阶段采取 PK 制。32 张通行证，先 PK 一半；进入十六强后，按照十二、八、五、三、一这样的次序逐次 PK。考虑到足球是两两对抗项目，从五强到三强可以采取让各队表演球技的方式决定谁被 PK。现场评委打分，场外观众用短信投票。短信费每条 2 美元，为了体现诚信，此收费标准要用小字在屏幕一角不显眼位置公布，保证具有飞行员以上视力的观众看见。

第三，鼓励制造各类绯闻。绯闻制造由国际足联统一组织，各洲足联分别实施。办法有安排选手粗口、秘密约会三版女郎、伪造球历、深夜泡吧和球星名校考研等，部分绯闻由一些著名球星以自爆的方式向小报传递。特别是安排一名非专业裁判嘲弄某位球星：看了你踢球，我会做噩梦。

以上是改革要点，详细内容涉及行业机密，恕不全部披露。个人认为，这是对延续近百年的世界杯足球规则的最重大改革，是富有中国特色的足球体制创新运动。这一改革，对国际足联募集更多的资金用于提高工作人员收入和改善办公条件，对各洲通信公司创造更大利润空间，对许多报社和网站改变阅读者少、点击率低的实际状况提供了可能，创造了机会。考虑到我国人口全球最多这一独有特点，这一改革，还必将使上帝都难以等到的中国队夺取世界杯冠军之天方夜谭在一夜之间变为现实，诚如此，则国人之福也。

严正申明，以上创意之知识产权属本人所有，请勿侵权。倘有人无耻到必定侵权的地步，本人保有诉诸法律的权利。

其三，揭幕战：满地眼镜碎片

昨夜和几个朋友聚在一起，彻夜看球。22 点 15 分开始，一直到凌晨 5 点，啤酒喝了不少。电视转播开幕式的时候，觉得不甚精彩，就边喝边聊，话题当然围绕足球。

首先想到历届世界杯揭幕战都有进球少的特点，遂讨论如何改变规则才可以多进球。有人讲加大球门，马上有人说这不是新主意；还有人讲应该取消越位规则，引来大家很多联想，取消了越位，会有什么新的战术设计？一定说安排一个球员寸步不离地站在守门员旁边，本方一攻上来就千方百计地挡住守门员的视线，把足球变成“老鹰捉小鸡”，还有的说专门练远射好了，因为一旦取消了越位限制，后卫根本不敢出来，讨论之热烈，让我联想起中学时代学物理时老师提出“世界上没有摩擦力会怎样”后的情形；当然还有人提出不设守门员，对此大家比较一致的看法是，这种情况下过了中场就可以射门，这样比的是谁的远距离射门准，带球过人之类的技术就用不上了。受不设守门员设想的启发，我突然想到一个办法，就是每方设置两个球门，保持一定距离，但只有一个守门员，这样就可以根据对方守门员的站位选择进攻线路，而守门员就得来回地奔跑，省得好像老没事干。大家都笑，说这样的话可以让刘翔去做中国队的守门员，跑得快啊。

开幕式结束后，还有一个小时德国对哥斯达黎加的比赛才开始。电视里，张斌请了几个球星和主持人聊德国的出场阵容，想想过一会儿就知道了，没劲。大家的话题又转向了世界杯带来的变化，你一言我一语，总结了三条：熬夜的多了，睡觉的少了；孤独的女人多了，孤独的男人少了。

渐渐转移到这场比赛上。有人说上一届世界杯中国首战的对手就是哥斯达黎加，被人家攻入两球，万一哥斯达黎加也赢德国两个，不就说明我们中国和德国的水平一样了？尽管这看上去很荒唐，大家还是忍不住猜起首战的比分来。可能是对过去揭幕战进球少的情况的影响，绝大多数人猜会平局收场，当然也有人猜德国赢，但判断估计要赢也就一个球。我出于戏谑的目的，猜了哥斯达黎加赢德国两个。马上有人跳出来和我打赌，我当然笑着拒绝了。要赌，谁输了就罚啤酒喝吧。无论赌输赌赢，反正啤酒是要喝的。

球赛的结果大家都知道了。德国 4 ∶ 2 胜了哥斯达黎加，过程很精彩，看来中国和德国有 4 个球的差距。比分确实有点出人意料，最近 40 年来，揭幕战总共进了 9 个球，这次倒好，一下进了 6 个，弄得没有一个人能猜出来，个个大跌眼镜。不过大家迅速地总结出专门针对揭幕战的第四条“多”与“少”：眼镜销量肯定多了，但猜对结果的少了。可恨的德国人全然不给面子，搞得全世界满地都是眼镜碎片，和好莱坞大片似的，也过瘾啊。

adidas

其四，看强者怎么赢，还是看弱者怎么拼？

至今，世界杯已经踢了5场，4场分出了胜负。德国胜了哥斯达黎加，英格兰胜了巴拉圭，厄瓜多尔胜了波兰，阿根廷胜了科特迪瓦，只有瑞典平了特立尼达和多巴哥。从历史上的战绩和球迷心目中的印象，除了厄波之战应属水平相当外，其余4场球，都是传统意义上的强队对水平稍逊甚至远逊的弱队。由于分组时强弱间架的原则，世界杯的小组赛，多数是这样的比赛。看这样的比赛，我们是看强者怎么赢，还是看弱者怎么拼呢？

本届世界杯和历史上多数的世界杯一样，没有中国。对中国球迷来说，看球的心态其实是矛盾的。一方面，由于没有自己的球队，完全可以带着客观的态度，纯粹地欣赏足球的魅力；另一方面，又不可避免地内心深处有一丝酸楚，好比家长被请来看学校学生的表演，孩子的同学载歌载舞，掌还是要鼓的，但心里总要想：要是有我的孩子多好。

欣赏别人，需要气度。似乎中国球迷不缺这个气度，反正从中国有电视转播，已经六七届了，多数没有中国，30年时间，气度早已锻炼成熟。所以，内心那点滴的酸楚，很快被一种遍及城乡的世界杯狂欢所湮没，看看收视率，看看每天早晨同事们红肿的眼睛，看看啤酒的销量，都证明我泱泱大国，气度确实不凡。

但欣赏的时候，其实还是有心理倾向的。对于对抗，人类有两种基本的情绪，一种是倾慕强者，一种是同情弱者。这一点在女人的气质中表现得尤为充分，女人爱上男人，多半是两类原因，一类是被这个男人征服了，另一类则是这个男人调动起了她母性的温情——当然，如果不是爱上人而是钱权什么的，又另当别论。男人更隐蔽些，但究其内心，其实是差不多的。那么，在看上面说的几场球的时候，每一个人都值得追问自己，内心深处，你是盼哪一类球队获胜呢？

其实这样的追问，并不限于足球。看社会生活中城市和农村某种程度的对立，看经济圈里企业之间的竞争，看世界政治中的强国与弱国之间的外交乃至战争，只要你置身事外，都有这样的情形。甚至看娱乐圈里，成名者独霸江湖，未成名者苦苦挣扎，也是一样的。一般来说，除了有历史的原因外，强者之所以成为强者，往往更代表了科学、开放、进步和秩序，而其他的势力之所以成为弱者，往往反映了落后、愚昧、闭塞和无序。从某种意义上，我们当然应该尊重甚至倾慕科学、开放、进步和秩序，反对甚至鄙视落后、愚昧、闭塞和无序，希望每一个弱者都能改变自己的落后、愚昧、闭塞和无序，成为强者真正势均力敌、值得尊敬的对手。但从终极意义上，公平和公正是可能的，平均和平等是不可能的。如同地球上有白天和黑夜、海洋有潮涨和潮落一样，就具体事物而言，强者和弱者的地位可能有发展变化，但永远存在着强弱之别，确是永恒不变的。人类的普遍情感，也永远会在倾慕强者和同情弱者中寻找归依。

世界杯揭幕战以降的 5 场比赛，强者们大都有惊无险地获得了他们想要的东西，没有冷门，没有意外，足球的秩序几乎像德国的哲学一样，真实而严酷地展示出来。但是，毕竟还有可尊敬的特立尼达和多巴哥和顽强的哥斯达黎加，以 90 分钟不屈不挠的厮杀和拼争，让人看出了秩序存在的顽强和秩序消亡的可能。古人曾经说过，天下大乱，达到天下大治。当哥斯达黎加人以顽强的精神冲击着德意志坚强的神经，当特立尼达和多巴哥人以不懈的斗志抵御着北欧战舰潮水般的冲击，我们知道，天下即将大乱，冷门就要出现。德意志民族最伟大的先贤黑格尔曾经说过，一切存在的都是合理的。但他也说，一切存在的，最终都是要消亡的。从这个意义上讲，我想看强者怎么赢，但更想看弱者怎么拼。甚至，也想看看，弱者怎么赢。

其五，足球宴，你分杯什么羹？

西安有饺子宴，剑门有豆腐宴，哈尔滨有杀猪菜，共同的特点是把一个品种做出名种花样，到了能开宴的程度。世界杯开战，现在流行的是“足球宴”。

没有电视时，足球也就是一盘菜。那时大家生活都不好，看了足球啃窝头，比平时香。遇到比赛，大家都到现场，指点着看，技术战术，评头品足；队员教练，针砭得失。仿佛旧时的戏园子，遇到精彩处，齐齐地喝一声彩；倘踢得臭，没准一把茶壶劈头砸将过来。那时，看的是角儿，听的是味儿。后来有了广播，往往是三五七八个人，围坐桌前，听宋世雄们的解说，语速奇快，像着了火报警，听的是技战术，等的是结果，总归依旧是比赛本身。再后来有了电视，能看的比赛多了起来，足球成了一道大菜，主料是比赛，配料是电视广播转播，报纸新闻评论。大家都围了看，捧了读，看罢过了球瘾，该干嘛干嘛去。那些简简单单的日子，大家很单纯地快乐着，也很快乐地单纯着。

现在不同了。世界杯来临，足球成了宴席。比赛当然还是主菜，但各色人等忙乎起来，比赛场外要比赛场内还热闹许多，转播和报道自然必不可少，短信竞猜、球迷联欢、商家促销、明星评球，不一而足，各有各的忙的。最奇特的是许多的明星和专家突然都成了球迷，原来不怎么听说，不知道看不看球，但写起评论个个不含糊，争着搞了不少专栏。看了几篇，从篇幅看，写足球的少，写自己的多。又看了几位其他行业专家的球评，观点很专业，有见地，不过，用在篮球或者排球甚至唱歌跳舞方面也适用。

这种现象，现在有个词正好说明白，叫“多元化”。我想了想，多元化有很多好处。一来可以丰富主菜，老吃大鱼大肉，难免感觉腻味，旁边摆盘青菜，清心爽口又增加食欲。这是对球迷。二来还能给许多人搭建一个平台，搞哲学弄文艺的谈谈足球，给人以多才多艺之感，没准墙里开花墙外香呢。这是对各类参与者。三是可以增加商机。短信也罢，促销也好，玩的可都是人民币啊。这是对商家（包括好多看上去不是商家的“商家”）。其实，这种现象的道理我早就明白。心知自己的足球常识还不如对爱因斯坦的相对论懂得多，正规的球评当然是不敢的。怎么办呢？搞个乱弹吧。心里的念头，这么多人都在足球宴上伸筷子，我怎么就不能分杯羹呢？反正是乱弹，说对了是我有本事，说错了呢，何必和乱弹较真呢。只可惜自己没有名气，乱弹多半也是空谈。

不过，大家别以为我真的对多元化有什么意见。确实没有。只是想提个醒：起初吃饺子，也就是包肉馅，煮了吃，后来就有了青菜胡萝卜樱桃石榴等内容，煎炒烹炸煮各类工艺，丰富是丰富了，就是想不起原来吃饺子的那份享受哪儿去了。又好比过中秋，整整折腾到第二天早上，才发现谁也没看月亮一眼。这通忙啊！看足球，大家无论怎么多元化，也别弄得眼晕，光记住各类乱弹，记不起谁得冠军啊。

其六，拉她们入伙，还是让她们走开？

张靓颖和李宇春。两个人的球评我都看过，本来也就是两个小姑娘，估计中学时和男生们混着看过几场球，光惦记着哪个球星帅不帅的事了，越位之类的事情还没怎么整明白。因为草根文化的滥觞，突然成了名人，被媒体拉进巨大的世界杯名利场（也不排除是自己冲入），吸引些眼球，制造些效果。写出的球评，从女孩子的视角，谈些不疼不痒的外行话，还算可爱。但似乎有些取巧，多有无病呻吟之处，让人联想起户外演唱会上的歌手，也有纯真，但不免矫情。看来做了艺人，上帝也难免发嗲。大家看了，好就喝声彩，不好丢在一边也就是了。以前杭天琪田震蔡明等等，包括上届央视世界杯节目的女主持人，不也都这样过？

后来我就不怎么看了。反正球评多的是，好事的朋友估算了一下，如果把网上所有的球评都看一遍，即使什么都不做，也需要向天再借 500 年。但有些朋友对此显然采取了鲁迅先生对某种落了水的动物和秋菊对村长的那种态度，网上声讨张李的帖子雪片似的。进而，所有的女人也跟着陪绑，男人们痛心疾首地喊：世界杯，让女人走开！

张靓颖也罢，李宇春也好，即使是没写好球评，怎么还要和所有的女人过不去？令人佩服其中蕴含的进取心和想象力。我第一次看到这个标题，还以为是哪家的女人，因为老公看球不辍受了冷落，就站在电视机前声讨，球赛正精彩，男人才有那么一喊。看了内容后才知道，原来是想说所有的女人。心里就嘀咕：这似乎有点不近人情吧？世界杯又不是你家的，你想让谁走开就让谁走开？

张靓颖和李宇春自然不会走开。签了合同，想走开也走不开。虽然被斥责“走开”，评论还是一篇一篇，只是文字更加小心翼翼。看来吃演艺这碗饭的怕群众。按说，只要涉及的不是费厄泼赖是否应该缓行，或者男人被人踢了下部这样的大问题，就犯不着要学鲁迅和秋菊，何必一定要较出个是非，评出个说法呢？为这么件事情，大家动了肝火，断喝“走开”，真的有必要吗？

看过一则禅话，两个人闹纠纷，争到势不两立，找高僧评理。一人先进去讲，高僧听罢说：你是对的。此人大喜而去。又叫另一人进去讲，高僧听罢也说：你是对的。同样大喜而去。谈笑间化解了矛盾，高僧确实高。可惜旁边的徒弟不明白，问师父如何可以这样没有原则。高僧拈须而笑，说：你也是对的。

世人活在尘世，总以为万事万物，都是非此即彼。其实乱哄哄你方唱罢我登场，看见了乱，无定数中有定数。有时手里持了个6，想不到从那边看是9，每每争来争去，热闹了也糊涂了。我没有老僧的明白，也往往没有小僧的认真。心中的定数，是不忽悠别人，也不让别人忽悠。所以，凡是看不出事情背后的名堂，就一般不去追捧，怕给人家忽悠了；但也不能断喝让人家走开，自己走开就是了。前几年，甲 A 有两支球队打假球，看得明明白白的，但足协说没证据，罚了双方消极比赛。大家就骂球队无耻，足协无能。按我的态度就不骂，不去看比赛就完了。只要打过假球的，大家都不去看，搁上一年半载，保证不但不会有假球，还会好好踢。还有抵制日货，我也是这个态度。抵制是一定的，但不张扬。好像有专家说，抵制的都是“愤青”。网上大家都反驳专家，我不敢做声，怕给人当成“愤青”，但日货还是不买。再比如有一段时间，我居住的这个城市，有一类出租车老是宰客，被宰过几次，也想和司机理论，但吵又吵不清，打又打不过，找有关部门评理又耽误时间，干脆就不坐这类车，再急也不坐。后来这种车越来越少，现在已经消失了。总之，对于一些搞不明白的事情，我的态度很消极，就是管好自己，用自己的行动而不是语言，悄悄地表明态度。其中的道理我是这么想的：对事情进行评判，通常有两种情形，一种是事实评判，一种是价值评判。比如人家问我，国家重测了珠峰，海拔比以往高了还是低了，我就立刻能回答，这是事实评判；又问我花那么多钱重测，有没有必要，我就不好回答，因为这是价值评判。和我没直接关系，又没有足够的证据，说不明白。事实评判的情形，比较容易建立一个大家都接受的标准，而价值评判呢，一般没什么标准。这就是说，事实评判要容易些，价值判断要困难些。当然，前一段教育部组织专家对国人的人文素质进行调研，结论是中国人人文素质尚可，但看了看调研的过程，连个参照也没有，就觉得这个结论可疑。可见虽说是个事实评判，但也不简单，价值评判就更难了。

超女们能不能写球评，被怀疑打假球的球队到底怎么处罚，抵制日货对不对，应该如何管理出租车？里边当然有事实评判的成分，但肯定涉及价值评判。对待这类事情，除非你被赋予某种权力，比如是人大代表，或者连队里的指导员、班里的团支部书记什么的，至少，像小波先生描述的那样，是个戴红箍的，否则实际上就没什么话语权。实在要说，就只说自己是怎么想的，动不动让那些和自己想法不一样的人“走开”，一般没什么意义，管好自己就不错了。网络是个匿名的空间，但如果因为匿名就忽略了它应该合理公正，也往往会酿成多数人对少数人的语言霸权。要是这种霸权以维护正义和公理的面目出现，就更加可怕。前一阶段网上有个“铜须事件”，似乎是一个网名叫铜须的人通过网络聊天之类的手段和一个已婚的女性发生了感情乃至性关系，被女士的丈夫发现了。这个被戴了绿帽子的男人在网上公布了太太和铜须的交往记录。于是，铜须成了千夫所指的道德小人，在网上被千万人“追杀”和唾弃，甚至波及现实生活。铜须是否应该有如此遭遇，实质上是个价值判断。以网上板砖炮轰的方式处理，其公正性令人怀疑。我们大多都是普通人，估计有些人也做过与铜须类似的事情，什么时候、什么人、依据什么，使我们有了对铜须进行道德审判的权利了呢？但是，人们总是习惯于对各类事物作出价值评判，从力度上看，仿佛是越来越义正词严，越来越斩钉截铁，越来越掷地有声。但语气无论多么严厉，底气是不足的。

女人是否应该从世界杯走开，道理是一样的。过去很长的时间，无论踢球还是看球，似乎主要是男人的领地。现在许多伊斯兰国家，女人看足球甚至看任何的体育比赛都是不被允许的。但是，除了宗教的原因，似乎没有任何道理阻止和反对女人看球、评球和踢球。我们的生活中，确实存在着许多不懂足球也对足球毫无兴趣的女人，但也存在着无数对足球充满热爱、具有独特理解的女人。这一群体，能够丰富我们观看足球的视角、理解足球的程度和欣赏足球的愉悦度。所以，男人们似乎不应该让女人从世界杯中走开，恰恰相反，应该千方百计地拉她们入伙，壮大我们的球迷队伍，丰富我们的足球情感，发展我们由于足球的友谊和爱情。昨天，笔者看阿塞和荷科两场比赛，就是和一群踢足球姑娘们一起看的。我当时就感到，当我们真的懂得女人欣赏足球的风格和视角时，也许，你才懂得如何做一个真正的男人。

CUP Qatar2022
WORLD CUP Qatar2022
#FIFAWorldCup

FIFA WORLD CUP Qatar2022
FIFA WORLD CUP Qatar2022
20
20
20
QATAR AIRWAYS

其七，科特迪瓦式谢幕：无关成败，关乎尊严

对有些球队，世界杯是一个长达一个月时间、需要进行 7 场比赛的漫长征程；而对另一些球队，世界杯却注定是一个 10 天内 3 场比赛的短暂旅程。科特迪瓦，这个足球的历史比建国的历史还要长的国家，这个一直被称为“象牙海岸”的非洲国家，这个曾经以非凡的足球想象力赢得非洲国家杯的国家，初次踏入世界杯大舞台，先折翼于探戈军团的明枪，再中弹于橙衣枪手的暗算，已经 GAME OVER。他们像热带风暴一样席卷而来，又要像海潮消退一样黯然而去。当大幕缓缓拉上的时候，最后的一瞬，他们想留下些什么呢？

北京时间 6 月 21 日 22 时，苦难的科特迪瓦人和苦难的塞黑人站在了慕尼黑世界杯体育场。这是死亡之组的死亡者之间的战斗。面对前两场净吞 7 弹一球未进、士气低落的塞黑人，科特迪瓦人在开场 20 分钟内就为对方送上两份大礼。比分牌上噩梦般的 0 ： 2，似乎预示着一次宿命般的谢幕，没有鲜花，没有掌声。黑白相间的足球啊，难道注定只垂青那更为耀眼的白色？

但是，科特迪瓦人还活着。像海伦·凯勒梦想三天的光明一样，科特迪瓦人证明自己，只需要 70 分钟，甚至只需要 10 分钟！犀利地向前，灵性地跳跃，无畏地奔跑，野性地搏杀，一场更为悲壮的惊天大逆转在慕尼黑上演。当比分定格在 3 ： 2 的时候，我们突然明白，地狱和天堂，原来在同一片绿色的草坪上。

这是科特迪瓦人的谢幕：无关成败，关乎尊严。

无关成败，关乎尊严。足球本来只是游戏，而当游戏被赋予某种价值和理念，它就从普通的游戏中超脱出来。这种价值和理念，不仅仅能够升华为尊严，人化为信仰；也可以被物化为名利，飘零于尘俗。我们看到，同一时刻，阿根廷人和荷兰人在另一块场地上优雅地散步，仿佛在海岸边的别墅里度假，小酌几杯红茶，享受着阳光美景，策划着下一次征服。也许还有很远的路要走呢，他们有些累了，需要小憩片刻，成功者是有这个资格的。但科特迪瓦人没有，在象牙海岸那片黑色非洲的土地上，科特迪瓦人曾经先后被法国、荷兰占领而沦为殖民地，他们因此而知道

了足球，喜欢上足球，甚至把自己自由奔放的性格融入了足球。这种性格，也许永远适应不了功利足球所需要的集体意识，因而注定了在世界杯历程中一次次的早夭，但是，“引刀成一快，不负少年头”，在如永恒星空般的尊严面前，成败其实是多么的苍白。

长江后浪推前浪，前浪死在沙滩上；后浪风光能几时，结果还不都一样？一样的是结果，不一样的是过程；一样的是名利虚空，不一样的尊严永恒。

其八，当第聂伯河流淌过柏林

今天晚上，乌克兰人在柏林奥林匹克体育场一球小胜非洲的突尼斯队，获得出线权。因为私人的原因，我很为这个结果高兴。这是因为，从 1992 年底开始，我曾经在供职的单位从事外事工作长达 9 年。这 9 年中，我打交道最多的外国人就是乌克兰人。

那时，苏联刚刚解体，由于严重的政治动荡，经济严重滑坡，失业大量增加，轻工品特别是生活用品和食品严重缺乏，大多数乌克兰人不仅陷入了生活的困顿，也对国家的未来充满了绝望。大量优秀教练员失业，生存立刻成了问题，急于寻找新的工作。由于这个背景和一些特殊的机缘，我所在的单位和乌克兰基辅市的体育部门建立了友好交流关系。到 20 世纪末，有 30 多个高水平的乌克兰教练员先后到山西省工作，用他们的经验和技术帮助了我们。

双方的友好交流协议是 1992 年底在沈阳市签署的——之所以不是在太原，仅仅是因为时任基辅市体育局长的尤里先生（现在是乌克兰国家奥委会的副主席）因经费原因，没钱买机票，又买不到莫斯科到北京的国际列车车票（这趟车的票几乎全部被北京的国际倒爷们占据了），所以只能乘坐火车穿越西伯利亚从黑龙江来中国，几次转车已经耗掉了国内外事部门批准他出国的大部分时间，没有时间来太原了。尤里先生是赛艇世界冠军，在乌克兰的体育界有着极高的声望，他甚至还是一个颇有名气的诗人，创作了大量的体育歌曲并录制了公开发行的 CD。这当然是我后来知道的。前年我随团访问乌克兰的时候他专门请我们听，激越而富有想象力的旋律很让人振奋。可惜听不懂歌词，不知道尤里先生写得怎么样。

随后的 1993 年我第一次参与的外事活动就是按照协议接待来山西比赛的基辅市摔跤队。他们也是乘坐火车穿越西伯利亚而来的，路上大约要走 10 天。他们的摔跤技术相当好，赢了绝大多数比赛。但是他们当时的困顿也是有目共睹的，我们发给他们的有限几个零用金全部用来买了国内的低档产品，等我送他们回国到了绥芬河车站，15 个人的行李有 110 个箱包，几乎像是逃难或者一支特殊的运输队。大家站在上火车的通道，像接力一样把所有的行李一件一件运上车，即使是摔跤运动员也累得气喘吁吁。

我第一次去乌克兰是 1995 年，去签订第三次交流协议。那时，乌克兰，情况稍稍有了一些好转，但没有根本性的改观。市场上见不到什么物品，物价也高得惊人，一盒口香糖就是精美礼品。记忆最深刻的是我有幸看了基辅迪那摩队的主场比赛。熟悉足球的朋友们都知道，苏联的足球水平在很长的时间内是世界顶尖的，获得过世界杯亚军和欧洲杯的冠军。苏联国家队就是以基辅迪那摩队和莫斯科斯巴达队为班底的（当然还有莫斯科红星队少量的队员）。在 AC 米兰大放异彩的“核弹头”舍甫琴科也是从基辅迪那摩队出道的。可惜的是，由于国运不振，大量的优秀足球运动员外流，1995 年时乌克兰国内的联赛水平已经每况愈下，观众也寥寥无几。我坐在现场，感觉很辛酸。足球是我赋予了特殊情感的项目，看到足球的衰落，总是不开心的。

2004 年再次访问基辅的时候，情况发生了很大的变化。市场比以往丰富多了，市容也有了一些改观。我们住在基辅市郊一个老朋友的别墅里，环境优美，空气清新。他是基辅市高级体育学校的前任校长，我们都叫他老校长，真名反而记不得了。当时正值欧洲杯举行，虽然没有乌克兰队，老校长、他的朋友娜塔萨以及老校长的儿女们都看得很起劲。晚上，大家围坐在别墅一楼的大厅里，喝着我们带过去的碧螺春，津津有味地看球。通过翻译知道，他们对足球的了解很专业，看球也相当投入，时而发出惊呼。有时互相比画着交流，会心地笑，发现足球真是人类共同的语言。

三天后我们到克里米亚半岛。当时他们的国家队正在这里的一个训练基地备战奥运会。半岛在黑海旁边，是乌克兰一处著名的旅游胜地，大名鼎鼎的黑海舰队就驻扎在黑海边，似乎离这里不远。附近的另一个岛（记不住名字了），就是第二次世界大战期间斯大林、罗斯福和丘吉尔三巨头签订《雅尔塔协定》的地方。和我 9 年前所看到的不同，运动员的训练条件和生活待遇都有了明显的改观。国运兴，体运兴，真是颠扑不破的真理。有些人总是责备运动员似乎无谓地耗掉了很多资源，其实，认真想一想，当你的祖国饱受磨难的时候，你才真的明白一枚奥运会的金牌对她的人民意味着什么，当一个国家连功勋运动员都难以生存的时候，还会有什么发展呢？

回到基辅后，老校长又陪同我们专门去乌克兰的第聂伯河畔看了看。和我们的长江黄河一样，第聂伯河是乌克兰的母亲河，无数优美的乌克兰民歌都深情地歌咏她。静静流淌的河水，沿岸低矮而富有欧洲风格的建筑，都让人想起一种古老的风情。那是多么令人感叹的记忆啊！我心中的那种感觉，大约是在《钢铁是怎样炼成的》《静静的顿河》的阅读中潜移默化地形成的。当然，这些故事并不是发生在这里。看到这个美丽的国家恢复了生机，我心里感到异常的高兴。这次乌克兰打入了世界杯的决赛，是他们建国以后的第一次。我想，这个结果对乌克兰人民精神的振奋作用，比一万次政治家的演讲都来得结实。从那时起，我就开始莫名地关心舍甫琴科，为他的每一粒进球而高兴，也希望他率领的球队获得胜利。现在，尽管他们在第一场比赛中惨败给西班牙，但他们在接下来的两场比赛中获得了胜利，艰难地从小组出线。

祝福你们，我那些可尊敬的乌克兰朋友们！虽然我们语言不通，但在足球面前，我们的心是相通的。我希望乌克兰能够走得更远。因为我知道，这个曾经饱受磨难的国家，比任何时候都需要胜利。

其九，我们到底懂不懂足球？

昨天晚上，熙熙攘攘的世界杯赛场似乎突然安静了下来。这种安静，我们在以往也体验过，它意味着，更为艰苦的淘汰赛阶段开始了。

安静大约是比赛的减少。只有两场，而不是以往的三场甚至四场。比赛多的时候，仿佛约了一堆朋友到琳琅满目的大商场里购物，看得眼晕，议论得热闹，最终却发现，谁也买不到什么东西。现在呢，到了环境更为幽雅、商品相对集中的店铺，大家的目光就不再游移不定了。

安静也来源于比赛质量的提高。十六强都是从小组赛的血战中杀出来的，谁也不比谁含糊。况且初来的陌生早已不在，互相看了三场了，吃奶的劲也使出来过，谁也糊弄不了谁了。一上来就得用十成的功力，毕竟，一个闪失就意味着回家。

安静下来看球，和喧嚷着看球，确实有很多不同——如果没有不同，等于说球迷没用。但一安静，就发现了些有趣的事情，热闹的时候就看不出来。比如，预测德国人和阿根廷人赢得比赛，似乎没有太多的争议。但意外的是德国人赢得太顺和阿根廷人赢得太难。一个顺和一个难，想不到。联想起世界杯开幕前后大家的评论，突然觉出许多盲目性来。由此想到一个问题，我们到底该有什么样的立场?

先说德国，舆论中的评价，最初不是夺标的大热门，大热门是巴西、阿根廷和英格兰。不相信，看看世界杯开幕前大家接近一致的评论。第一场比赛前，预测平局的有，预测小胜的有，没有预测到德国大胜的。但看到了德国的大胜，很多人还转不过弯，就开始担心德国的后防线，哥斯达黎加这样的攻击力还能进两个，以后遇上强队还了得？所以颇有人继续认为德国队走不远。第二场对波兰，结果是2∶0，似乎优势很明显，但没有人提起两个球都是85分钟以后进的，前面碌碌无为，个阶段还有些被动。这时，舆论就开始一边倒了。到3∶0胜厄瓜多尔，大家几乎是一致的赞颂。几乎不怎么提这场比赛德国其实没有遇到真正的抵抗，厄瓜多尔根本没上主力也没拼。小组赛三战三胜，从舆论上已经把德国推上了夺标大热门的位置。昨天又一个干脆利索的2∶0拿下瑞典，对德国的评论更是接近神话。据说一个曾经骂克林斯曼是白痴的记者公开表示了道歉，真是很不容易，因为这意味着这个称呼他自产自销了。新婚的“恺撒大帝”贝肯鲍尔也公开表示对球队夺冠的强烈信心，大帝发言，在德国的足球界是“一句顶一万句”的。看来，正好用得着毛主席在《将革命进行到底》中所采用的一个句式来表述：德国队即将在本届世界杯中夺取冠军，这一点，现在连他们的敌人也不怀疑了。

与德国队相反，原来舆论中的夺标大热门阿根廷队现在正遭受着普遍的质疑。

用尽了吃奶的力气，才在120分钟的加时中艰难地战胜了似乎并不强大的墨西哥，似乎表明他们出现了严重的问题。大家似乎已经忘记了阿根廷对塞黑时的那种流畅和犀利，以及看到这种流畅和犀利之后我们曾经的欢欣鼓舞和额手称庆。鼓噪着阿根廷应该夺冠的声音沉寂了许多，毛主席的句式也可以用在这里：阿根廷在即将上演的阿德大战中惨遭淘汰，这一点，现在连他们的朋友都相信了。

同样的情形还发生在巴西身上。世界杯开幕前，巴西被称为五星巴西。这个称呼意味着什么？如果在围棋界，就是终身棋圣；用在武侠里，就是孤独求败。大家几乎是怀着朝圣般的心情来期盼巴西队出场，急欲目睹这支历史上最好的巴西队到底是什么样的风采？但第一场比赛开始后，似乎看到的是混乱不堪的中场组织和全无状态的“外星人”，真是让人大跌眼镜，直后悔应该先叫个三星巴西才来得稳妥。第二场呢，情形也没有多少好转，小罗尚小，肥罗仍肥。这时，关于巴西夺冠之类的话题销声匿迹了，关于肥罗减肥成了主题。接着第三场，巴西兵不血刃地干掉日本，大家一片欢欣鼓舞。殊不知，这种欢欣鼓舞，主要是基于对日本失败的喜悦，而不是五星巴西的回归。巴西到底水平何如，有能走多远的实力，似乎也在一片欢欣鼓舞中烟消云散了。

其实，关于这三个队的实力与前景，很多朋友是有客观分析的。这些分析的一个重要的认识基础，就是能够夺冠的队伍，不仅要具有超强的实力，还要善于调节在长达一个月的时间内队伍的状态，没有一支队伍能够在这样长的时间和这样密集的比赛中始终保持良好的状态，状态出得早，后面就难免低迷；状态出得迟，又难免在前面的比赛中阴沟翻船。德国队之初战，是开幕之日的本土作战，巨大的压力，逼迫德国在最初的时候就必须拿出最佳的状态，看得出，到现在为止，德国人的状态依然不错，但哥斯达黎加也罢，波兰和厄瓜多尔也好，甚至老化和萎靡的瑞典队，都不足以在德国状态正好的时候撼动它的锋芒，这才是德国一路走得顺的原因。但这种状态能够保持多久，特别是在阿根廷这样的强队面前还能不能保持住，是值得怀疑的。相反，阿根廷和巴西，其实在小组赛中都没有倾尽全力——无论是阿根廷打塞黑的6 ：0，还是巴西打日本的4 ：1，大家可以看明白，究竟是对手太弱，还是巴西或者阿根廷状态很好？拿巴西来说，千万不要以为巴西夺得5次世界杯冠军靠的是球员的天才，天才是必不可少的，但更为重要的是，巴西对现代足球的理解和依据这种理解而形成的世界杯参战实践，都是世界上最好的。早些的比赛，看看《贝利自传》就明白；而晚些时候呢，回忆一下最近几届，哪一届的巴西队，不是状态越打越好？这一点，绝对不是几个天才球星往一起一站就可以做到的。本届世界杯，由于组队较晚，巴西队其实只打了三场热身赛，其中两场还是教学比赛。这样的备战历程，尽管球星成堆，还是捏不成一支五星巴西。因而，老谋深算的佩雷拉，其实是在保证胜利的基础上，用小组赛来演练阵容的。看看他每场比赛调兵遣将的过程，特别是肥罗如此状态还场场用（包括第三场进了两个都不换下），都看得出其中的用意。所以，巴西以往的胜利，绝对不仅仅是几个天才球星的闪光，教练们对足球竞争的深刻理解，才是夺冠之道呢。

不从更深一步想问题，不透过现象看本质，我们就难免跟着感觉走，球队某场踢得好，立刻是夺冠大热门；某场踢得不那么好，就又换了面孔口诛笔伐一番。说错了，只要说一句足球是圆的，就立刻把所有的问题都解释了。当然，足球是圆的这句话，几乎可以解释一切，特别是当我们的立场跳来跳去的时候，几乎是分析错了以后最好的遮羞布。但是，大家且不要忘记，圆是世界上最完美的几何图形，平面几何中关于圆的定律最多，每一个都确凿无疑。我们从来没有见过一个毫无立场的圆！这表明，在大量的现象背后，足球也有其特定的、不易为人们所能了解的竞赛规律和制胜规律。掌握了这个规律，队员才能踢好球，教练才能安排好，我们呢，也才能看了热闹，初窥门道。可惜的是，“足球是圆的”究竟意味着哪些内容，我们还所知甚少呢。

德阿大战即将上演，这是本届世界杯开赛以来最高级别的比赛。我想大胆地预测，种种迹象表明，德国战车将止步于这场比赛，而阿根廷人呢，也许会踩着德国战车的残骸，踉踉跄跄地走入决赛，他们的对手，极有可能就是那个在小组赛前两场混乱不堪的巴西队。

让我们拭目以待！

其十，红黄牌满天飞，罪在滥用规则

北京时间今天凌晨3点，世界杯八分之一决赛的第四场比赛在葡萄牙和荷兰之间展开。对于任何一个喜欢足球的人，看到这两支球队过早地相遇，都不会感到愉快。

荷兰和葡萄牙都属于欧洲的拉丁派。队员个人能力强，技术突出，讲究进攻，能打出赏心悦目的配合。荷兰曾经两次获得世界杯亚军，被许多球评人冠以“无冕之王”，从20世纪70年代的克鲁伊夫，到80年代的范·巴斯滕、古力特、里杰卡尔德、科曼，乃至90年代的博格坎普、西多夫、克鲁伊维特，一直到今天的罗本，荷兰足球可谓群星璀璨，名将辈出。这次参加世界杯，其教练员正是两次获得世界足球先生的著名前锋范·巴斯滕。葡萄牙呢，世界杯史上的名气似乎稍逊荷兰，但随着以鲁伊科斯塔、菲戈、保莱塔等为代表的黄金一代球星横空出世，实力自不在话下。他们在两年前刚刚夺得了欧洲杯的亚军，目前执教的教练员正是上届世界杯率领巴西队夺得冠军的斯科拉里，他已经创造了率队在世界杯赛场上连胜10场的纪录。应该说，这两支队伍的“火星撞地球”，和世界杯历史上1966年的英格兰与德国之战、1986年的巴西与法国之战、阿根廷与德国之战等经典战役一样，是应该也能够载入足球史册的。那么，无论是教练员范·巴斯滕、斯科拉里，还是运动员菲戈、范德萨等，都完全可以凭借在这场比赛中的优异表现，成为球迷们在10年20年之后都会回忆起的著名足球人物。

最终的结果大家都看到了，葡萄牙以1∶0战胜荷兰，进军八强；而荷兰呢，只能咽下失败的苦果，万分遗憾地回家了。比赛的过程很艰苦，甚至很惨烈，但实在谈不上有多么精彩，除了斯科拉里先生继续延续了自己的神奇纪录之外，其他人似乎都难以凭借这场比赛的表现名垂足球青史。倒是有一个比这些著名球星名声远逊的“非著名”人物，不小心创造了历史。大家应该猜到了，这就是本场比赛的主裁判俄罗斯人伊万诺夫。

在足球裁判界，伊万诺夫先生倒也不是泛泛之辈。这位45岁的体育老师已经有将近20年的执裁历史，是本届世界杯裁判队伍中最年长一位，1997年获得国际足球比赛执裁资格，至今执裁的大型比赛有2003年法国联合会杯、2004年欧洲杯等。稍微查询一下历史上这位裁判先生的执裁经历就可以知道，这位表情严肃的俄罗斯人在场上的执法尺度比较严厉，只要是危险动作，哪怕后果不严重也经常被出示红黄牌。本届世界杯首轮伊万诺夫执裁了法国对瑞士的比赛，总共出示了8张黄牌，在首轮16名主裁判中被球迷认定为“最差”。2004年冠军杯比赛西班牙皇马对意大利罗马的比赛中，就是这位伊万诺夫先生在罗马2：0领先之后的连续两次误判（其中一次是点球），“帮助”皇马实现了大逆转。

当然，一心想名垂青史的伊万诺夫先生显然并不满足于以往这些经历带来的“小有名气”。在法国和瑞士的首轮比赛中“小试牛刀”以后，他把扬名立万的机会放在了今天凌晨的比赛中。我们看到，伊万诺夫显然实现了他的理想，在这场比赛中，他一共出示了4张红牌16张黄牌，创造了世界杯历史上的新纪录！

这当然是一个非常了不起的纪录。在90分钟的比赛中，双方先后有4名球员离场，在场上比赛的球员，绝大多数都染“黄”在身。黄河之水天上来，红雨随心翻作浪，哪一场世界杯的比赛，哪怕是最后的决赛，能有这样的威风呢？

在电视机前端坐了90分钟的每一个球迷都看到，与4个小时前开赛的英格兰对厄瓜多尔之战相对照，荷兰和葡萄牙之战的最初，其实还是稍稍文明些的。从某种意义上讲，不是场面的难以控制导致了伊万诺夫先生的“黄”河泛滥，恰恰是由于伊万诺夫的“引黄工程”，导致了最后的“黄水滔滔”，甚至“红河决堤”。在这样的情形下，本应是主角的球员，成了名副其实的配角，而本应是配角的伊万诺夫先生，成为这场比赛中真正的男一号。

孤独站在这场地
听那哨声响起来
我的心忍不住跳出来
多少同伴不在
多少规则在乱改
你怎么能拥有我的爱？
哨声响起来

我心更明白
你的黄牌将与我同在
哨声响起来
我心更明白
世界只剩下了一张红牌

在这样的歌声中，科斯蒂尼亚走了，博拉鲁兹走了，范布隆克霍斯特和德科也走了，最后，整个荷兰也走了。他们之必须走，都有具体的原因，都有个别的道理，但当这样的罚下成为一种不可避免的结果，当同样的行为在另外的比赛中没有受到同等处罚的时候，当这种处罚的结果是扼杀了比赛本身的时候，我们知道，伊万诺夫先生在执行规则过程中忽略了规则之为规则的本义。当范·巴斯滕无奈地跌坐在椅子上，当斯科拉里为下一场的出场阵容大伤脑筋的时候，我们知道，这样滥用规则的执裁，扼杀了本来可能的美好，成就了一个耻辱的纪录！

没有规则的世界是混乱的，滥用规则的世界是可怕的。从根本上讲，这种滥用规则的行为，实质上是在既定的规则体系中，处于规则执行强势地位的一方，对自己担负的社会角色作出了错误的定位。从根本上讲，是“以暴抑暴”。国际上所谓的“世界警察”，其实不正是这种滥用规则现象的政治版？

有些人是不喜欢足球的，但这些人无论多么有能力，都无法阻挡足球成为“世界第一运动”。如果真的想扼杀足球，利用这种粗暴地滥用规则的人是最合适的。为了足球的发展，也为了本届世界杯精彩的比赛能够继续出现，我们强烈地建议国际足联：给伊万诺夫先生一张红牌，让他以第一个吃红牌的裁判员的名义光荣地退场，如果伊万诺夫先生确实想名垂世界杯史，这正是最好的方式。

其十一，谁谋杀了天才的阿根廷？

这个夜晚属于德国人。他们获得了一场众望所归的胜利。而阿根廷人也体面地走完了自己的世界杯之旅，止步八强。本来，他们能够，也应该走得更远。

点球。可诅咒的点球。

点球的存在说明，在看上去很美的足球游戏中，人类的智慧仍然有巨大的局限性。

每当点球不可避免的时候，我们都能从冥冥中感觉到上帝的存在。当慕尼黑的啤酒被成桶成桶地灌入德国人躯体的时候，当布宜诺斯艾利斯街头被泪水浸染的时候，我们知道，仁慈的上帝在这个夜晚讲德语。

上帝总是坐在人多的一边。

上帝并非总讲德语。我们知道，他先知先觉，无所不能。20 年前，他曾经讲过西班牙语——这是阿根廷人的语言。那时，他和一个叫作马拉多纳的人站在一起，甚至用自己的右手帮助这位有史以来最伟大的中场球员，把球拂入大门。当然，上帝还用自己的左手挡住了主裁判的眼睛，使他在 5 米的距离内，什么都没有看见。上帝总是这样善解人意——大不列颠的远征军用炮舰和铁血赢得马岛主权的时候，操着殖民痕迹的西班牙语的阿根廷人该是怎样的无奈？当英国人在马拉多纳的呐喊声中低下高傲的头颅时，我们知道，上帝是公平的，终于一报还一报了。

出来混，总是要还的。

当然，上帝也讲过韩语。4 年前，欧洲亚军葡萄牙、欧洲的无冕之王西班牙和世界冠军意大利在韩国人搭建的舞台上，先后摇摇晃晃地倒下，我们也曾听到了上帝诡异的笑声和神秘的话语——那时，他讲韩语。而在本届世界杯上，顽强的韩国人折翼于瑞士，豪放的瑞士人折翼于顽强的乌克兰人，而昨天晚上我们看到了，乌克兰人在一场几乎完美的表演中连中三弹，透过冒烟的枪口，我们看到的是里皮先生冷酷的脸。连门柱都在帮助意大利人。就在一个小时之后，上帝就开始讲意大利语了。

在我们刚刚度过的这个夜晚，上帝是讲德语的。他甚至会选择一个同样操着德语的瑞士人做他的代言人。天才的阿根廷人开始狂放地表演，他们杀入禁区，被德国人无奈地放倒，可惜的是，上帝在这一刻把脸掉了过去——也许，他是想和那个刚刚做了新郎官的“恺撒大帝”打个招呼？操着德语的瑞士主裁判作出了判决——假摔！这个很有想象力的判决，和我们以往曾经多次看到的情形一样，关键的时候，不是球员，不是技术，甚至不是意志在决定比赛——是上帝。当苍老的佩克尔曼遭受广泛的质疑而宣布辞职的时候，我们是否想过，如果不是上帝在那一时刻扭过脸去，这些质疑是否会成倍地抛向那个欢乐得像个孩子的克林斯曼？

无疑，佩克尔曼为自己的保守付出了代价——如同早已出局的日本队主帅济科、澳大利亚队主帅希丁克。在上帝创造的世界里，乃至在上帝创造的足球里，没有人能够逃脱质疑。当你经常面对需要一秒钟内决定该如何做的时候，我们知道，没有谁是完美的和不犯错误的——除了上帝。甚至，你都无法辩白那到底是不是错误。对佩克尔曼来讲，也许应该换上梅西，也许不该换下里克尔梅，也许应该在下半场的绝大多数时间内都投入更多的进攻兵力，甚至可以让德国人像十字军团奇袭下的乌克兰人一样连中三弹——在当时的情形下，阿根廷人是有这个机会的。我们都能说得很对，在松软的沙发上，我们喝着啤酒，点着香烟，松弛地畅谈着胜利和失败，谈论和指点着，设想如果自己是上帝，应该如何安排这场比赛。但是，设身处地地站在佩克尔曼身边，当点球被操着德语的瑞士人吹成假摔的时候，我们应该怎么办？

进攻，还是防守？正如同哈姆雷特那个著名的追问一样：活着，还是死去，这是一个问题。

如同 20 年前的英格兰人和 4 年前的意大利人，佩克尔曼看到了上帝的意图。一个不停地变化着自己语言的上帝是功利的。你永远无法回避这种功利。任何的宗教都必须让人顶礼膜拜，而不是思考和质疑。信奉着同一个上帝的佩克尔曼和克林斯曼选择了同样的功利主义，这才有了克林斯曼上半场的保守和佩克尔曼下半场的保守。

在功利主义的上帝面前，我们已经看到了很多的无奈——我们看到了一支面目全非的荷兰队——他们也许应该改行去练拳击；我们看到了一支步履蹒跚的捷克队，他们已经回家了，度假的日子还好吗？我们看到了一届没有冷门的世界杯，传统的强者继续着征服和杀戮，而弱者无奈地走开，无论他们怎样地努力和挣扎。如同在武侠小说里看到的，不论群豪有怎样的梦想，到了华山论剑的时候，总是那么几张熟悉的面孔。

奇妙的是，那个经常获得上帝垂青的马拉多纳没有出现在这场比赛的现场。

上帝安排的，不是吗？

其十二，世界杯，还是欧洲杯？

八强中，欧洲占了 6 个名额。而在四强中，可以预期的是最多只会有南美的一个名额了。如果北京时间明天凌晨 3 点，巴西人不能获得胜利，世界杯将变成欧洲杯。

真的出现这样的情形，我们是该欢呼欧洲的强大呢，还是感叹世界的无奈呢？

这种情形表明，欧洲的规则已经和正在成为世界的规则。在全球经济一体化已经深入人心的今天，一种功利而实用主义的思潮，越来越不可抗拒地成为世界潮流的主宰。欧洲哲学所能引申出来的那种人类文明的多样性主题，越来越被一种无可阻挡的文化霸权所笼罩。这种情形，我们还可以在风靡全球的好莱坞电影、席卷全球的跨国公司品牌效应中看到。

也许黄健翔为意大利的激情欢呼，对中国足球的指责发展成为一种网络暴力式的群体习惯，甚至由此而来的许多莫名其妙的文化自卑感，似乎应该让我们警醒。在膜拜强权的时候，我们应该如何保持我们文化上的相对独立性？

当世界杯真的变成欧洲杯，我们是不是也要和日本人一样，干脆脱亚入欧？还是像看欧洲杯一样，手持百威啤酒、捧着美式爆米花、坐在欧洲情调的酒吧里，若无其事地欣赏纯粹的足球？

但愿今天晚上巴西人能够胜利，让这个话题变得不那么重要吧。

其十三，今夜，让我们静静地看球，好吗？

此时此刻，离英葡之战还有 2 个小时，离巴法之战还有 6 个小时。本届世界杯应该有 64 场球，即将开始的这两场，分别是第 59 场和第 60 场。最后的往往是最好的，世界杯已经走到了华彩部分；最好的往往也是最后的，世界杯快要结束了。

我一直都有这样的疑问，足球何以有如此魔力，能够把不同信仰、不同种族、不同肤色、不同职业、不同经历、不同文化的人群奇妙地吸引在一起，成为一个无所不在的球迷团队。只要你谈论足球，在这个世界的任何角落都可以找到朋友，语言不通都没有关系。9 年前，我在乌克兰基辅市观看基辅迪那摩队的比赛，陪同我们前去看球的是基辅市体育局干事谢尔盖——一个退役不久的击剑运动员。比赛结束后，他紧紧地握了我的手，微笑着点头。那一刻我明白，他是迪那摩队的球迷，我们喜欢他的球队，他非常感动。而当我再去基辅，市体育局已经不存在了，那个略有些腼腆的小伙子也不知去向，但我仍然执拗地相信，世界杯开幕后，他一定也在某个地方看球。我几乎所有的朋友，也包括我自己，工作改变过，个性改变过，感情改变过，甚至做人的原则也改变过，但对足球的喜爱，却似乎从来没有改变过。什么样的感情，能如此持久而永恒？

从揭幕战开始，我们就对世界杯倾注了极大的热情。那时，每天有三场球看。尽管资深的老江湖球迷总是告诫我们，精彩的还在后面呢，但还是忍不住要看，有时甚至半夜会突然醒来，打开电视，痴痴地看那些熟悉的面孔，那些奔跑的身影，那些亲切的画面。我知道有的球迷是有强烈倾向性的，他们有自己拥戴的球队和喜爱的球星；但更多的球迷如我，这种倾向性是相对而言的，更喜欢的是球赛本身。就比赛而言，第一轮是生涩的，除了少数的几支队伍，绝大多数球队没有完全展现自己的水平。小罗在梦游，菲戈有些僵硬，亨利找不着球门，但毕竟开始了。在第二轮平稳的过渡之后，世界杯在第三轮渐渐露出真容。毕竟，当第三轮比赛尘埃落定，就有一半的球队挥手告别。这其中，坚强的捷克走了，悲情的塞黑走了，狂放的科特迪瓦走了，他们的背影渐行渐远，落寞处，倩何人，唤取红巾翠袖，揾英雄泪？

也许，老江湖是对的。世界杯只有到了十六强捉对厮杀的时候，才算真正地开始。因为只有在这个时候，你才能彻底地明白，自己为什么会喜欢足球——当你心目中的英雄开始为荣誉和利益搏杀时，每一个真正的球迷心中涌起的是诗意盎然、万丈豪情。只有在这时，你才会明白什么样的主帅才能够“黄沙百战穿金甲，不破楼兰终不还”，什么样的前锋才能够“城头铁鼓声犹震，匣里金刀血未干”，什么样的后卫才能够“但使龙城飞将在，不教胡马度阴山”，什么样的反败为胜才称得上“百战沙场碎铁衣，城南已合数重围。突营射杀呼延将，独领残兵千骑归”，什么样雄壮的队伍才能称得上“壮志饥餐胡虏肉，笑谈渴饮匈奴血”，什么样的失败队伍才可以“醉卧沙场君莫笑，古来征战几人回”？

在这样的时候，足球就不仅仅作为一种体育的艺术而存在，观赏足球，也不仅仅是对技术战术的欣赏和品评。重要的是，你需要把自己整个身心投入浑然忘我的境界，以自己人生的感悟去体味比赛背后的东西，用足球场上发生的一切去观照自己的内心。这是一个需要安静的时候，这种安静，不是不发出声音，而是一种身心俱泰的静谧体味。在这里，失败和成功，希望与绝望，搏杀与忍让，进攻和退却，甚至活着和死去，都有了完全不同的意义。

那就从今夜开始吧。让我们屏住呼吸，等待那激动人心的时刻。

其十四，英葡战：生的伟大？死的光荣

在刚刚结束的英格兰对葡萄牙的四分之一决战中，葡萄牙人在最后的点球决战中以 3 ∶ 1 胜出，继德国和意大利之后，闯入了四强。英格兰人尽管在 120 分钟内拼尽了全力，但最终还是在他们一贯不擅长的点球大战中败北，4 个出场的球员只有 1 人将点球罚入，对照昨天的德国，这无论如何不是一个好的成绩。应该说，英格兰人输得合情合理。

就比分而言，似乎这不是一场精彩的比赛。但看了全场 120 分钟双方的表演，应该说双方踢得都非常好。

葡萄牙人继承了自己欧洲拉丁派风格的一贯打法，但与 2000 年欧洲杯时那支令人耳目一新的队伍相比，现在的葡萄牙队实力下降了不少。横空出世的超黄金球员威风不比当年，鲁伊科斯塔已经不在阵中，菲戈的控制力大不如前，新出道的 C 罗尽管速度、盘带和控球都很有特点，但显然还不是很成熟。这样的一支队伍，能够以三战三胜的战绩从小组出线，一方面是依靠分组较为有利，同组的安哥拉和伊朗都算不上强队，即使实力下降了许多的葡萄牙，战而胜之也是有把握的，唯一强一些的对手墨西哥队，即使输了也不影响出线。另一方面呢，他们请到的名帅斯科拉里，确实表现出了对重大比赛超强的控制能力。在斯帅的手中，队员的个人才华和球队的整体风格和谐地统一起来，使过去那支更多依靠队员个人能力和小范围地

面配合为主的葡萄牙，成为一支具有较高战术素养和比赛控制能力的球队。这主客观两个方面的因素，使他们有惊无险地以小组头名出线。出线后的第一仗，遇到了范·巴斯滕率领的年轻荷兰队。在一场惨烈的对撞中，斯帅的经验战胜了范帅的气盛，葡队的战术素养战胜了荷队的一意孤行。葡萄牙走到今天这个地方，应该说并不出人意料。

英格兰队是老牌的欧洲强队，也是本届世界杯所有参赛球队中，6 个获得过世界杯冠军的球队之一。除了 1994 年意外地未获得出线资格外，最近 20 多年来的世界杯，英格兰队一直保持着较好的战绩，1986 年小组出线后，被马拉多纳的“上帝之手”扼杀，1990 年在半决赛中被德国队点杀，1998 年和 2002 年也都打入了淘汰赛阶段。埃里克森执教以后，英格兰队的风格发生了不小的变化，在原来长传冲吊的基础上，英格兰队更加讲求整体队形的保持和中前场的地面进攻，颇能打出一些令人赏心悦目的配合，球确实好看了，比赛的质量也提高了。加上欧文、鲁尼、贝克汉姆、杰拉德、兰帕德等超级球员的存在，英格兰队看上去确实令人望而生畏。本届世界杯开赛之前，曾经一度被视为除巴西之外的第二夺冠热门。但是，他们尽管取得了小组出线，但比赛中的表现并不好。特别是第二阶段与厄瓜多尔的比赛，场上表现得混乱不堪，进攻乏力，仅仅依靠贝克汉姆的一脚世界波任意球战胜了对手。在球迷眼里，英格兰队早已不是什么夺冠热门，甚至走到今天已属于侥幸多多了。

因为这些原因，在这场对双方都十分关键的比赛之前，绝大多数球迷都更加看好葡萄牙。但开场后，大家逐步感觉到英格兰队对世界杯比赛的老到经验，埃里克森显然是不急于把队伍最好的状态用在小组赛中。到了这场比赛，英格兰队让人感觉到明显的变化，右路的进攻活起来了，对对手的压力增加了许多；葡萄牙人呢，依然是按照自己精心设计的比赛计划在前进。双方略有保守地打起了对攻，场面相持，亮点颇多，比昨天德阿之战的上半场精彩了许多。尽管双方的进攻都没有实质性的收获，但大家都看到，胜负的天平并没有像赛前预测的那样出现一边倒的局面。

胜负天平的倾斜出现在下半场 10 分钟左右，天才少年鲁尼以一个粗暴的踩踏动作侵犯对手，被严厉的阿根廷裁判红牌罚下。尽管有不少人猜测是阿根廷和英国的夙仇使主裁判作出了报复，但看了慢镜头之后，显然鲁尼的动作是粗暴和危险的，被红牌处罚并不冤枉。在这种情形下，英格兰立刻陷入了全局的被动。因为此前，贝克汉姆已经因为受伤而下场。贝克汉姆的存在，并不在于他能够在运动战中给葡萄牙人制造多少麻烦，重要的是，由于他令人惊惧的一脚任意球，使得葡萄牙乃至任何对手在前场中路的防守都必须小心翼翼。这两人下场，英格兰队的威力立刻下降。整个局面陷入了葡萄牙进攻和英格兰防守的格局。

可敬佩的英格兰人在第二次世界大战中展现出的勇气再次表现出来。他们良好的战术素养使他们的防守层次异常清晰，而克罗齐的单箭头反击也给葡萄牙人制造了不少麻烦。以 10 人迎战的英格兰尽管在战术上陷入被动，但并没有表现出死守求平的意思。他们屡屡发动令人生畏的反击，几次甚至有机会攻破对方的城池。应该说，这是本届世界杯第二阶段开赛以来最为精彩的下半场。英格兰人的顽强和葡萄牙人的坚定都表现得淋漓尽致，从这个意义上讲，双方的比赛没有输赢，只有精彩。

葡萄牙生的伟大，英格兰死的光荣。这才是世界杯竞争的高品位。当我们在今后回顾这场比赛的时候，我们应该记得，胜利者当然是可敬的，而在比赛中失败的英格兰人展现出的那种不屈不挠的勇气和信心。在这一点上，我们必须向英格兰人致敬！

其十五，巴西也走了，我们还要看世界杯吗？

有一个很经典的故事：一个虔诚地信奉上帝的人不小心掉入水中，不久有船来救，但他拒绝上船，因为他坚信上帝会来救他的。当然，这位老兄最后被淹死了。他如愿以偿地见到了上帝，立刻质问为什么不去救他。上帝很惊讶：我派了一艘船去了，你为什么不上船？

这正是今天晚上世界杯赛场上我们所看到的情况。仅仅 10 分钟前，巴西人在与法国队的巅峰对决中，很耻辱地输掉了比赛。在连续三届进入世界杯决赛之后，巴西人终于为自己的傲慢付出了代价。

巴西人始终在拒绝上船，他们似乎真的相信对加纳时的好运气会再度降临。因而，我们看到的情况是，11 个人上场的比赛，有两个人在梦游，一个是大罗，一个是小罗。两个梦游的前锋直到比赛结束前 3 分钟才醒来，他们似乎突然记起应该进攻了，然后，他们就开始了真正的巴西式的进攻。仅仅 70 秒后，他们就把皮球打在了法国队球门框以内。一切都太迟了。与故事里一样，拒绝自救的巴西人被淹死。现在，也许他们正在质问上帝为什么不去救他们，上帝会说什么呢？

大罗和小罗的梦游，其实源于另一个人的梦游。这个人名叫佩雷拉，一直坐在场外的教练员席上，看上去表情轻松。作为一个足球教练员，他的历程是辉煌的。1994 年，就是这个坐在场边的人率领着大罗和小罗的师兄们战胜意大利队获得了世界杯。毫无疑问，那个时候上帝是和他坐在一起的。我们记得，悲情的巴乔直到临近结束的时候才被换上场，而那场比赛中，唯一有希望射入球门的球就是巴乔踢出的。还好，也许是无所不能的上帝用小指轻轻一点，那个飞行中的皮球就奇迹般的滑过去了，巴西人逃过了一次失败。随后，上帝又帮助他赢得了点球大战。当时，巴西队以 4 次夺冠的奇迹，捍卫了自己世界杯历史上最伟大球队的荣誉。

这一次，这个有着“光荣传统”的巴西人再次光临。好比一场4年一次的扑克牌戏，牌好的一方总有更大的机会去赢。而恰恰是这个佩雷拉，抓了一把全世界最好的牌。这把牌，江湖上称之为“五星巴西”。我一直期待并且相信，尽管时间很短，准备不够充分，但佩雷拉一定有办法把这把让人艳羡的牌打好。甚至在前面没有打好的时候，我也从来没有怀疑这一点。

可惜的是，这次上帝没有帮助他。

上帝不肯垂青，故事里已经讲得很明白了——这位无所不能的先哲只愿意帮助那些肯帮助自己的人。两个一直在梦游的前锋依然占据了首发位置，这可能要让老谋深算的法国人窃喜。天才的罗比尼奥整整在替补席上端坐了 75 分钟，直到他少年的锐气被彻底磨灭，才突然听到了进军的号角。可惜的是，一切都太迟了。

这是我们最喜欢的球队的失败，这是我们难以接受的失败。这种难以接受，要远远超过 1990 年巴西队与阿根廷，对决时我们曾经看到过的失败，那场比赛，巴西人占据了完全的主动，只是上帝不肯帮助他们。也超过了 1998 年同样两支队伍对决时巴西遭遇的失败，那时的法国如日中天，输给这样的队伍，尽管无奈却不失体面。今天的失败，是一群天才被一个让功利主义迷糊了心窍的平庸教练率领而导致的失败。这个失败，让世界杯终于变成了欧洲杯。

巴西走了，我们还要看世界杯吗?

其十六，齐达内不必说出真相的七大理由

因为头撞马特拉齐而被红牌罚下，齐达内已经成为世界杯决赛结束后的头号新闻人物。现在，全世界都在猜测马特拉齐那一刻到底说了什么，才使得齐祖发了雷霆之怒，以杨老令公撞李陵碑自杀般的决然一头撞将过去。昨天，齐祖通过经纪人表示，几天内将公布真相。但笔者认为，还是不公布的好，理由有七：

第一，有利于杀杀意大利队的威风。意大利夺了冠军，耀武扬威地衣锦还乡，无论是法国队还是齐祖本人，岂能咽下这口气？正好因为这一事件，媒体的报道中，齐祖还是头号新闻人物，比夺冠的意大利还抢眼。让意大利夺了冠也不爽，岂不痛快？如果说出来，这样的效果就差多了。国内哪个超女被 PK 掉，一般都要含含糊糊地露出些委屈来，让人有胜者不武的感觉，正是这个道理。

第二，有利于继续保持知名度。当时的情况一直不公布，大家就要一直猜下去，这种乱纷纷的猜测，正是保持齐祖知名度的最佳状况。正如黄健翔“解说门”事件，前面纷传多多，黄主持的声名也芝麻开花节节高，后来一出来解说，围绕“解说门”的议论立刻沉寂了许多，大家又开始关注黄主播的解说了，“解说门”的新闻效果就差多了。

第三，有利于维护齐祖的正面形象。齐祖冲冠一怒，无论多么有道理，都无法逃避导致法国失利的谴责。不公布真相，大家自然会把马特拉齐当时的举动想得无比严重，无形中增加了齐祖行为的合理性。倘公布了结果，自然有人同情，但马特拉奇倘闭嘴不说，肯定会有很多人认为还是说不清楚，反而对齐祖不利。

第四，有利于继续保持世界杯的热度。世界杯之所以好看，除了球赛精彩，很重要的一个原因是大家一直都保持着谁能夺冠的悬疑。现在名次各有归属，悬疑已经真相大白，世界杯的热度当然要下降。但如果齐祖和马特拉齐都不开口，这种悬疑就能一直保持下去，热度就不会下降。如同神农架到底有没有野人，恐怕说不清

才有人去看。要真说清楚了没有，神农架恐怕就要冷清许多。

第五，有利于丰富足球文化。当时的事实不清楚，能给大家带来无穷的想象空间。每一种想象，都能引起热烈的讨论；而讨论本身，自然就能进一步深化人们对足球文化的理解，从而扩大足球爱好者的阵营，提升这一队伍的整体素质。比如曹操的是非功过问题，先有罗贯中《三国演义》的妖魔化，后有郭沫若的平反，吵得热了，对三国的研究就深化了许多。

第六，有利于丰富出版事业。齐祖和马特拉齐共同努力，能够把这一悬疑的气氛造得更足。等上一年半载，齐祖就可以写本书说明真相，马特拉齐再写本书，对某些事实辩白一番，虽则孰是孰非难以判定，但书畅销是一定的。但这里的原则是，一定要等到“不得不说”时再说为好。

第七，有利于促进更多的人出名。现在流传的各种关于当时情形的故事版本，涉及齐祖的姐姐、女朋友等一干人等，听起来都有些道理，议论纷纷中，这些人自然也会随之声名远播。倘若说出真相，肯定和其中一些人没有关系，这些人就失去了出名的机会；而不说出来，大家都有机会。这种效应，想来齐祖忙于踢球，还不太明白呢。

齐祖已经完成了自己的告别演出，一波三折，总算最后拿到了金球奖。回想起来，1998 年也得过冠军，整个足球生涯，并没有大的遗憾。如果借此机会，把悬疑保持上一段时间，这一事件肯定会成为世界杯历史上一个重要的场外新闻。这样，齐祖无论是否继续踢球，其风头一段时间内恐怕谁也抢不去。反正这届世界杯是老江湖继续华山论剑，并没有抢眼的新人出现。 多保持些悬疑，恐怕齐祖还要和贝利、贝肯鲍尔、马拉多纳一样，名垂世界足球史册呢？想想看，老马挂靴十几年了，一露面还能抢了风头，不正是因为老有绯闻之类的事件发生吗？

足球往事不如风

再过十几天，世界杯就要开幕了。想想就有趣，要是你谈别的比赛，在世界杯前面一定要加上项目的名称，但如果只说世界杯，几乎不会产生歧义，一定是足球。如果你和一个人谈世界杯，对方居然问哪个世界杯，可以肯定他不是球迷，甚至不是体育爱好者。

本届世界杯应该是第十八届了。但对于我自己，这将是第六次看世界杯。因为在 1986 年以前，似乎没有什么电视转播，即使有，我也没有电视看，真要了解世界杯，早年的恐怕也就是看看新闻，后来最多也就是听听广播。其实想来现在是 40 岁左右的人，大致都是这样一个经历。细细回忆起来，从 1986 年墨西哥世界杯之后，每一次我都从头至尾看了电视转播，而且每一次看的环境都不一样。世界杯的比赛当然就是我们在电视上看到的那个样子，真正的球迷，都有深刻的记忆；但回忆观看每一次世界杯时的情景，自有一番不同的感受在心头。

1986 年墨西哥世界杯是在上大学的时候看的。那时学校里还没有给学生看的电视机，想看转播只能到附近的一个工地上去，建筑公司考虑工人的夜生活，就在外面的一片空地上摆了一台 18 英寸的电视机，工人们坐在马扎上看。由于是人家的电视，自然工人们已经占据了有利位置，加上人多，所以去的时候要搬一把椅子，站在上面才看得见。一场比赛的时间至少两个小时，站在椅子上从头至尾看下来，真不是一件轻松的事情。但常常因为工人们要看电视剧，辛辛苦苦搬了椅子去，却看不成比赛。所以经常看到这样的情景，一堆人各搬一把椅子，低着头在学校的路上闷闷地往回走，那个郁闷啊。知道的人明白是工人又看电视剧了，不知道的人还以为学生夜间搬教室呢。决赛转播的那天，大家推举了代表、凑了份子去和工人们商量，终于和一个包工头协商好（买了几包烟给人家呢，是当时十分流行的良友烟），答应我们可以等电视剧播出后看下半场。即便如此，大伙儿差点没把那个包工头拥抱得窒息。到了能看的时候，电视前面足足挤了五六百号人，前面的坐着马扎，稍后些站着，再往后就全站在椅子上了，黑压压的一片，仿佛平地长出一大片森林，真是蔚为壮观。一声喝彩，三五里地都听得见。可惜的是，我去晚了，站在椅子上把脖子伸得像鲁迅先生描述的刑场边的看客，还是看不见。所以，那场决赛其实是听下来的，知道阿根廷赢了德国，心里为马拉多纳高兴，回去颇喝了几杯啤酒。也许是因为看球具有如此的困难，我一直认为，那是我心目中最好的世界杯。

2002 年世界杯前，《山西晚报》要出一期专辑，请有关人士回忆世界杯，栏目编辑约我写其中一届，问我写哪一届，我毫不犹豫地选了 1986 年这一届，标题是《1986：掠过高原的飓风》，文字很激情澎湃。

到 1990 年意大利世界杯的时候，情况有了很大的改善。我上班了，电视也普及了很多。但遗憾的是，正巧单位派我下乡，和其他 9 个同志一道，到晋北的一个小山村扶贫。一年间，我在村里住了 300 多天，世界杯也是在村里看的。可惜的是，同去下乡的都是些老同志，不怎么爱看足球。只有我一个人兴趣大。看球只能在村里先富裕起来的一些老乡家，坐在炕头上，和男主人喝着烧酒，倒是惬意。但可惜的是，那时差不多每天转播三场，时间大致是中午、下午和半夜。在人家的炕头上，中午和下午还好，半夜就不合适。三场只能看两场，如果工作队有事，下午也不成，就只有一场球看。遇上自己喜欢的球队的比赛看不上，心里真是抓耳挠腮的痒，什么事情都做不在心上。到了淘汰赛的时候，队长体谅我，把一年的休假一次性地给了我，正好回家去看。后边的每一场全看了，但可惜的是只有一个人看，看到精彩处，忍不住想喝彩或者骂娘，但身边没人，实在憋得有些难受。当然，那是记忆中最沉闷的一届世界杯，小组赛还好，到了淘汰赛，一场接一场的平局罚点球，把人急煞，也实在没有多少让人喊叫的东西。

1994 年美国世界杯举行的时候我成家了。有了自己的电视，在单位里也差不多有了球友的圈子，本来看球不是问题，但工作繁忙，白天的转播自然是看不上，晚上呢，又有新的问题，就是老婆不喜欢看球，要看那些卿卿我我的电视剧，所以常常发生矛盾。和朋友到球迷酒吧或者单位的会议室看本来也不是问题，但半夜的球，不回家又不行。所以晚上 12 点以前的球最过瘾，和朋友一起看，可以喝酒聊天，可以吹牛骂娘，12 点以后的球就和看 1990 年世界杯一样了，憋在家里一个人看。老婆睡一觉醒来，还要抱怨几句，真是很不爽。多数的比赛都看了，悲情的马拉多纳成了永恒的记忆。写了篇文章，叫作《无力垂落的上帝之手》，作为对那种特殊感情的记忆，发表在《山西青年》杂志上。前几天和李坚毅老师喝酒，还提起这篇文章。

1998 年的世界杯看得比较爽。当时几乎是独身一人了，时间完全由自己支配，不受老婆的约束，朋友圈子也扩大了不小。在单位甚至组织起一个球迷协会，我还被大家推选为秘书长，只要是晚上比赛，就聚在一起，凑份子吃了饭，再捎上几瓶啤酒，在单位的会议室边喝边看。领导非常体谅，甚至买了一台落地的 45 英寸彩电，想想站椅子的年代，真有老子如今也阔起来的感慨！更令人难忘的是，我的初恋女友从国外回来探亲。我们虽然已经是普通朋友了，但我们是对方在这个世界上最好的朋友，彼此熟悉，互相理解。她是算好了时间回来探亲的，目的之一就是能够和我一起看法国对巴西的决赛。那种特殊的东西，超越了爱情。那是半夜，我们在一个球迷云集的酒吧，喝着啤酒，看着球赛，回忆过去，自然而然地喊叫和抒发。那种情景真的令人难忘！可惜我们共同喜欢的巴西输掉了比赛，后来知道 4 年前天才四溢、4年后威风八面的巴西前锋罗纳尔多在那个夜晚失去了自己的爱情，使得整个一个完美的巴西队在决赛中似乎在梦游。我只说了一句话：最好的东西不一定是最成功的东西，球队也罢，感情也罢，总会有些遗憾的，这样也许也很好。从酒吧出来天已放亮，太原市下了很大的雨，打着伞送女友回家，一些迷茫一些温柔。那真是一个美好的清晨，触动你内心最柔软的东西。

2002年当然值得回忆。因为中国队第一次站在了决赛的舞台上，那是一届有着很多记忆的世界杯。我参加了山西球迷观摩预选赛的组织工作，印象深刻的是一个姓李的球迷，他是大街上摆摊卖面条的，因为没有工商执照，只能每天晚上10点以后出来，半夜2点收摊。但为了筹集到看比赛所需的经费，他只好每天多卖两三个小时，一直到天快亮才收摊。他用这样的方式筹集了1000元钱，去沈阳看了中国队的第一场比赛。遗憾的是，尽管我能清晰地记住他的面孔，但已经记不住他的名字了。沈阳五里河那个令人难忘的夜晚我也去了，随着沸腾的人海穿行大街小巷，欢呼并且流泪，彻夜不眠。更难忘的是我有幸在韩国观看了中国对哥斯达黎加和中国对巴西的两场比赛。第一场是在光州，离汉城差不多6个小时的车程，中国队输掉了比赛。回来的路上，看着欢腾的韩国球迷庆祝自己的队伍2 ∶ 0战胜波兰，心里真不是滋味！后来又到济州岛观看了对巴西的比赛，正因为心里都明白这是一场没有胜机的比赛，所以尽管输了4个球，大家仍然为杨晨踢中门柱的那个球激动不已。其实，在这样的记忆中，胜利真的重要吗？

4年一轮回，德国世界杯又来了。现在，还真的没想好在哪里看球，和谁一起看。看是一定要看的。我觉得，正如女人应该舞蹈一样，男人应该看球；即使这个世界上的女人都不舞蹈了，男人还是应该看球。有一个懂你的女人一起看是最好的，即使没有，也还是要看的。

世界杯变成了欧洲杯

尽管我一度在朋友圈发文，祈祷让“巴西赢了吧”，但比利时的严防死守还是击败了桑巴军团，这成为毁灭世界杯足球风格多样性的最后一根稻草。到目前这个阶段，这届世界杯已经再没有什么好看的了。

我在本届世界杯作出最准确的预测，是世界杯将变成欧洲杯。随着巴西队出局，这一幕“可耻”地出现了。这是功利主义大行其道的时代，他们所追求的，不是“踢好的足球”，而是让一切对手“踢不好足球”，最终也“踢不好的足球”。

在我的语境中（非道德领域内的评论），“可耻”是一个带有感性的词汇，它更多地是指对某些整体性倾向的担忧和失望。当今的足球，和当今的诸多所谓主流文化、国际趋势等，都出现了一种以欧美为标杆的趋同化倾向。

在足球领域，表现为注重技术简单、攻守平衡、防守凶狠。再说得透一点，就是对足球胜负的追求，变得更加精密、细致和算无遗策，如比利时、法国、英国、瑞典、俄罗斯者，皆如往昔万众勾联、矛强盾坚的罗马军团，以一种风格碾压多种风格，以一种方法替代多种方法。其结果，就功利而言自然可逞于一时，但过分单调的获胜方式，对球迷兴味的伤害是致命的。

本届世界杯迄今而言，定位球多，远射多，没有一个堪称华丽、能够留给历史的进球。尽管亦有精彩，毕竟令人遗憾。这真的不是青春感伤，而是理性观察，感性表达。在长时段观察中，足球的整体是有潮涨潮落的。现在，世界足球处于波谷之中，西班牙、阿根廷（甚至包括德国对其的拙劣模仿）“黄金一代”的传控打法曾惊艳全球，此刻已穷途末路。而新的技术流何在，谁能代表未来？尚未可知。

本质上来看，足球是精神层面的消遣，理性的技战术、阵形固然是足球的一部分，但充满想象和创造的浪漫思绪是其核心和根本。严防死守可以赢，却只为了赢，不好看的足球对于“足球”本身而言，实际上是一种输。

借用恩格斯描述文艺复兴的句式，这是一个需要英雄却没有英雄的时代。曾经让我们心荡神驰的美洲古典浪漫主义足球已经不在了，还有什么理由能让我们长夜不眠，守候激情与梦想？所以，各位珍重，我是要告别了，下届再看吧。

AMALLAH
15

足球闲话

一、回忆贝利

没有亲眼看过贝利踢球，但我第一次听说足球，听到的就是贝利的名字。那是小学四五年级的时候，因为下雨，体育课只能在室内上，体育老师孙剑飞给我们讲了一些足球的故事，其中说到了贝利，说他是球王，在美国踢球，来中国访问的时候，和我们的国家队踢成了平局。我们都觉得，贝利果然厉害，居然能和中国国家队踢平——那时，中国的所有，在我们心目中都是世界最厉害的。后来上了初中，才有了球，上体育课的时候，男生一分为二，发颗球踢。我们连越位也不懂，常常混到对方门将那里，骗他是自己人，等球传过来，突然反戈一击，令对方防不胜防。一直到上了大学，才知道贝利有多厉害，也知道了中国足球的不堪。不过我们那时候不知道的是，我们以为那时候的国家队一塌糊涂，现在才知道，其实容志行古广明那一代人，就是中国足球迄今为止的天花板。由于对中国足球的失望，又看了贝利的传记，对贝利的崇拜就如滔滔江水了。当然，这种崇拜没有持续多久，到了大学高年级，我们就被横空出世的马拉多纳所吸引。墨西哥世界杯之后，马拉多纳就代替了贝利。但是，无论如何，如果对世界足球有所了解，贝利都是绕不开的存在。今天早上醒来，听说贝利去世了，心里真的很悲痛。足球是我们的挚爱，能把足球踢到这个水平的，无论如何都是英雄。

二、骂梅西

对于所有法国人眼里的新鲜事物，他们的做法都是先开骂。如果这个不速之客被骂跑了，算你识相；倘骂不走，总有一天法国人会醒悟，膜拜这新生事物。埃菲尔铁塔如此，卢浮宫门外的玻璃金字塔也如此，而梅西又是一个例子。去年，法国人的嘘声，曾经令梅西心生退意。但现在，他在巴黎如鱼得水，估计是不会走了。倘有教训可言，当讲给巴塞罗那，即使一个人偶有失常，也该给他个时间适应。一棍子打死很痛快，但不合智慧。法国人虽然经常迟钝，但最终能明白。这个世上，不是所有的委屈都可以如此轻描淡写。

三、回忆马拉多纳

惊闻马拉多纳去世，这是一个突然的消息。其实也不突然，之前我有这样的思想准备。马拉多纳一直坚持着率性的生活方式，这对他的健康造成了很大影响。特别是从他职业生涯后期和退役后生活来看，脑出血、肥胖、各种手术的消息不断传出，他注定不是一个能够长寿的人。

造成马拉多纳伟大的东西，也是造成他短寿的原因。从理性角度分析，马拉多纳是一个矛盾的集合体。很多事在他身上都是必然的。可能这是人类普遍的悲剧。人们努力追求好的品质、克服坏的品质，比如“谦受益，满招损”。可长大后我们会发现，一个人谦虚也会导致他变得平庸，骄傲也会导致他走向伟大。导致骄傲的也可能会让人堕落，导致谦虚的也会让人更长久。所以，好和坏要结合在一起来看。

马拉多纳就是这样的典型。在他只有 60 年短暂而精彩的人生里，原本是一个手球，却成了令人铭记的经典，让所有人都折服于马拉多纳。

这是一种巨大的无奈。但是，如果不是这样，他也无法“连过五人”，无法拥有“上帝之手”，这是他悲剧命运的浓缩。

除了“上帝之手”，他其实还有一次手球。1990 年意大利世界杯，当阿根廷队快要被苏联队破门的时候，马拉多纳用手挡住了这粒必进球。对方向裁判抗议无效。这也反映了人一个微妙的心理。人们在内心上对有缺点的英雄，总会高度的原谅。同样的一个球，在别人那是手球，在马拉多纳这里就不是。对于这样的人，我们普通人内心不是欣赏、不是喜欢，而是认同、是崇拜，他们是比自己高一个层级或者几个层级的存在，就像历史上看亚历山大、拿破仑、恺撒大帝这样的风云人物一样。这就是心理学上说的“晕轮效应”。在潜意识里，我们对这样的人身上的缺点也会膜拜，从而创造出英雄。在我心目中，马拉多纳就是神一般的存在。

就我自己来说，是从 1986 年开始看世界杯的。那会儿我还在读大学，在校园里没有机会看电视。好在我们学校外面有一个工地，我和同学们可以在那里看世界杯直播。为了得到这个机会，我们还自费买烟“贿赂”工头，抢占了工友们看《射雕英雄传》的时间，当然这还幸亏次日中午有《射雕英雄传》重播。事实上，我们高高低低围成一圈，根本看不清电视屏幕。那是我第一次知道马拉多纳。足球作为一种生活方式，就是从那时开始的。

用一个不准确的表述，在我心里，马拉多纳就是足球，足球就是马拉多纳。后来，又有了梅西。对我来说，这两个人是先验般的存在，先于理性思考而存在，就是逻辑的起点。所以，对待马拉多纳和梅西，我无法评价，无法客观欣赏，只能感受。至于像斯基拉奇、巴乔、C 罗等球星，他们的技术优缺点、与全队的融合，我都可以作出自己的评价。

马拉多纳更能代表我们内心对于这个世界的反叛，那种能够希望冲出重围，不受约束的渴望。在这个世界上，理性主义大行其道，被束缚是必然的。我们需要退缩，需要克制，需要“装孙子”，才能更好地活下去。即便我们内心是不甘的，是希望可以伸胳膊动腿，展现自己的一切。

在印度教中有三大主神，创造之神、维护之神和破坏之神，都是维护社会秩序的永恒的神。但在我们每个人心中，都有一个破坏神，希望打破现有秩序，去创造新的生活，追求完全不同的感受。马拉多纳恰巧就是这样的存在。我们喜欢他，就是我们内心的投射，在他身上得到了释放。当媒体记者去骚扰他，他拿起枪去打；头球进不去，他就用手；认为裁判不公平，他就不和世界足联主席阿维兰热握手。马拉多纳就是这样蔑视规则的人。

早在 1994 年美国世界杯时，我在《山西青年》杂志上发表过一篇文章——《足坛巨星的陨落》，写在马拉多纳的禁药风波之后。我当时把他的做法归因于没有受过良好的教育。就像很多球星一样，出现问题是源于他童年的出身和家庭。现在想来，当时我的认识还不够成熟，比较浅薄。

马拉多纳就是这么独特的人。在我心中，对他的离去，没有哀悼，因为早已预料到这一天，只是不知道哪一个早晨会发生。这种感觉如同突然拔去牙齿后会出现的巨大空洞。在我的秩序中，一个司空见惯、习以为常的位置突然消失了。这是一种巨大的不适应感。

中国渴望伟大的胜利
—— 一评国足再次冲击世界杯

分组抽签结束后，众人兼云这是上上签，也有人有不同看法，认为，乌兹自然不弱，阿联酋和卡塔尔更是“狼种”。这两种说法，自然各有各的道理。前者是分析了国足近年来的比赛成绩，打这几支球队确实略略有些优势，况因举办原因自然不与韩日两强对阵，抽签又有张吉龙妙手空空，避开强敌沙特、伊朗，上上之说当然是对的；后者则拿出关键之战来佐证，高丰文、戚务生两届国足，论实力也非泛泛之辈，前程为谁断送？正是阿联酋、卡塔尔，君记否？先有两个黑色 3 分钟，后有金州噩梦，好像非上上签之说更有清醒冷静之感。两说各有道理，倒让人踌躇再三，莫衷一是起来了。

让米卢去进行技术分析吧，我想说的，是另一些事情。

其实，十强赛目的为何？挑选最好的亚洲球队，到世界赛场一试身手。现在，规则使然，亚洲有 2 个名额，试问：中国队是不是亚洲前两名的实力？倘是，本不该惧怕任何对手；倘不是，勉强混了一个出线名额，到了世界赛场，恐怕也是汉城奥运会的国奥队，轰轰烈烈地去了，悲悲戚戚地背上 10 个球回来。真的还不如不去，把名额让给人家强一些的。比如，说高丰文时代的阿联酋不行，至少在意大利还攻破了德国队的球门。

这不是抬杠。回忆中国足球这几年的现状，连踌躇满志的阎掌门上任没几天都说：中国足球要出事，而且是大事。没机会问阎掌门何谓大事？但不小的事情是出了不少。沈阳，两个同场比肩作战的朋友，不小心遇了场车祸，废了曲乐恒的前程不说，居然对簿公堂，连"黑社会"也出来了；西安，先是一场球迷闹事，丢了主场资格，接着外籍球员马科斯的夫人莫名其妙地遭到重击，警方破案的风声很紧，就是不见大功告成。翻看随便一张报纸，几乎这样的新闻不断，球迷过不了看球的瘾，倒真的过足了场外的窥视瘾。10 年前我看球的时候，中国足球是邻家女孩，斯文了些，但真的清纯可人；现在呢，给人的感觉真是邻家女孩不小心进了青楼，妖艳多姿，也颇赚了几个钱，就是叫人爱不起来。我现在虽然也看球，但心态多半是，不看，你让我干什么好呢？看看热闹吧。

出线又如何？平心而论，相比其他几支球队，中国队出线的机会是大的。但去一回世界杯，这些问题就都解决了吗？球迷就可以享受中国足球带来的"足球的快乐"（米卢语）了吗？胜利常常会掩盖问题，要比失败为多，记不清这是哪位哲人说过的，现在想来，感觉哲人就是哲人，说得真好。如果是这样，我倒宁愿中国队索性再输一次。

中国足球当然需要胜利，在我看来，足球本来就是一种为胜利而存在的游戏，我们的快乐，是胜利的快乐，不是失败的快乐。足球赛场上的骄子，应该是我们心目中古典的英雄，当"垂垂老矣"巴乔仍在为进入国家队的荣誉而搏杀的时候，当 35 岁的罗马里奥依旧傲视群雄成为最佳射手的时候，我们会有大丈夫当如是乎的由衷感慨；当回忆起容志行含着热泪被抬出赛场的时候，当回忆起当年的唐尧东头裹绷带拼杀在东京的时候，我们真的能够"胜也爱你败也爱你"。现在，当然已经不是那样的时代了，英雄主义成为陈迹，光荣与梦想如此苍白，一支如此贫血的球队，米卢又如何？出线又如何？胜利又如何？

我们期待伟大的胜利。这种胜利，是遇强愈奋的精神，不是工于算计的取巧；是舍生取义的果敢，不是占了便宜的卖乖；是一往无前的勇气，不是奖金刺激出来的“斗志”；是表里如一的赤诚，不是三流影星般的惺惺作态。这种胜利是男人的胜利，汉子的胜利，老爷们儿的胜利，不是商人的胜利，政客的胜利，投机取巧者的胜利！

为了这样的胜利，我们愿意再等一次。8 月 25 日的沈阳，我们将出现，并且忘情地呐喊。我们期待着，这是我们血性的兄弟在为了梦想而搏杀，这是我们最好的朋友在为了荣誉而战斗，这是老人心目中骄傲的儿子，孩子心目中尊敬的爸爸，妻子心目中伟岸的丈夫，女孩心目中无畏的骑士。我们说：如果你们胜利了，要胜得光荣；如果你们失败了，你们要败得有尊严。

诚如是，抽签的结果真的重要吗？

米卢是谁
——二评国足再次冲击世界杯

有些人看过法国电影《红色情深》（有的译者干脆译作《红》）。描写的是一个清纯的女孩对一个古怪的退役老军人在内心深处的某种隐秘的依恋。故事的表述充满了法国人特有的浪漫和诡秘。有点怪，这个影片让我想起了米卢。

米卢有点丑，看上去不大像个足球教练，多数的时候面无表情。不过他真的有些魅力，比如，以五旬出头的年纪敢于在训练中和队员玩过人；比如，我们发现他有点性情中人的味道，微笑很灿烂，而且那肯定是他真的高兴，不是笑给我们看；再比如，优秀的男人多半有些狡黠，有些神秘，甚至有些古怪，正巧他也是。还有，似乎还有点好色，不过，这话多半是随便说说，一来男人可能都是，二来只要有一个男人不是，我们也不能说他是——尤其不能怀疑是不是有人为此发了财。

米卢有过光辉的过去。如果米卢在法国，想必也能吸引骨子里就浪漫的法国少女，演绎一部《红色情深》续集。可惜球迷男人多，大家关心的是他作为教练而不是作为男人的表现。大家都知道他的过去，想必中国足协也听说了，把他请了来，希望神奇的米卢再续写一次神奇。当年和米卢竞争上岗的还有福格茨，名气应该不在米卢之下，至少率领的球队一直到世界杯决赛快看完了还“活着”。论成绩，他们至少比施拉普那强，施大爷尽管告诉了中国弟子球该往哪里踢，可惜他们领悟能力差些，结果是原来的球员还在，施大爷早早就被踢走，摇身一变成了经纪人，把杨晨弄到了德甲，总算将功补过。

这里其实或明或暗地提到了四个外籍教练。如果让我设计，最好是霍顿负责带国青，给大家灌输灌输足球的理念，让他们锻炼着把球踢明白；让施大爷带国奥，这次沈祥福国青带得不错，球踢得有气势，但可惜队员们也是不懂得球应该往球门里踢，四场比赛只进了两个，还是曲波一个人包办，国奥队队员还小，让施大爷指点，总能多进几个；如果国家队进入了世界杯，让米卢带小组赛，这是米卢最擅长的，他似乎总有办法让弱队出线，墨西哥、哥斯达黎加、美国、沙特，四次了；出了线，让福格茨带，这个阶段他还有些经历，别人也就是见过。

现在可惜的是我实在想不出应该由谁把国家队带进世界杯，偏偏这个环节大伙儿最关心，最着急。那天在网上聊天，网友“一阳指”先生告诉我，应该让马俊仁带，亏他想得出来。老马估计是不愿意，愿意了阎掌门也通不过。

结论自然是没选择，还是米卢。我读经济学的时候，老师告诉我什么是经济学意义上的完美，就是如果你实在找不出改变的方案，现在就是完美。因为我们不知道谁可以代替米卢，米卢就是完美。认识到这一点很重要，决策者心不能太急。就让米卢去做吧；球迷也大可不必替国家队找主帅（网上的候选名单多达几十人——其中甚至包括推荐自己的）；媒体当然例外，不让他们说不行，但他们其实不一定关心这个问题，只是想多卖些报纸而已。

这就回到了开头的话。大致是这样，由于米卢处在了特定的位置上，他已经被人们演绎出了各种版本，有时是《绝地特警》中的特工，有时是《夺面双雄》里的间谍，有时是《侏罗纪公园》里的恐龙，但更多的时候，我们不妨像《红色情深》

里的女孩，单纯地把自己的想象寄托给他，真诚地面对他，别给他压力。关于这一点，金志扬说了两条，一是别怀疑米卢的能力，二是别怀疑米卢会敷衍——他不可能拿一世英名开玩笑。米卢有点古怪，但至少有一条不像那个退役老军人，他想多一次带队冲入世界杯的经历。他还不老呢，有最近发生的场外“转会”事件为证——反正，足球媒体最近推出的记者似乎一个比一个漂亮，他们都相信米卢。

女足如何就“误国”了

中国女足六连败，网上骂声四起。其中最厉害的当属“误国”之骂，分析到谁是“六连败”的元凶，自然就是谁“误国”。一路看下来，“误国”汉奸的名单越来越长，从李飞宇到王海鸣再到队员全体直至谢亚龙，通通都成了秦桧张邦昌李鸿章。

地球人都知道，六连败不好；别说六连败，败一场都不好。败了，多半有些原因，倘是六连败，尤其是败给实力远逊于自己的弱队，恐怕问题就不是出在比赛中，而是“功夫在诗外”。大家关注女足，帮着分析原因，寻找出路，原意自然是好的。其中多有义愤填膺的说法，想想其6个90分钟的感受，也不难理解。

看了很多分析，我认为原因差不多找明白了，那就是“帅位”问题。有一个浅显的道理，体育队伍中，教练员队伍要相对稳定，总是换人，不利于队伍技战术风格的形成，难以达到高水平。我们知道，最近五六年，自从马元安下课后，中国女足曾经六度换帅，一直到此次出征阿杯，率队的王海鸣也依然“妾身未明”。这样频繁地换帅，女足内部必然矛盾重重，阿杯之败虽非必然如此，也属情理之中。

但即便如此，女足就“误国”了？

体育本来是游戏，游戏到了一定程度、一定阶段和一定规模，不免就有了些政治的意味。有人每每以此来批评国内体育的泛政治化，比如前几天韩寒对王蒙的批评。但体育泛政治化其实不是中国特色，1936 年希特勒就利用过奥运会为纳粹张目，冷战期间，美国等许多西方国家抵制了苏联举办的第 22 届奥运会，而苏联与东欧国家也抵制了美国主办的第 23 届奥运会。其实，只要仔细想想，做任何事情，想躲开政治是不大容易的，即使你不打算对政治发生影响，政治也总会对你发生影响。从这个道理上讲，大家要说女足“误国”，我是不敢反对的。因为从理论上讲，随地吐痰也是“误国”。

这样大致就有些明白。如果一定要把体育和政治联系起来，大家不妨玩点大的，像美苏冷战时期互相抵制一样，一棍子打得几亿人背过气去。类似田亮不参加奥运会就是压制人才、刘翔说了“我是最棒的”就如何如何、女足输了几场比赛就“误国”之类，错不错不好说，只是有些小题大做。女足现在的实力不是玫瑰时代了，但马良行带上以后，还是有些回升，韩端未老，晓旭又来，颇踢了几场好球。这样一直下去，未必没有再现老玫瑰的一天。可惜大家包子未熟就要掀笼屉，难免又整出这样的夹生饭来，让全国人民不爽。在此郑重建议：

第一，拜托中国足协，无论是请洋帅还是用马良行、王海鸣，都最好在一个星期之内定下来，然后要求队伍服从新帅，好好训练。实在拿不定主意就抽签决定——这也比老换人好。

第二，请媒体别跟着瞎掺和，动不动“误国”。不仅小题大做，而且动机可疑。

岂可一限了之

国家队败走叙利亚，里皮极富戏剧性的辞职，引发了强烈的公众情绪。风口浪尖上的中国足球，又一次成为“网红”。这个时候，大家都觉得足协该做些什么。很快，足协表态了，要限薪。

与以往许多危机公关不同，限薪看上去更“可持续”。与他们的战绩相对应，国家足球队诸君的薪水，似乎确实太高了。败给叙利亚的场上队员张琳芃吴曦蒿俊闵杨旭们，工资都是千万元级的，教练里皮更是天价。你看，这帮大爷，拿着人参的钱，干着萝卜的活，不限怎么行？

但是，限薪是一种计划手段。市场经济社会，每当我们准备祭起计划的打神鞭，多多少少都要保持些警觉。计划年代，我们曾经经历过许多“限”，粮票布票油票等，林林总总，都是“限”的化身。每遇资源配置，就“限”字当头，当时的效果大家都记得。

工资是劳动力的价格，限薪即是限价。历史上所有的价格管制，结果均有二，一曰寻租，二曰短缺。今日之限薪，概莫能外。它非但不能解决原有的问题，甚至带来新的问题。

对照冲击世界杯的目标，在兵败叙利亚之后限薪，不是建设性的，而是惩罚性的。如果国家队是公平选择而产生的，那国家队水平不高，不应该怪这批队员，而应该怪没有比他们更好的。如果不是公平产生，那应该怪里皮何以选他们。如果里皮不能决定，那就要问问是谁决定的，出于何种考虑。事实上，至少本届世界杯我们还得靠这批人征战。限薪的惩罚加诸他们，不会使球踢得更好——即使不是更糟。何况，国家队战绩不佳，降中超的薪水，虽非离题万里，亦属隔靴搔痒。

薪水不是球员自己发给自己的，也不是谁用枪指着头，逼着发的。人心甘情愿将自己不菲的钱发给别人，如果不是疯子，总归会有些理由。尽管网上意气之词不少，但人名列中超老板，脑子不会逊于常人。事实上，经济学最重要而又最容易被忽略的一个原理，就是所有的价格都是由供需决定的。一物之价格超乎人之感受，或是需求过盛，或是供给不足，抑或二者兼有之。中超球员工资，亦是中超劳动力价格，如果高出预期，亦必是供给需求之不匹配所致。需求短期内是常数，则增加供给，必可降低价格。具体的办法，长期而言，就是提高青训水平，增加高水平球员数量；短期而言，就是扩大外援名额，加大球队内部竞争程度。有人因叙利亚败，怀疑抓青训的大方向，这是短视之至。而增加外援名额的合理性，似乎要更复杂些，下面着重说说。

反对增加外援名额的主要理由，就是外援挤占了国内球员的上场机会，导致其没有锻炼机会。事实上，中超 16 支球队，每队上场 11 人，总员额 176 人；如果按照报名算，每队 18 人，总员额 288 人。实际上，考虑到两线作战乃至受伤的问题，各队一线队伍的名额，多数都远远多于 18 人，中超一线队伍的总员额，至少都有四五百人。现在每队外援上场 3 人，全部占满，共 48 人。如果扩大到 5 人，也就 80 人。按照上场名额，国内球员尚有 96 人之空额可以争取。何况，还有大量球员是可以轮换上场的，实际上场的远不止这 96 人。如果这些数量的球员尚不能满足国家队选拔，错不在外援，而在于我们的后备人才机制，培养不出更多的优秀球员，那是把外援全赶跑也没用的。外援增加，一可以提高中超比赛激烈程度，国内球员亦可从中受益，二可以增加场上位置竞争，客观上会实现降薪，三可以逼迫很多球员转投国际市场，亦可以整体提高国家足球水平。有此三益，云胡不试？

限薪之高调推出，可看出我们对市场经济的态度。许多足球改革，是打着市场化的旗号，却从始至终走着逆市场化的道路。换言之，中国足球的问题，不是市场化出了问题，而恰恰是市场化不充分、不彻底和不规范造成的。对此，我们该有清醒认识。

限薪之高调推出，亦可看出浮躁病仍未治愈。近些年，足球改革步入轨道，足协实体化，青训上轨道，球场跨越式发展，都是发展足球的实招。但冰冻三尺非一日之寒，中国足球之积弊，亦非可“雄鸡一唱天下白”。在这个问题上，改革之激情可嘉，但战略之定力更重。这种定力，不应因一胜而额手称庆，不应因一败而胡乱归因。毕竟，路还长，“待从头，收拾旧河山”，岂能毕其功于一役！

图书在版编目（CIP）数据

我看世界杯：一部世界足球的当代史 / 阿艾著 . --
北京：中国社会出版社，2023.12
ISBN 978-7-5087-6983-7

Ⅰ. ①我… Ⅱ. ①阿… Ⅲ. ①足球运动 – 世界杯 – 概况 – 卡塔尔 – 2022 Ⅳ. ①G843.938.5

中国国家版本馆 CIP 数据核字（2024）第 021017 号

出 版 人：程　伟　　终 审 人：李新涛
策划编辑：李新涛　　责任编辑：孙武斌
责任校对：马潇潇　　封面设计：刘青文

出版发行：中国社会出版社　　地　　址：北京市西城区二龙路甲 33 号
邮政编码：100032　　编 辑 部：(010)58124846
网　　址：shcbs.mca.gov.cn　　发 行 部：(010)58124841；58124845
经　　销：新华书店

印刷装订：山西基因包装印刷科技股份有限公司　　开　　本：185 mm×260 mm　1/16
印　　张：21.75　　字　　数：270 千字
版　　次：2023 年 12 月第 1 版　　印　　次：2023 年 12 月第 1 次印刷
定　　价：119.00 元

中国社会出版社微信公众号　　中国社会出版社天猫旗舰店

CAMPEONES
DEL MUNDO
GNA

DEL MUNDO
YPF

قطر
QATAR

@BAHOU.LETTERS